Giest / Hartinger / Tänzer

Vielperspektivität im Sachunterricht

W0299747

Probleme und Perspektiven
des Sachunterrichts
Band 27

Hartmut Giest
Andreas Hartinger
Sandra Tänzer
(Hrsg.)

Vielperspektivität im Sachunterricht

Verlag Julius Klinkhardt
Bad Heilbrunn • 2017

Schriftenreihe der
Gesellschaft für Didaktik des Sachunterrichts e.V.

Die Gesellschaft für Didaktik des Sachunterrichts (GDSU) e.V. ist ein Zusammenschluss von Lehrenden aus Hochschule, Lehrerfortbildung, Lehrerweiterbildung und Schule. Ihre Aufgabe ist die Förderung der Didaktik des Sachunterrichts als wissenschaftliche Disziplin in Forschung und Lehre sowie die Vertretung der Belange des Schulfaches Sachunterricht.
www.gdsu.de

Bibliografische Information der Deutschen Nationalbibliothek
Die Deutsche Nationalbibliothek verzeichnet diese Publikation
in der Deutschen Nationalbibliografie; detaillierte bibliografische Daten
sind im Internet abrufbar über http://dnb.d-nb.de.

2017.d. © by Julius Klinkhardt.
Das Werk ist einschließlich aller seiner Teile urheberrechtlich geschützt.
Jede Verwertung außerhalb der engen Grenzen des Urheberrechtsgesetzes ist ohne Zustimmung des Verlages unzulässig und strafbar. Das gilt insbesondere für Vervielfältigungen, Übersetzungen, Mikroverfilmungen und die Einspeicherung und Verarbeitung in elektronischen Systemen.

Druck und Bindung: AZ Druck und Datentechnik, Kempten.
Printed in Germany 2017.
Gedruckt auf chlorfrei gebleichtem alterungsbeständigem Papier.

ISBN 978-3-7815-2162-9

Inhaltsverzeichnis

Hartmut Giest, Andreas Hartinger und Sandra Tänzer

Editorial

Der Begriff der *Vielperspektivität* ist so zentral mit der Didaktik des Sachunterrichts verbunden wie wohl kaum ein anderer. Das hängt unmittelbar mit dem Bildungswert und -auftrag des Sachunterrichts zusammen. Bildung kann dabei verstanden werden als die Fähigkeit eines Menschen, seinen *Standort in der Welt [zu] definieren, Persönlichkeitsprofil [zu] entwickeln* und *Lebens- und Handlungsorientierungen [zu] gewinnen* (vgl. Kößler 1997, 164f. zitiert in Götz et al. 2015, S. 14). Aufgabe des Sachunterrichts ist es demnach, es Kindern zu ermöglichen, „in der Welt sein" zu können (vgl. Lichtenstein-Rother/ Röbe 2005), was konkret bedeutet, Handlungsfähigkeit zu gewinnen, um sich als Persönlichkeit in die Gestaltung des eigenen Lebens (*Selbstbestimmungsfähigkeit*), die Gestaltung der Gesellschaft (*Mitbestimmungsfähigkeit*) sowie des mitmenschlichen Zusammenhalts (*Solidaritätsfähigkeit* – Aspekte in Klammern nach Klafki, 1992) einbringen zu können.

Soll Bildung inhaltlich konkreter gefasst werden, müssen Ordnungs- und Entscheidungsraster gefunden werden, die einerseits individuelle und kollektive Zugänge zur Welt eröffnen und andererseits eine eigenständige Handlungsfähigkeit des Individuums in der Welt ermöglichen (vgl. Götz et al. a.a.O., S. 15). Während der oben erwähnte Bildungsbegriff weitgehend konsensfähig ist, gab und gibt es mit Blick auf die je konkreten Ziel- und Inhaltsvorstellungen des Sachunterrichts zahlreiche auch kontrovers diskutierte Ansätze – vgl. etwa die „epochaltypischen Schlüsselprobleme" nach Wolfgang Klafki (vgl. a.a.O.), der Kompetenzansatz, der Ansatz der „Modi der Weltbegegnung" der „Literacy"-Ansatz oder eben der Ansatz der Vielperspektivität (vgl. Götz et al. a.a.O.). Gerade der letztgenannte Ansatz soll für den Sachunterricht sichern, dass einerseits die (in fachlichen Abstraktionslinien nicht erfassbare) Lebenswelt in den Gegenstand des Sachunterrichts Eingang findet sowie andererseits Einseitigkeiten und Perspektivverengungen, worin gewisse Grenzen der Fachlichkeit bestehen, vermieden werden. Schon aus den grundlegenden didaktischen Kategorien des Sachunterrichts – dem Kind, der Sache, der Kind- und Wissenschaftsorientierung (Fölling-Albers 2015), den Fragen, Interessen und Lernbedürfnisse von Kindern und dem in Fachkulturen erarbeiteten, gepflegten und weiter zu

entwickelnden Wissen (GDSU 2013) ist abzuleiten, dass Sachunterricht nur vielperspektivisch zu denken und zu entwickeln ist: Das erfordert, die kindliche und die wissenschaftliche, die lebensweltliche und fachliche Perspektive sowie die der kindlichen Fragen und jene der o.g. Schlüsselfragen der Menschheit (Klafki) aufeinander zu beziehen.
Betrachtet man diese Kategorien genauer, so fällt auf, dass es sich um Gegensätze, Spannungsfelder handelt, die nicht als „entweder oder", sondern als „sowohl als auch" zu interpretieren sind. Die Spannung zwischen ihnen muss dabei ausgehalten, ja ausgebaut und entwickelt werden, weil nur sie die Entwicklung des Gesamtzusammenhangs garantiert, der durch diese konstituiert wird.
Andererseits lässt sich erkennen, dass Gegensätze ein Spektrum an möglichen Ausgestaltungen der dadurch konstituierten Spannungsverhältnisse stiften. Die aus gegensätzlichen Polen sich konstituierende spannungsvolle Einheit ist es, die sowohl demokratischen Gesellschaften als auch der Konzeption des Sachunterrichts sowie seinem Leitprinzip der Vielperspektivität Eindeutigkeit und Gewissheit versagen und eine gewisse Offenheit für Möglichkeiten eröffnen. Diese Offenheit für Möglichkeiten einer konkreten Ausgestaltung des Prinzips der Vielperspektivität nimmt der vorliegende Jahresband auf, indem er verschiedene Facetten des Diskurses dazu zugänglich macht.
Der – für die Selbstdefinition des Faches Sachunterricht wirkungsmächtige – Perspektivrahmen Sachunterricht – bezieht sich in seiner Grundanlage auf die Vielperspektivität, um den – gleichermaßen erforderlichen Bezug – zu den entsprechenden Fachdisziplinen in ein konstruktives Spannungsverhältnis zu bringen. In der Didaktik des Sachunterrichts gilt somit der vielperspektivische Anspruch des Sachunterrichts als zentral. Ein vielfältiger und vielperspektivischer Zugang zu den Sachen, der Wissensbestände, Wissensformen sowie Denk-, Arbeits- und Handlungsweisen aus unterschiedlichen Perspektiven des Welterkennens und -verstehens miteinander vernetzt, wird als unerlässlich gesehen, um die plurale Lebenswelt der Kinder mit ihren vielfältigen Beziehungen und Bezügen angemessen zu erschließen und es den Kindern zudem zu ermöglichen, (im Sinne Klafkis) für ihre Lebenswelt erschlossen zu sein.
Nicht nur wegen der prinzipiellen Offenheit und Ungewissheit hinsichtlich der Vielperspektivität sondern auch angesichts des Forschungsstandes zum Gegenstand selbst ist zu konstatieren, dass es weiterer Forschungsbemühungen bedarf, um den Anspruch der Vielperspektivität des Sachunterrichts weiter zu fundieren sowie ihn auch für (empirische) Forschungsfragen fruchtbar zu machen, die explizit Fragestellungen zur Vielperspektivität des Faches in den Fokus nehmen. Dies ist auch bedeutsam, da mit Blick auf unsere Disziplin

aktuell zu beobachten ist, dass eher domänenspezifische Lehr-Lernprozesse zum Gegenstand der Forschung gemacht werden (vgl. dazu auch den Beitrag von Barth et al. in diesem Band). Zugleich sind Überlegungen anzustellen, die sich damit beschäftigen, inwieweit sich dieses Prinzip mit aktuellen Fragestellungen (wie z.B. der Gestaltung des Sachunterrichts unter den Herausforderungen der Inklusion) verbinden lässt – bzw. inwiefern dies hier sogar hilfreich sein kann.
Diese Überlegungen lenken dann auch den Blick auf das Studienfach Sachunterricht. Hier stellt sich die Frage, wie Studienstrukturen und fachspezifische Studienmodule dem Fachverständnis des Sachunterrichts als integratives Fach weiterhin gerecht werden können und welche Effekte dies zeitigt.
Auch auf der Ebene des Schulfaches sind Fragen der Vielperspektivität zu besprechen – einerseits mit Blick auf die Stellung des Faches im Rahmen des Fächerkanons (u.a. in der Anschlussfähigkeit auf die meist einzelperspektivisch ausgerichteten) Fächer der weiterführenden Schulen. Andererseits ist mit Blick auf den tatsächlich durchzuführenden Unterricht in der Grundschule zu bedenken, durch welche Maßnahmen der Anspruch der Vielperspektivität erfüllt werden kann und inwieweit es gelingt, diesen Unterricht so durchzuführen, dass die Schüler/innen hier profitieren.
In diesem Jahresband werden diese verschiedenen Ebenen aufgegriffen und ausdifferenziert durch Beiträge, die vorwiegend aus Vorträgen der 25. Jahrestagung der GDSU in Erfurt zum Thema „Vielperspektivität im Sachunterricht" entwickelt wurden. Mit der Intention, dieses fachdidaktische Leitprinzip ins Zentrum einer wissenschaftlichen Diskussion zu stellen und historische, theoretisch-konzeptionelle und empirisch fundierte Wissensbestände zu bilanzieren sowie Desiderata kenntlich zu machen, verbindet sich der Anspruch, den Kern unseres Fachverständnisses als Wissenschaftsdisziplin, Studienfach und Schulfach zu reflektieren. Dies gilt sowohl für Beiträge, in denen explizit die Vielperspektivität fokussiert wird als auch für Studien, die ihren Schwerpunkt stärker in einer einzelnen Perspektive des Sachunterrichts besitzen, und bei denen Fragen nach der Verbindung mit anderen Perspektiven bzw. der Übertragung der Befunde zu stellen sind.
Im ersten Kapitel *„Vielperspektivität im Sachunterricht"* sind Beiträge versammelt, welche sich direkt mit der Kategorie der Vielperspektivität beschäftigen. Grundlegend wird dabei die Frage nach der Geschichte des Konzeptes beantwortet, und es werden Implikationen für Unterrichtsplanung und Gestaltung diskutiert. Insgesamt wird in diesem Kapitel ein breites Spektrum an Themen berührt, das von der Reflexion über Begriff und didaktische Kategorie, die Vielperspektivität in der Forschung, die Verbindung von schulischem und

außerschulischem Lernen, die Berücksichtigung des Perspektivenwechsels als didaktischer Kategorie und Qualitätskriterium für Lehrwerke bis hin zur sexuellen Bildung im Sachunterricht und einer vergleichenden Länderstudie reicht.
Im zweiten Kapitel wird über *Forschung zum naturwissenschaftlich-technischen Lehren und Lernen* berichtet. Hierbei stehen vor allem die Bedeutung erkenntnisorientierten Handelns (Verständnis der Variablenkontrolle, instrumentelle Handlungen, Modellkompetenzstrukturiertes Explorieren), philosophische Ansätze zur Charakterisierung der naturwissenschaftlichen Perspektive sowie das Lernen in einem Naturpark im Mittelpunkt der Erörterung.
Das dritte Kapitel ist dem Schwerpunkt *Heterogenität und Inklusion* gewidmet. Hier finden sich sowohl Beiträge, die sich konkret dem Thema der Inklusion widmen als auch solche, die weitere Aspekte der Heterogenität (Motivation, Selbstbezug; Wissen und Einstellungen von Grundschulkindern zu geflüchteten Menschen; kindliche Zeichnungen; Perspektiven auf Zeitgeschichte und Schülerfragen) thematisieren.
Das vierte und letzte Kapitel ist dem Problembereich der *Professionalität und Professionalisierung* gewidmet. Es wird über Begleituntersuchungen zu Lehrveranstaltungen im Rahmen der Bildung für Nachhaltige Entwicklung, einen Modellversuch zu Naturwissenschaft und Technik, die Veränderung von Lehr-Lern-Überzeugungen im Verlauf des Studiums, über motivationale Orientierungen von Studierenden und ihre professionelle Wahrnehmung im Verlauf des Studiums berichtet.

Literatur

Fölling-Albers, M. (2015): Kind als didaktische Kategorie. In: Kahlert, J.; Fölling-Albers, M.; Götz, M.; Hartinger, A.; Miller, S.; Wittkowske, St. (Hrsg.): Handbuch Didaktik des Sachunterrichts. Bad Heilbrunn, S. 31-35.

Gesellschaft für Didaktik des Sachunterrichts (GDSU) (Hrsg.) (2013): Perspektivrahmen Sachunterricht. Vollständig überarbeitete und erweiterte Ausgabe. Bad Heilbrunn.

Götz, M.; Kahlert, J.; Fölling-Albers, M.; Hartinger, A.; Reeken, D.v.; Wittkowske, St. (2015): Didaktik des Sachunterrichts als bildungswissenschaftliche Disziplin. In: Kahlert, J.; Fölling-Albers, M.; Götz, M.; Hartinger, A.; Miller, S.; Wittkowske, St. (Hrsg.): Handbuch Didaktik des Sachunterrichts. Bad Heilbrunn, S. 13-26.

Klafki, W. (1992): Allgemeinbildung in der Grundschule und der Bildungsauftrag des Sachunterrichts. In: Lauterbach, R.; Köhnlein, W.; Spreckelsen, K.; Klewitz, E. (Hrsg.): Brennpunkte des Sachunterrichts. Kiel, S. 11-31.

Lichtenstein-Rother, I.; Röbe, E. (2005): Grundschule: Der pädagogische Raum für Grundlegung der Bildung. Weinheim.

Roland G. Lauterbach

Vielperspektivität – ein Beitrag zur Identitätsfindung der Didaktik des Sachunterrichts

"Multiperspectivity" has been favored as one of the foremost principles of "Sachunterricht", the German equivalent to primary science education. The vagueness of its connotation allowed the academic community of the young science of "Sachunterrichtsdidaktik", originally members of different disciplines, free application of meaning without dominating different ideas and approaches. The productive result was a curricular framework of five interrelated science oriented perspectives. This article reconstructs and discusses the historical development under sociological and epistemic considerations.

1 Das Thema

Vielperspektivität gehört zum geläufigen Wortschatz der Didaktik des Sachunterrichts, beschreibt und fordert Vielseitigkeit, Vielfältigkeit und Vielgestaltigkeit des Faches und seiner Aufgaben. Sachunterrichtsdidaktiker/innen wissen, was sie mit dem Begriff meinen, und meinen zu wissen, was Kolleg/innen meinen, wenn diese von Vielperspektivität sprechen. Doch nicht alle Publikationen unseres Faches spiegeln das gleiche Verständnis wider. Der Begriff der Vielperspektivität wird nicht selten mit alltagssprachlicher Sorglosigkeit, mit changierenden Bedeutungen terminologisch unbestimmt gebraucht, obwohl er fachwissenschaftlich eingeführt und begründet wurde.
Die selbstbewussten Wissenschaftler/innen unseres Faches mag das nicht allzu sehr stören. Konkurrierende Ideen und der Reiz des Unbestimmten beleben Forschung und Entwicklung, halten Wissenschaft ständig in Bewegung: In ihrer Studie über *„Die Fabrikation von Erkenntnis"* beobachtete Karin Knorr-Cetina (1991), dass in den Naturwissenschaften das Forschungsgeschehen innerhalb des fachlichen Erwartungshorizontes überwiegend quasi-chaotisch abläuft: Forschergruppen denken, sprechen und handeln nach eigenem Gusto – mit opportunistischer Rationalität: erwartungs-, herkunfts-, lokal-, kontextgeprägt. Während des Forschungsprozesses erfolgen

zudem situations- und entwicklungsbedingte Deregulierungen. In den Veröffentlichungen der wissenschaftlichen Ergebnisse tauchen diese Selektions- und Einflussfaktoren jedoch nicht auf: Wir lesen eine bereinigte und geglättete Erzählung, die – da im Format des Forschungsberichtes präsentiert – den Anspruch der paradigmatischen Universalität von wissenschaftlichen Methoden nutzt und damit implizit wissenschaftliche und letztlich transwissenschaftliche Rationalität beansprucht (a.a.O., S. 90f.).

Der neu gefasste Perspektivrahmen des Sachunterrichts verspricht eine solche Solidität. Sie ermöglicht Lehrer/innen, tagtäglich das „Richtige", „Gute" und „Gültige" zu unterrichten; und nach Meinung vieler Eltern, Bildungspolitik und Schulverwaltung sollten sie das auch tun. Dennoch: Genügt eine solche Außenwirkung dem wissenschaftlichen Anspruch einer universitären Disziplin? Die Innenansichten des Faches auf „Vielperspektivität" sind den Fachleuten bekannt. Sie kennen diese, haben zum Thema gelesen, gedacht, geforscht, diskutiert, geschrieben, praktiziert. Dieser Beitrag befasst sich mit Außenansichten – naiv, wissenschaftshistorisch, wissenssoziologisch, transwissenschaftlich, allgemein-didaktisch.

2 Der Begriff

2.1 Bildungssprachliche Reflexion

Vielperspektivität zählt nicht zum Wortschatz der alltäglichen Umgangssprache, erscheint nicht im Wörterbuch der Standardsprache, schafft keinen Treffer im neuen Wortschatzportal der Universität Leipzig, keinen im Digitalen Wörterbuch der Deutschen Sprache, ebenso wenig im Etymologischen Wörterbuch, nicht im Open Thesaurus, auch nicht im Deutschen Textarchiv. Einmal, am 16.11.2000, wird es in einem Zeitartikel registriert – allerdings belanglos für unsere Thematik.

Dennoch können wir das Wort bildungssprachlich erschließen.

Der Wortstamm „Perspektive" ist uns geläufig. Bildungssprachlich wird damit laut Duden zum einen die Betrachtungsweise oder Betrachtungsmöglichkeit von einem bestimmten Standpunkt aus bezeichnet – synonym zu Sicht oder Blickwinkel –, zum anderen eine Aussicht auf Zukunft, genauer auf Zukunftserwartungen.

Das Suffix in Vielperspektiv*ität* verursacht Geltungs- und Bedeutungsprobleme: Es bezeichnet als substantivierte Eigenschaft etwas Abstraktes, grammatikalisch und sprachwissenschaftlich etwas Nichtgegenständliches im Sinne von allgemeiner Gültigkeit, in unserem Fall die Abstraktion von Betrachtungsmöglichkeiten oder Zukunftsaussichten.

Da „Weisen", „Möglichkeiten", „Aussichten" wie „Erwartungen" Verallgemeinerungen und damit selbst Abstraktionen sind, stellen sich ohne deren Konkretisierung Bedeutungsdefizite ein. Die didaktische Qualität der Perspektiven ordnet sich dem Primat der Quantität unter. Partikuläre und unverbindliche Vielfalt begünstigt deren Geltungsverlust und verstärkt diesen unter dem Totalitätsanspruch von Perspektivität.
Eine Steigerung der didaktischen Unbestimmtheit bewirkt das Präfix „viel". Es multipliziert die abstrahierte Gesamtheit der Perspektiven auf ungewisse Weise und entfernt uns so noch mehr von einer verpflichtenden Einlassung auf Konkretes. Für den Sachunterricht ist das von Belang: sprachlich (es werden keine Namen genannt), gegenständlich (es wird nicht auf sinnlich wahrnehmbare Dinge verwiesen), methodisch (es werden weder Verfahren noch Ordnungsformen angegeben).
Als indefinites Numerale erzeugt „viel" nur ein vages, unscharfes Maß an Bestimmtheit. Kommunikationsanalytisch betrachtet kann es eine offen geführte Kommunikation positiv beeinflussen. Die Beteiligten erreichen beim wechselseitigen Formulieren mehr Klarheit für sich und übernehmen tendenziell mehr Eigenverantwortung für das Geäußerte. Gleichzeitig vergrößert sich der Spielraum für das weitere Denken und Handeln. Konfrontationen können leichter entschärft und zukünftig eventuell vermieden werden. Mit Bewusstsein eingesetzt, können Selbstklärung gefördert und Kommunikation erleichtert und positiv für das Zusammenfinden unterschiedlicher Positionen und Sichten genutzt werden.
Allerdings lassen sich mit diesem Präfix auch Unsicherheiten kaschieren und zugleich Überlegenheit signalisieren. Es ermöglicht, sich über das Geschehen zu erheben und sich der Verantwortung für verbindliche Konkretisierungen zu entziehen.
Demzufolge ermöglicht die bildungssprachliche Konnotation von Vielperspektivität für den kritischen didaktischen Diskurs Entwicklungsdynamik; für die didaktische Praxis dagegen forciert der implizite Anspruch auf Universalität, auf Autorität, auf Majorität, auf Geltung eher Gefolgschaft. Da Vielperspektivität als wissenschaftsdisziplinäres Herausstellungsmerkmal der Didaktik des Sachunterrichts fungiert, ist zudem nach den Auswirkungen auf die Organisation und Entwicklung des disziplinären Wissens, der Wissenschaftler und der Wissenschaft selbst zu fragen.

2.2 Fachsprachliche Reflexion

Nach den vorherigen Ausführungen sollte es kaum überraschen, dass Fachdidaktiker/innen und Lehrer/innen des Sachunterrichts Perspektiven nach ihrem Verständnis, nach eigenen Interessen und Vorstellungen benannt und inhaltlich bestimmt haben und das vermutlich weiterhin tun – mal spontan, intuitiv, durchaus kreativ als Idee mit Verweis auf situative Passung oder empirischen Druck des Faktischen, mal auch intentional mit frei interpretierten Begriffen von „Konzept" oder „Theorie", hin und wieder anarchisch.

Der Sachstand im dritten Forschungsband der GDSU mit dem Titel *„Vielperspektivisches Denken im Sachunterricht"* (Köhnlein/ Marquardt-Mau/ Schreier 1999) dokumentiert, was nach etwa 30 Jahren des „Neuen Sachunterrichts", also 7 Jahre nach Gründung des GDSU, unter Vielperspektivität sachunterrichtsdidaktisch verstanden wurde.

Dieser Band markiert die fachöffentliche Anerkennung und Aufnahme von Vielperspektivität in den wissenschaftlichen Diskurs der Didaktik des Sachunterrichts. Etwas verhalten noch wirbt der Titel um unterrichtsfreundliche Aufmerksamkeit und Einlassung. Explizit und unmissverständlich wird dann auf dem rückseitigen Umschlag festgestellt: „Vielperspektivität ist ein wichtiges Prinzip des Sachunterrichts, das diesen Unterricht offen halten kann für die Pluralität möglicher Zugriffe auf die Welt und die methodische Kreativität, aber auch für die nicht selten überraschenden Ideen, Sichtweisen und Deutungen der Kinder." Der Satz interpretiert die bildungssprachliche Bedeutung von Vielperspektivität trefflich auf fachsprachliche Weise: formal als Prinzip und inhaltlich als Pluralität möglicher Zugriffe auf Welt, seien diese methodisch, routiniert, praktisch, informell oder interpretativ, spontan, intuitiv als Ideen, Sichtweisen oder Deutungen.

In den sieben Beiträgen von sechs anerkannten Didaktiker/innen geht es differenzierter, heterogener und weniger apodiktisch zu. Vier der Beiträge verwenden Vielperspektivität im Titel.

Walter Köhnlein (1999a, S. 9ff.) führt in den Forschungsband ein. Unter dem Titel *„Vielperspektivität als didaktische Kategorie"* skizziert er Rahmen, Richtung und Reichweite. Vielperspektivität sei kein „elaboriertes didaktisches Konzept", sondern ein „basales Prinzip" des Sachunterrichts (a.a.O., S. 13), das neben den didaktischen Prinzipien Kindgemäßheit, Sachgemäßheit, Exemplarität und genetische Orientierung „die Polyvalenz der Zugriffsweisen auf die Wirklichkeit und damit die erforderliche inhaltliche und methodische Vielfalt in der Einheit des Sachunterrichts" (a.a.O., S. 9) bekräftigen solle. Zudem stehe es „für eine bestimmte Weise von Offenheit, nämlich Offenheit für die vielfältigen […] Ideen, Sicht- und Denkweisen, Fragen und Vorschläge der Kinder" (a.a.O., S. 10).

Ungeachtet der ergänzenden Ausführungen ist diese Aussage als intentionale Auslegung sowohl für die Inhalts- als auch für die Zielbestimmung des Sachunterrichts zu interpretieren: Sachunterricht habe prinzipiell *alle* Zugriffsweisen auf die Wirklichkeit zu berücksichtigen. Das verlangt nicht zwangsläufig,

alle möglichen auch zu lehren, wohl aber die vorrangigsten auszuwählen und deren Auswahl zu begründen. Die so ermittelten Inhaltsbereiche und Methoden ihrer Erschließung werden dann zur unterrichtsplanerischen Aufgabe mit der Maßgabe, sie stufenbezogen zu übersetzen und thematisch zu integrieren.
Köhnleins zweiter Beitrag *„Vielperspektivität und Ansatzpunkte naturwissenschaftlichen Denkens“* (1999b, S. 88ff.) setzt sich anhand einer Analyse von Unterrichtsbeispielen mit Korrespondenzen zwischen Vielperspektivität und Verstehen auseinander, wobei vor allem die physikalische Dimension sowie „inhaltliche, didaktische, unterrichtsmethodische und mediale Perspektiven der geistig geordneten Auseinandersetzung mit der Welt“ (ebd.) beleuchtet werden. Komplementär kommen die für ein Verstehen-Lehren und Verstehen-Lernen unabdingbar zu berücksichtigenden vielfältigen Perspektiven der Kinder dazu, d.h. deren Vorverständnisse sowie deren Sichtweisen auf die Lerngegenstände und deren produktive Thematisierung im Unterricht.
Der Forschungsband enthält fünf weitere, thematisch relevante Beiträge:
Walter Popps *„Perspektivität und Pluralität als Aufgabe des Sachunterrichts“* (1999, S. 60ff.) reflektiert die philosophische Grundfrage nach dem Verhältnis von (vorfindbarer) Welt und (konstruierter) Wirklichkeit mit den daraus sich ergebenden „unendlichen“ Möglichkeiten für Interpretationen, unterschiedlich projiziert je nach Biografie, Gruppe, Situation und unterschiedlich konkretisiert in deren Handeln. Notwendig für den produktiven wie beglückenden Umgang mit Pluralität seien intersubjektive und interkulturelle Verständigung. Vielperspektivisches Denken sowie die Bereitschaft und Fähigkeit zum Perspektivenwechsel seien die dafür erforderlichen Kompetenzen.
Helmut Schreiers Beitrag *„Vielperspektivität, Pluralismus und Philosophieren mit Kindern“* (Schreier 1999, S. 24ff.) betont die Vielfalt der Perspektiven aus Sicht der Betrachtenden und der Handelnden. Die Pluralität der Betrachtungsweisen müsse für die Didaktik letztlich einschließen, dass die in unserer Kultur traditionsgemäß intendierte Einheitlichkeit der Weltsicht und des Erkenntnisstrebens auf nur eine Wahrheit hin aufzugeben sei zugunsten einer „Pluralisierung des Begriffs ‚Wahrheit‘“ (a.a.O., S. 25). Das sei ein riskantes Unterfangen, weil weder Didaktiker (als Vertreter und Vermittler ihrer Fächer) noch die Lehrer mit dem Auftrag, Kindern zu verdeutlichen, wie die Welt tatsächlich beschaffen ist, darauf vorbereitet seien. (Das gilt vermutlich immer noch). Das Projekt des „Mehrperspektivischen Unterrichts“ stellte diesen Auftrag nicht nur in Frage, es forderte die Entgegenstellung: *„Es geht auch anders.“* Dass sich dieser Ansatz nicht etablieren konnte, lag wohl daran, dass er mit der tradierten Praxis des Grundschulunterrichts nicht vereinbar war. Mit einer Didaktik des Philosophierens mit Kindern

wollte Helmut Schreier die Gefährdungen von Subjektivität und Relativität bei der Wahrheitssuche reduzieren, indem Kinder mit Vielperspektivität – im Sinne von Pluralität der Sichtweisen und Urteile – vertraut werden und sie verstehen und respektieren lernen.

Edith Glumplers Beitrag behandelt die *„Herausforderung vielperspektivischen Denkens im Sachunterricht durch die Kulturenvielfalt an deutschen Schulen"* (1999, S. 226ff.). Das Thema ist auf dramatisch neue Art und mit großer Wucht heute wieder virulent geworden. Flüchtlings- und Migrantenkinder müssen beschult werden, und zwar so, dass ihre Integration und möglichst auch die ihrer Eltern weitgehend gelingen kann. Das erfordert, dass Schule, Didaktik und Unterricht sich auf deren kulturelle und soziale Umgebung, auf deren Milieu und Prägung einlassen als auch an deren persönlichen Erfahrungen und dem individuell verdichteten und entwickelten Verständnis ihrer und unserer Kultur anknüpfen. Das war Glumplers forschungsgestützte Überzeugung. Sie sah darin *eine* der Voraussetzungen, damit die Kinder sich *miteinander* nach und nach anderen Sichtweisen – also auch unseren – nähern, sie kennen und verstehen lernen, um schließlich zu gemeinsamen, wenigstens aber zu wechselseitig akzeptierten Perspektiven zu gelangen.

Joachim Kahlert hatte frühzeitig unter dem Titel *„Ganzheit oder Perspektivität? Didaktische Risiken des fächerübergreifenden Anspruchs und ein Vorschlag"* (Kahlert 1994) und später in seinem Modell der didaktischen Netze das Konzept eines integrativen, Perspektiven ausdifferenzierenden Ansatzes vorgestellt und instrumentell für die Ausgestaltung thematischer Einheiten des Sachunterrichts umgesetzt. In seinem Beitrag *„Vielperspektivität bewältigen. Eine Studie zum Management von Wissen und Information bei der Vorbereitung von Sachunterricht"* (Kahlert 1999) diskutiert er nicht sein Konzept, sondern berichtet von der Komplexität und Vielschichtigkeit der Auswahl und Aneignung von Materialien, die Lehrer/innen vorzugsweise nutzen und für jedes Thema des Sachunterrichts erneut zu bewältigen haben. Aus und mit diesen gewinnen sie dann pragmatisch, situationsbedingt und biografisch eingefärbt Perspektiven für ihren Unterricht.

Kornelia Möllers Beitrag *„Konstruktivistisch orientierte Lehr-Lernprozeßforschung im naturwissenschaftlich-technischen Bereich des Sachunterrichts"* (1999, S. 125ff.) hat auf den ersten Blick wenig mit der Thematik des Bandes zu tun, jedenfalls diskutiert sie nicht Begriff oder Idee der Vielperspektivität. Bei näherem Hinsehen erlangen jedoch drei Feststellungen thematische Bedeutung: Es geht *erstens* um die Identifizierung der je besonderen Sichtweisen und Deutungen von Kindern, d.h. um deren unterschiedliche Perspektiven auf Sachverhalte in einer der inhaltlichen Dimensionen des Sachunterrichts, *zweitens* um deren Pflege und Weiterentwicklung zu zu-

kunftsfähigem Wissen und Können durch zielbezogene Planung, *drittens* um Format und Qualität von empirischen Untersuchungen für diese und ähnliche Fragen.
Vielperspektivität erweist sich in all diesen Beiträgen übergreifend als vorzügliches Attribut produktiver Explikation und didaktischer Anreicherung von Zielen, Inhalten, Themen, Methoden, Unterrichtsarrangements, Unterrichtsereignissen und Unterrichtsmaterialien. Zugleich allerdings befreit die Verwendung des Begriffs wegen seiner Unbestimmtheit und hohen Adaptabilität sowie der gewollt flexiblen Auslegung von einer verbindlichen sachunterrichtsdidaktischen Ausrichtung. Da der Begriff primär bildungssprachlich verwendet wird, erlaubt er zwar – wie in den vorgetragenen Beiträgen – Anspruch, Systematik und Ordnung, duldet jedoch für sich genommen ebenso Trivialität, Irrtum und Zufall. Deshalb ist zu klären, ob er ein theoretisch fundiertes oder immerhin fachstrategisch zu kennzeichnendes Herausstellungsmerkmal des Sachunterrichts bezeichnet. Denn in allgemeiner Wendung ähnelt er den grundschulpädagogisch motivierten Pleonasmen, die bei den Verknüpfungen beispielsweise von Sach-, Kind- oder Handlungsorientierung mit dem Sachunterricht entstehen. Diese Eigenschaften sind keine wählbaren Spezifika für Sachunterricht, sie sind für dieses Fach konstitutiv.
Grundsätzlich: Ohne sachunterrichtsdidaktische Konkretisierung und deren Rechtfertigung schwebt die Mehrfachabstraktion Vielperspektivität bestimmungslos über Unterrichtsplanung und Unterricht. Deshalb ist bei jeder konzeptuellen Attribuierung „vielperspektivisch" in Verbindung mit Sachunterricht nach den theoretischen wie praktischen Mehrwerten zu fragen.

3 Der historische Mehrwert

Angeregt von Ludvik Flecks wissenschaftshistorischer und wissenschaftssoziologischer Studie zur Entstehung einer wissenschaftlichen Tatsache (1935, 1994) betrachte ich im Folgenden das wissenschaftssoziologische Feld, in dem sich Fachvertreter/innen des Sachunterrichts bewegen, danach die wissenssoziologische Entwicklung einer fachwissenschaftlichen Tatsache, eines fachwissenschaftlichen Begriffs oder auch eines fachwissenschaftlichen Prinzips, und anschließend beides hinsichtlich der historischen Entwicklung von Vielperspektivität für die Didaktik des Sachunterrichts.
Fleck teilte das wissenschaftssoziologische Feld in einen strukturierten inneren Kreis der Fachleute und einen heterogenen äußeren Kreis der Nichtfachleute, unterschied bei diesem aber zwischen gebildeten, populärwissenschaftlich an dem Fachgebiet interessierten Laien und nicht-interessierten Personen. Den inneren Kreis bilden Wissenschaftler/innen, verantwortlich und

tätig in der Forschung, umgeben von einem Kranz wissenschaftlich gebildeter Praktiker/innen.

Übertragen auf die Didaktik des Sachunterrichts stellen Didaktiker/innen den inneren Kreis dar, umgeben von praktizierenden Lehrer/innen und populärwissenschaftlich interessierten Laien – den Eltern.

Folgt man aus der Perspektive der Sachunterrichtsdidaktik dem Ansatz Flecks, bilden die Wissenschaftler/innen eine Art Denkkollektiv, in denen sich ein eigener Denkstil ausprägt. Dieser dominiert das Denken der Fachleute, bewirkt Ähnlichkeit, versichert Zugehörigkeit und verschafft den passgerechten Aussagen Geltung sowohl nach innen als auch nach außen. Betrachtet man wiederum die Didaktik des Sachunterrichts, so wiesen in der historischen Genese dieser Wissenschaftsdisziplin nur wenige Wissenschaftler/innen tatsächlich eine idealtypische Berufsbiographie auf. Die meisten sind „Autodidakten“ im Fach, qualifizierten sich für andere Sachgebiete (u.a. Geschichte, Geografie, Biologie, Physik), zum Teil auch für deren Didaktik, oder für Spezialbereiche der Schulpädagogik und Erziehungswissenschaft (u.a. Umwelterziehung, Medienerziehung, Sexualerziehung). Demgemäß werden sie von deren Denkkollektiven sozialisiert und in deren Denkstile eingeführt.

Für die ersten 30 Jahre des „Neuen Sachunterrichts“ darf schon deshalb – überspitzt formuliert – ein quasi-chaotischer Entwicklungsverlauf der Didaktik des Sachunterrichts konstatiert werden.

Mit der Installation von Professuren für die Didaktik des Sachunterrichts Anfang der 80er Jahre begann die Entwicklung einer wissenschaftlichen Didaktik des Sachunterrichts moderner Prägung. Die erforderliche universitäre Anerkennung erzwang eine harmonisierende, wissenschaftlich substantiierte Identitätsbildung für dieses neue wissenschaftliche Fach. Zwangsläufig konnte das nur mit einem soziologisch wirksamen Prozess demokratischer Prägung gelingen, denn Sachunterricht, Heimatkunde, Sachkunde waren Ländersache. Sie waren es inhaltlich wie organisatorisch, und sie unterschieden sich in den professionellen Qualifikationsanforderungen der Lehrer/innen und deren Ausbilder/innen. Dank des gemeinsamen Interesses und der Bereitschaft zur Zusammenarbeit entwickelte sich im Kern die Vorstufe des sachunterrichtsdidaktischen Denkkollektivs, das wir heute kennen. Es ging zunächst um Verständigung, später um Abstimmung und Kooperation. Genaueres lässt sich den einschlägigen Veröffentlichungen entnehmen.[1]

---

[1] Die historische Entwicklung des Faches hat Bernd Thomas (2013) zusammenhängend dargelegt und interpretiert. Autobiografisch geprägte gute Einblicke geben unter anderem die Beiträge der damaligen Akteur/innen (siehe Köhnlein/ Schreier 2001 und Hempel/ Wittkowske 2011).

Mit der Gründung der GDSU wurden 1992 die ideellen und organisatorischen Voraussetzungen geschaffen, die ermöglichten, dass sich in einem Interaktionsprozess der Vielen ein wissenschaftliches Fach selbstorganisiert entwickeln konnte. In dieser Phase „erfand" Walter Köhnlein als passfähigen Leitgedanken das *Prinzip der Vielperspektivität*, das das Viele umfassen und zugleich unter einem begrifflichen Dach gemeinsames Handeln ausrichten konnte. In Flecks Terminologie: Das neu sich formende Denkkollektiv der Didaktik des Sachunterrichts erhielt mit dem Prinzip der Vielperspektivität seine vielleicht erste unumstrittene orientierende Kategorie, mit und aus der sich der charakteristische Denkstil des neuen Wissenschaftsgebiets zu entwickeln vermochte.
Der Weg dahin lässt sich analog zu Flecks Studie beschreiben: Das erste Auftauchen der Ideen von Vielperspektivität geschieht eher unauffällig im Kontext bisherigen Denkens. Die angeforderte Wissenschaftsorientierung für den „Neuen Sachunterricht" beantworteten die Bundesländer zunächst mit einem elementarisierten Mosaik der Sachfächer aus der Sekundarstufe. Grundschulpädagog/innen sahen darin einen Mangel an Kindorientierung und den Verlust an heimat- und sachkundlicher Bildung. Curriculare Modellentwicklungen mit theoretischem Anspruch (vgl. Köhnlein/ Schreier 2001), wie sie auch das Förderprogramm CIEL zur Elementarerziehung (Bennwitz/ Weinert 1973) u.a. mit dem Projekt „Mehrperspektivischer Unterricht" (MPU) hervorbrachte, verunsicherten das traditionale Selbstverständnis der Grundschule und entschuldigten den Verbleib der Praxis bei scheinbar Bewährtem. Zugleich ermunterten sie die mit der Neuausrichtung der Didaktik des Sachunterrichts befassten Personen.[2] Im Bemühen um konzeptionelle Integration und Ordnung transformierten diese die diskutierten Vorstellungen. Aus der Sekundarfachorientierung entstand nach und nach eine wissenschaftsbezogene Weltorientierung, die eine curriculare Kontinuität von Themen der kindlichen Lebenswelt und den Beständen der Kultur hin zu fachlichen Ausdifferenzierungen ermöglichte. Walter Köhnlein entwickelte dafür eine Systematik inhaltlicher Dimensionen mit gesamtcurricularen Perspektiven auf dem genetischen Weg zu den Fächern (Köhnlein 1990); Joachim Kahlert diskutierte in Erweiterung die didaktische Relevanz unterschiedlicher

---

2 Auf den Jahrestagungen der GDCP fanden sich Didaktiker/innen zusammen, die sich für das naturwissenschaftliche Lernen von Grundschulkindern interessierten. Nach und nach entstand eine sachunterrichtsaffine Arbeitsgruppe unter Führung von Walter Köhnlein und Kay Spreckelsen. Das geschah noch in der zweiten Hälfte der 1970er Jahre. Anfang der 1980er Jahre wuchs das Bedürfnis der Teilnehmer nach Kontakt und Austausch mit Kolleg/innen mit anderen didaktischen Schwerpunkten. Seit 1982 fanden regelmäßige, jährliche Treffen statt. Es ging zunächst um Verständigung, später um Abstimmung und Kooperation.

Perspektiven, mit denen auf eine Sache geblickt wird (Kahlert 1994). Obwohl noch bildungssprachlich gefasst, bereitete die fachinterne Rezeption die fachsprachliche Thematisierung vor, auf die bereits ausführlich eingegangen wurde.

Den Werdegang zur fachwissenschaftlichen Tatsache beschreibt Fleck von der vorwissenschaftlichen Thematisierung und Problematisierung über die Ambition auf wissenschaftliche Anerkennung mittels Publikation in wissenschaftlichen Zeitschriften, vermehrt auch in wissenschaftlichen Sammelbänden (wie für uns die Tagungs- und Forschungsbände der GDSU), die Aufnahme in den wissenschaftlichen Diskurs des Fachkollektivs mit Festigung der wissenschaftlichen Geltung durch Aufnahme in dessen wissenschaftliche Handbücher und schließlich – hinreichend etabliert – vereinfacht und vermittlungsgeeignet didaktisiert bis zum Bestandteil der Lehrbücher des Faches. Diese Abfolge beschreibt die sichtbaren Stadien der Entstehung und Entwicklung einer (neuen) Wissenschaft: Zeitschriftenwissenschaft, Handbuchwissenschaft, Lehrbuchwissenschaft; sie wiederholt sich bei der Ausbildung eines neuen Wissenschaftszweiges, eines neuen Denkstils. Eine derartige Abfolge lässt sich ohne Not für die Didaktik des Sachunterrichts insgesamt wie für deren diverse Konzeptionen, Prinzipien und sonstige Thematisierungen feststellen. Für Praktiker/innen, mehr noch in der populärwissenschaftlichen Fassung für die gebildete Öffentlichkeit, muss der im wissenschaftlichen Denkstil inhärente Zweifel an der methodenunabhängigen Gültigkeit des neuen Wissens unterdrückt werden. Lehrer/innen haben wie Ärzt/innen im jeweiligen hier und jetzt ihrer Praxis zweifelsfrei zu handeln, zumindest in dem Verständnis, die beste der bekannten Möglichkeiten gewählt zu haben.

Der Vorstand der GDSU hat sich im Jahre 2000 dieser Aufgabe angenommen, um die vielen Richtungen und Ausprägungen des Sachunterrichts zum Zwecke der bildungspolitischen wie bildungspraktischen Wirksamkeit des Faches und seiner Didaktik konzeptionell und operativ abzustimmen und zu binden. Auf der Grundlage einer Delphi-Studie erarbeitete eine Arbeitsgruppe der Gesellschaft den ersten Perspektivrahmen für den Sachunterricht. Das Prinzip der Vielperspektivität war damit fester Bestandteil des fachdidaktischen Denkstils geworden. Die Mitglieder des GDSU unterwarfen sich trotz mancher konzeptioneller Zweifel dem fachpolitischen Diktat, bundesweit mit einem gemeinsam abgestimmten Programm für die Inhalte und Ziele des Sachunterrichts aufzutreten, eine vermittelbare didaktische Interpretation zu akzeptieren und sie in der Öffentlichkeit zu vertreten. Vorgelegt wurde eine Art Kompendium für die Praxis, das sich mit Flecks Beschreibung von Vereinfachung und Unschärfe deckte, zugleich aber Akzeptanz erleichterte und

Gebrauchswert versprach. Die Erfolgsgeschichte dieses Projektes ist bekannt. Mehrere tausend Exemplare wurden verkauft und in Aus- und Fortbildung eingesetzt. Lehrer/innen werden anhand dieses Quasi-Lehrbuchs – jetzt in der erweiterten Fassung – ausgebildet und können darauf bei Bedarf zurückgreifen.

Rückblickend betrachtet war die Konzeptualisierung der Vielperspektivität notwendig, um die Vielheit von Ansätzen und Richtungen einzubinden. Wissenschaftler/innen wie Praktiker/innen erhielten eine gemeinsame fachliche Identität mit erhöhtem sozialem Status, in dem die unterschiedlichen individuellen, fachlichen und didaktischen Perspektiven im Kollektiv aufgehoben waren. Liberalisiert und demokratisiert über die Delphi-Studie und der sich anschließenden Entwicklung des Perspektivrahmens war die historische Aufgabe der Konsolidierung im Wesentlichen damit abgeschlossen. Der Perspektivrahmen begrenzt pragmatisch die Entfaltung des Konzepts durch den Geltungsdruck, den er auf Lehrplanentwicklung, Praxis und Lehrerfortbildung ausübt.

4 Die Aufgaben

4.1 Kontinuität

Für den Sachunterricht hat sich auf dem Vermittlungsweg von Wissenschaft zur Praxis eine Perspektivierung wissenschaftsorientierter Prägung durchgesetzt. Sie wirbt mit Argumenten der Anschlussfähigkeit und Passung in das schulische Gesamtcurriculum, mit der Bedeutung und dem Ansehen der Wissenschaften und dem ihnen zugesprochenen entwickeltesten Stand des Wissens hinsichtlich Welterklärung, methodischer Leistungsfähigkeit, theoretischer Konsistenz sowie technischer Verwertbarkeit und praktischer Wirksamkeit. Damit wäre im Verständnis von Fleck der wissenschaftsorientierte Denkstil als dominanter etabliert und mit der Modellierung des Perspektivrahmens auch das geltende didaktische Paradigma des Faches im Verständnis von Thomas Kuhn erarbeitet.

Doch für das damit implizite Gültigkeitsbegehren reicht die curriculare Rekonstruktion von Vielperspektivität innerhalb der Grenzen des Perspektivrahmens der GDSU nicht aus. Die Didaktik des Sachunterrichts wird sich der theoretischen Grundlegung wie konzeptuellen Vervollständigung im Sinne Köhnleins (2012) widmen müssen, verbunden zum einen mit dem Nachweis der jeweils beabsichtigten vielperspektivischen Wirksamkeit bei den Schüler/innen – inhaltlich, kulturell, individuell, nachhaltig, zum anderen mit der Prüfung ihrer wissenschaftstheoretischen wie -methodischen Tauglichkeit.

Und sie hat sich weiterhin mit fachlichen Unstimmigkeiten auseinanderzusetzen.
Dem Mainstream wissenschaftsorientierter Perspektivierung widerspricht beispielsweise der Ansatz der Umgangsweisen des „Bildungsrahmens Sachlernen“ (Pech/ Rauterberg 2008): Danach habe Sachlernen, insbesondere im schulischen Sachunterricht, zwar wissenschaftlich strukturiert zu sein; die Sachen/Gegenstände sollten jedoch nicht aus den wissenschaftlichen Disziplinen (und Fächern des Sekundarbereichs) „deduziert“ werden. Die Methodenkonzeption erinnert, lebensweltlich transponiert, an den bereits erwähnten naturwissenschaftsorientierten Methodenansatz der 1970er Jahre und umfassendere erkenntnismethodische Ansätze der Sach- und Welterschließung (Lauterbach 2004, 2007, 2010). Wie verbindlich sollte ihr Gegenstandsbereich sein? Beschränkt dieser sich wie einst die Heimatkunde auf die Beschaffenheit der jeweiligen Lebenswelt der Kinder oder öffnet er sich der Welt als Ganzes und aller Sachen in ihr?

4.2 Wandel

Die wissenschaftliche Identitätsfindung und Identitätsbildung der Didaktik des Sachunterrichts ist trotz ihrer Produktivität nicht abgeschlossen. Immer noch befindet sich dieses Fach auf dem diplomatischen Weg der Emanzipation von den Fachdidaktiken der Sekundarstufe bei gleichzeitiger Abwehr grundschulpädagogischer Vereinnahmung. Welches Herausstellungsmerkmal verspricht, rechtfertigt und bestätigt wissenschaftliche Eigenständigkeit?
Identität entwickelt sich durch Abgrenzen im Wechselspiel von Ein- und Ausschließen. Obwohl sie letztlich das Gesamt einer Einheit oder Entität umfasst, bedarf es Eigenheiten, die sie von anderen Entitäten unterscheidet. Deshalb muss mit der ständigen Frage nach den Sachen des Sachunterrichts zugleich die nach der Sache des Sachunterrichts gestellt und auf den jeweiligen Organisationsebenen mit identitätsstiftender Qualität prinzipiell geantwortet werden. Gleiches gilt für die Umkehrung. Der produktive Diskurs benötigt kritische Kommentierung, gründliche Problematisierung und auch alternative Anregungen – konzeptionell, theoretisch und empirisch – bei gleichzeitiger Aufmerksamkeit für die Emergenz der identitätsstiftenden Qualität und Eigenschaft des Faches.
Unstrittig sollte bei alledem sein, dass die Didaktik des Sachunterrichts ihrem Bildungsauftrag gemäß zum einen den weitest entwickelten Stand des Wissens berücksichtigt und diesen auch für den Sachunterricht konzeptionell und konkret einfordert, zum anderen bei der phänomenologischen Existenz der Bildungsgegenstände in der Lebenswelt der Kinder ansetzt und mit ihnen deren Beschaffenheit zu erschließen versucht. Das entspricht den prospekti-

ven Praxisvorstellungen des Sachunterrichts. Kaum bearbeitet dagegen hat die Didaktik des Sachunterrichts die existenzielle Einmaligkeit des Konkreten: die eines jeden Lebewesens, eines jeden Objektes, eines jeden Ereignisses an und für sich und in seiner Komplementarität mit der Welt. Darin läge ein identitätsbildendes Potenzial. Die praktizierte Interdisziplinarität der Didaktiker/innen des Sachunterrichts bietet förderliche Voraussetzungen für den Weg zu einer Integrationswissenschaft, die den jeweiligen Mehrwert einer Sache über ihre disziplinären Bestimmungen hinaus zu identifizieren und zu vermitteln sucht: an und für die Sache selbst sowie für die Welt, die natürliche wie die gemachte, für gesellschaftliche wie kulturelle Lebenswelten, für individuelle Biografien und persönliche Wirklichkeiten.

Literatur

Bennwitz, H.; Weinert, F.E. (Hrsg.) (1973): CIEL. Ein Förderprogramm zur Elementarerziehung und seine wissenschaftlichen Voraussetzungen. Göttingen.

Fleck, L. (1935/1994): Entstehung und Entwicklung einer wissenschaftlichen Tatsache. Einführung in die Lehre vom Denkstil und Denkkollektiv. Frankfurt am Main. (STW, 312).

GDSU (Hrsg.) (2013): Perspektivrahmen Sachunterricht. (Vollst. überarb. und erw. Ausgabe). Bad Heilbrunn.

Glumpler, E. (1999): Herausforderung vielperspektivischen Denkens im Sachunterricht durch die Kulturenvielfalt an deutschen Grundschulen. In: Köhnlein, W.; Marquardt-Mau, B.; Schreier, H. (Hrsg.): Vielperspektivisches Denken im Sachunterricht. Bad Heilbrunn, S. 226-250. (Forschungen zur Didaktik des Sachunterricht, Bd. 3).

Hempel, M.; Wittkowske, St. (Hrsg.) (2011): Entwicklungslinien Sachunterricht. Einblicke in die Geschichte einer Fachdidaktik. Bad Heilbrunn.

Kahlert, J. (1994): Ganzheit oder Perspektivität? Didaktische Risiken des fachübergreifenden Anspruchs und ein Vorschlag. In: Lauterbach, R. (Hrsg.): Curriculum Sachunterricht. Kiel, S. 71-85.

Kahlert, J. (1999): Vielperspektivität bewältigen. Eine Studie zum Management von Wissen und Information bei der Vorbereitung von Sachunterricht. In: Köhnlein, W.; Marquardt-Mau, B.; Schreier, H. (Hrsg.): Vielperspektivisches Denken im Sachunterricht.. Bad Heilbrunn, S. 192-225. (Forschungen zur Didaktik des Sachunterricht, Bd. 3).

Knorr-Cetina, K. (1991): Die Fabrikation von Erkenntnis. Frankfurt a. Main. (STW, 959).

Köhnlein, W. (1990): Grundlegende Bildung und Curriculum des Sachunterrichts. In: Wittenbruch, W.; Sorger, P. (Hrsg.): Allgemeinbildung und Grundschule. Münster, S. 107-125.

Köhnlein, W. (1999a): Vielperspektivisches Denken – eine Einleitung. In: Köhnlein, W.; Marquardt-Mau, B.; Schreier, H. (Hrsg.): Vielperspektivisches Denken im Sachunterricht. Bad Heilbrunn, S. 9-23. (Forschungen zur Didaktik des Sachunterricht, Bd. 3).

Köhnlein, W. (1999b): Vielperspektivität und Ansatzpunkte naturwissenschaftlichen Denkens. Analyse von Unterrichtsbeispielen unter dem Gesichtspunkt des Verstehens. In: Köhnlein, W.; Marquardt-Mau, B.; Schreier, H. (Hrsg.) Vielperspektivisches Denken im Sachunterricht. Bad Heilbrunn, S. 60-87. (Forschungen zur Didaktik des Sachunterricht, Bd. 3).

Köhnlein, W.; Marquardt-Mau, B.; Schreier, H. (Hrsg.) (1999): Vielperspektivisches Denken im Sachunterricht. Bad Heilbrunn. (Forschungen zur Didaktik des Sachunterricht, Bd. 3).

Köhnlein, W; Schreier, H. (Hrsg.) (2001): Innovation Sachunterricht – Befragung der Anfänge nach zukunftsfähigen Beständen. Bad Heilbrunn.

Köhnlein, W. (2012): Sachunterricht und Bildung. Bad Heilbrunn.

Lauterbach, R. (2004): Kulturtechniken im Sachunterricht. In: Hempel, M. (Hrsg.): Sich bilden im Sachunterricht. Bad Heilbrunn, S. 163-186.

Lauterbach, R. (2010): Der Eigenwert der Sache und die Relevanz ihrer Gegenstände. In: Tänzer, S.; Lauterbach, R. (Hrsg.): Sachunterricht begründet planen. Bedingungen, Entscheidungen, Modelle. Bad Heilbrunn, S. 38-51.

Lauterbach, R. (2007): Die Sachen erschließen. In: Kahlert, J.; Fölling-Albers, M.; Götz, M.; Hartinger, A.; Miller, S.; Wittkowske, St. (Hrsg.): Handbuch Didaktik des Sachunterrichts. Bad Heilbrunn, S. 448-460.

Möller, K. (1999): Konstruktivistisch orientierte Lehr-Lernprozeßforschung im naturwissenschaftlich-technischen Bereich des Sachunterrichts. In: Köhnlein, W.; Marquardt-Mau, B.; Schreier, H. (Hrsg.): Vielperspektivisches Denken im Sachunterricht. Bad Heilbrunn, S. 125-191. (Forschungen zur Didaktik des Sachunterricht, Bd. 3).

Pech, D.; Rauterberg, M. (2008): Auf den Umgang kommt es an. „Umgangsweisen“ als Ausgangspunkt einer Strukturierung des Sachunterrichts. Skizze der Entwicklung eines „Bildungsrahmens Sachlernen“. URL: http://www.widerstreit-sachunterricht.de/beihefte/beiheft5/beiheft5.pdf [13.12.2016].

Popp, W. (1999): Perspektivität und Pluralität als Aufgabe des Sachunterrichts. In: Köhnlein, W.; Marquardt-Mau, B.; Schreier, H. (Hrsg.) a.a.O., S. 9-23. (Forschungen zur Didaktik des Sachunterricht, Bd. 3).

Schreier, H. (1999): Vielperspektivität, Pluralismus und Philosophieren mit Kindern. In: Köhnlein, W.; Marquardt-Mau, B.; Schreier, H. (Hrsg.): Vielperspektivisches Denken im Sachunterricht. Bad Heilbrunn, S. 24-59.

Thomas, B. (2013): Der Sachunterricht und seine Konzeptionen. Bad Heilbrunn.

Christine Künzli David, Stefanie Gysin und Franziska Bertschy

Sachunterricht als inter- und transdisziplinär konstituiertes Fach – Implikationen für die Unterrichtsplanung und -gestaltung[1]

Inter- and transdisciplinary aligned General Studies should enable students to relate knowledge from different disciplines as well as non-scientific knowledge to one another, to weigh these different components against each other and to reach founded positions – all on the basis of their own theories. In this contribution will be shown – by using the example of the perspectives framework of the Gesellschaft für Didaktik des Sachunterrichts – that this requirement is barely honored in recent concepts. Following this the article presents a possible structure for a teaching ensuring that the potentials of both a disciplinary and an inter- and transdisciplinary approach are reached and interconnected, while still bearing reference to the students' everyday life.

1 Ausgangslage und Problemstellung

Eine Besonderheit des Sachunterrichts ist, dass er zahlreiche Bezugswissenschaften hat und als „Integrationsfach" (Michalik/ Murmann 2007, S. 101) oder auch „vielperspektivisches Fach" (GDSU 2013, S. 12) verstanden wird. Diese Vielfalt an disziplinären Bezügen bietet zahlreiche Chancen, ist in Bezug auf die Fachkonstitution aber auch eine spezifische Herausforderung. „Der Sachunterricht leidet an einem Paradox, das darin besteht, dass diverse Fächer [im Sinne von wissenschaftlichen Disziplinen] den Sachunterricht konzeptionell zwar konstituieren, dass sie bei der näheren didaktischen Ausdifferenzierung jedoch dezidiert nicht in Erscheinung treten dürfen" (Daum

[1] Projektfinanzierung durch die Stiftung Mercator Schweiz (Nr. 2011-0393), die Pädagogische Hochschule Bern (Nr. 10 s 02 01) und die Pädagogische Hochschule FHNW. Einzelne Überlegungen wurden bereits veröffentlicht in Künzli David/ Gysin/ Bertschy (im Druck).

2000, S. 54). Die Wissensbestände sowie die Denk- und Arbeitsweisen einzelner natur-, geistes- und sozialwissenschaftlicher Bezugsdisziplinen sollen nicht additiv im Unterricht behandelt werden, sondern zugänglich gemacht und im Rahmen eines perspektiven-integrierenden Sachunterrichts, orientiert an der Lebenswelt der Kinder, zu einer Gesamtsicht verbunden werden (vgl. z.B. Rohen-Bullerdiek/ Dietrich/ Wulfmeyer 2015). Der Ausgangpunkt neuerer Reformkonzepte zum Sachunterricht ist daher nicht „Fachlichkeit" (im Sinne von Disziplinarität), sondern „Überfachlichkeit", bei gleichzeitiger Stärkung der Fachbezogenheit und Wissenschaftsorientierung (Michalik/ Murmann 2007, S. 102). Dies wird ebenso in den Ausführungen zum Perspektivrahmen – dem Referenzdokument der Gesellschaft für Didaktik des Sachunterrichts (GDSU) – deutlich:

> „Die perspektivenbezogenen Denk-, Arbeits- und Handlungsweisen stehen gemeinsam mit den perspektivenbezogenen Themenbereichen im Zentrum dieses Perspektivrahmens [...]. Die zentrale Idee des Sachunterrichts geht jedoch über diese einzelnen Perspektiven hinaus und manifestiert sich in der Verbindung dieser Perspektiven zu perspektivenvernetzenden Themenbereichen" (GDSU 2013, S. 72).

Im Hinblick auf den Anspruch und das Verständnis des Faches wird dies jedoch in aktuellen Konzepten zum Sachunterricht kaum eingelöst bzw. kaum konzeptionell fundiert. So schreibt bspw. Kaiser (2006), dass „das Denken [trotz Orientierung an Überfachlichkeit] [...] im Sachunterricht weitgehend an einzelfachlichen Perspektiven" (S. 181) und an den klassischen Fächerstrukturen der nachfolgenden Schulstufen orientiert bleibt (vgl. zu dieser Kritik auch Duncker 2007, Thiel 2003, von Reeken 2002). Dies soll am Beispiel des Perspektivrahmens der Gesellschaft für Didaktik des Sachunterrichts (GDSU 2013) deutlich gemacht werden: Wesentliches Element des Perspektivrahmens ist ein sachunterrichtliches Kompetenzmodell, das „als eine Art ‚Gerüst' zu sehen [ist], mit dem Sachunterricht strukturiert und in seiner Vielfältigkeit und seiner Vernetzung genauer betrachtet werden kann" (GDSU 2013, S. 16). Der Perspektivrahmen unterscheidet *deklarative* (Themenbereiche, Fragestellungen und Konzepte) von *prozeduralen Komponenten* (Denk-, Arbeits- und Handlungsweisen). Beide werden sowohl perspektivenbezogen als auch perspektivenübergreifend gefasst. In Bezug auf ersteres werden fünf Perspektiven (z.B. geographische, technische etc.) genannt, die sowohl relevante, bildungswirksame Erfahrungen der Kinder in der Auseinandersetzung mit ihrer Umwelt berücksichtigen als auch im Hinblick auf die Inhalte und Methoden der Fachkulturen hinreichend trennscharf sind sowie Anschluss an Fächer weiterführender Schulen bieten. Den eigentlichen Kern des Perspektivrahmens bilden neben einer zu jeder Perspektive zu findenden ausführlichen Darstellung des Bildungspotenzials eine Liste von Themenbereichen, Fragestellungen, Konzepten sowie von Denk- Arbeits- und Handlungsweisen mit zugeordneten Kompetenzformulierungen. Da die Perspektivenvernetzung als die zentrale Idee des Sachunterrichts betont wird (vgl. oben), werden – zusätzlich zu *perspektivenübergreifenden Denk-, Arbeits- und Handlungsweisen* (erkennen, verstehen/eigenständig erarbeiten/evaluieren, reflektieren/ kommunizieren, zusammenarbeiten/den Sachen interessiert begegnen/umsetzen, handeln) – vier exemplarische[2] *perspektivenvernetzende Themenbereiche* (Mobilität, Gesundheit, Nachhaltige Entwicklung und Medien) genannt. Zu jedem dieser Themenbereiche finden sich eine Diskussion des Bildungspotenzials sowie eine Zusammenstellung der damit verfolgten Kompetenzen. Letztere sollten – gemäß Ausführungen im Perspektivrahmen – mit perspektivenbezogenen Kompetenzen korrespondieren. Inwiefern dieser Zusammenhang zwischen perspektivenbezogenen und perspektiven-integrierenden Kompetenzen genau besteht oder wie die möglichen Beiträge der einzelnen Perspektiven zur Bearbeitung komplexer Probleme und Themen gefasst werden könnten, wird jedoch nicht explizit gemacht. Auch finden sich keine Ausführungen zur Frage, nach welchen Kriterien perspektivenvernetzende Themenbereiche ausgewählt werden. Insgesamt wird keine konzeptionelle Grundlage der perspektivenvernetzenden Themenbereiche ersichtlich – diese werden weder auf einer Metaebene diskutiert oder reflektiert noch wird deutlich, im Hinblick worauf sich deren Exemplarität bezieht. Ohne weiter diskutieren zu wollen, was unter Themen bzw. Themenbereichen eigentlich genau zu verstehen ist – dies wird auch im Perspektivrahmen nicht genauer ausgeführt –, ist es grundsätzlich möglich, praktisch alle vorwissenschaftlichen Gegenstände sowohl perspektivisch als auch perspektivenvernetzend zu bearbeiten – d.h. die Perspektivenvernetzung scheint eher eine Frage der Ausgestaltung von Themen und Fragestellungen als eine Frage von bestimmten Themen zu sein. Bei den perspektivenvernetzenden Themenbereichen fällt zudem auf, dass es sich dabei um umfassende übergreifende Bildungsanliegen (wie bspw. Mobilitätsbildung oder BNE) handelt. Diesen Bildungsanliegen könnten jedoch – wie den fachlichen Perspektiven – wiederum zentrale Kernkonzepte und Themenbereiche zugeordnet werden. Aus diesem Grunde stellt sich die Frage, ob diese übergeordneten Bildungsanliegen in der Konzeption des Perspektivrahmens auf der richtigen Ebene angesiedelt sind. Ähnliches lässt sich auch in Bezug auf die zweite Vernetzungsdimension anmerken: Die genannten perspektivenübergreifenden Denk-, Arbeits- und Handlungsweisen beziehen sich nicht auf die Vernetzung von Perspektiven – sie sind eher perspektiven-, eigentlich gar

[2] Die Exemplarität wird damit begründet, dass es nicht möglich sei, „die potentiell sinnvollen Vernetzungen umfassend aufzulisten" (GDSU 2013, S. 73).

fach-unabhängig formuliert. Denk-, Arbeits- und Handlungsweisen, die eine Vernetzung der Perspektiven ermöglichen, wie beispielsweise Synthesebildung oder das Kontrastieren des Geltungsanspruchs verschiedener Arten von Wissen, werden im Perspektivrahmen keine genannt.
Zusammenfassend lässt sich festhalten, dass der Perspektivrahmen – wie auch andere aktuelle Konzeptionen des Sachunterrichts – eine sehr fundierte Grundlage im Hinblick auf die Frage der einzelfachlichen Perspektiven des Sachunterrichts liefern. In Bezug auf die Frage, was unter Perspektivenvernetzung genau verstanden und inwiefern der Sachunterricht perspektivenvernetzend konzipiert und damit begründet werden soll, bleiben jedoch noch einige konzeptionelle Fragen offen. Hier knüpft der vorliegende Beitrag an und beleuchtet, ausgehend von bildungstheoretischen Überlegungen, den Sachunterricht als inter- und transdisziplinär konstituiertes Fach, das insbesondere durch zwei Spannungsfelder bestimmt wird, die es nicht aufzulösen, sondern im Unterricht aufrechtzuerhalten und zu bearbeiten gilt (vgl. Kapitel 2). Bezugnehmend auf ein Planungsmodell im Sinne einer Choreographie von Lernaufgaben werden abschließend an diese Überlegungen anknüpfende Implikationen für die Unterrichtsgestaltung vorgestellt (vgl. Kapitel 3).[3]

2 Sachunterricht als inter- und transdisziplinär konstituiertes Fach

In Bezug auf die übergeordneten Ziele des Faches scheint Konsens zu bestehen, dass der Sachunterricht einen Beitrag dazu leisten soll, die Lebenswelt der Schüler/innen in gesellschaftlich relevanten Ausschnitten durchschaubar und verständlich und in diesem Sinne für die Lernenden beurteil- und bearbeitbar zu machen (Köhnlein 2011). Dabei kann mit Lebenswelt ein Handlungs- und Erfahrungsraum bezeichnet werden, der nach Habermas „einen kulturell überlieferten und sprachlich organisierten Vorrat an Deutungsmustern repräsentiert“ (Habermas 1981, S. 189), den sich Menschen insb. durch soziale Interaktionen erschließen. Diese kollektiven Deutungsmuster (als Sinnschemata) über die objektive, soziale und subjektive Welt bilden damit einen unausgesprochenen Orientierungsrahmen (a.a.O.). Sie prägen, strukturieren und reduzieren die Wahrnehmungen und sind leitend bei der Deutung und Interpretation der Welt. Mit der Aufklärung über die Lebenswelt sollen die Schüler/innen befähigt werden, sich in gegenwärtigen und zukünftigen Lebenssituationen zu orientieren, sich in jedem Bereich der Lebensgestaltung

[3] Weiterführende Überlegungen und Hinweise zu ausgewählten Aspekten dieses Beitrags finden sich u.a. in Bertschy/ Gysin/ Künzli-David (Hrsg.) (im Druck).

verbindliche Regeln für das eigene Handeln zu geben und dieses zu verantworten.
Hier spielt insb. auch der Sachunterricht eine zentrale Rolle: Es gilt, den Kindern reiche Wahrnehmungsmöglichkeiten zu eröffnen, neue Deutungsräume zu entwickeln resp. diese zu erweitern und damit auch Sachverhalte in den Blick zu nehmen, die der konkreten Erfahrung und dem Umgang verschlossen sind (Benner 2015, Rauschenberger 2004), die ihnen wiederum neue Denk- und Handlungsmöglichkeiten einräumen (Stenger 2011). Die Ermöglichung des Sich-Distanzierens von der eigenen Lebenswelt bzw. des Erfahrungsraums sowie deren Erweiterung (Pech 2013) und Überschreitung ist gemäß Künzli (2001) denn auch eine der wesentlichen Aufgaben von Schule und Unterricht überhaupt.
Gerade in der Eröffnung neuer Wahrnehmungsräume und damit neuer Deutungsmöglichkeiten spielen wissenschaftliche Disziplinen – verstanden als die vom Erfahrungssubjekt „abgelösten allgemeinen Wissenssysteme eines Faches oder einer Disziplin“ (Combe/ Gebhard 2012, S. 222) – eine zentrale Rolle. Hierbei geht es um „ein Ausbilden von [vielfältigen] Kategorien für die Interpretation von Erfahrungen“ (Duncker 1997, S. 422). Disziplinäre Perspektiven können als „grundsätzliche Fragemöglichkeiten an die Wirklichkeit, die uns bei der Sichtung und Ordnung der ‚res' zu helfen vermögen“ (Scheuerl 1958, S. 129; vgl. auch Kurowski u.a. 2000) verstanden werden. Daher muss der Unterricht in die innere Logik, d.h. in Erkenntnisweisen, Grundbegriffe, Wahrheitskriterien etc. einer spezialisierten disziplinären Problembearbeitung einführen; Reichweiten und Grenzen der Disziplinen müssen erahnbar werden (Hügli 2012).
Damit wird ersichtlich, dass Disziplinarität einen *doppelten Wissenschaftsbezug* meint: einerseits im Hinblick auf die *grundlegenden Erkenntnisse*, d.h. das „besondere Gefüge von Grundbegriffen, -kategorien und -prinzipien [...], das eine Wissenschaft geschaffen hat, um Wirklichkeit fassbar und erfahrbar [und damit deut- und interpretierbar] zu machen“ (Peterssen 2000, S. 25) und andererseits im Hinblick auf die *erkenntnisgenerierenden Prozesse*, d.h. die Denk- und Arbeitsweisen der Disziplin. Im Unterricht sollen deshalb neben den grundlegenden Erkenntnissen, die eine Disziplin zur Verfügung stellt, auch die elementaren Methoden der Disziplinen Gegenstand von Lernprozessen werden.
Pech/ Rauterberg/ Scholz bezeichnen die Aufgabe des Sachunterrichts diesbezüglich sehr treffend: Er „distanziert und versachlicht in einer Weise, die kindliche Theorien als eine Möglichkeit sich und die Welt zu verstehen sowohl akzeptiert als auch in Frage stellt“ (2005, o.S.). Daher ist es zentral, dass die „eigensinnigen Lesarten“ der Kinder im Unterricht zur Geltung ge-

bracht, reflexiv bearbeitet und damit ausdifferenziert – nicht lediglich ersetzt – werden (Wrana 2011). So wird die Bildungsbedeutsamkeit der disziplinären Aspekte an ihrem Beitrag gemessen, den diese zur Bearbeitung konkreter lebensweltlicher Fragen und Phänomene – im Sinne von Ordnung, Objektivierung, Bewertung und Beurteilung – leisten (Glöckel 2003, Kahlert 2009, Klingberg 1994, Kurowski u.a. 2000, Schorch 2007). Aus diesem Grunde ist für den Sachunterricht wesentlich, dass nicht bereits disziplinär konstruierte Gegenstände, sondern Fragestellungen, wie sie sich in der Alltagswirklichkeit präsentieren, Ausgangspunkt des Unterrichts sind, an denen disziplinäre Perspektiven anschließend entfaltet werden (Bäuml-Rossnagl 2008, Kaiser 2000, Klewitz 1993).
Da sich gesellschaftlich bzw. lebensweltlich relevante Sachverhalte und Fragestellungen jedoch „fast nie als solche, wie sie sich stellen, in die Kategorien und Maßstäbe der Erkenntnis einordnen (lassen), die die historisch gewachsenen Disziplinen der Wissenschaft anbieten" (Nitz 1993, S. 26), müssen zu deren unterrichtlicher Bearbeitung und Thematisierung disziplinspezifische Deutungsmuster interdisziplinär aufeinander bezogen sein und werden. Weiter ist für die fundierte Bearbeitung solcher Fragestellungen oftmals der Einbezug von außerwissenschaftlichem Praxiswissen und der damit verbundenen Thematisierung der unterschiedlichen Problemdefinitionen, Interessen und Sichtweisen verschiedener Akteur/innen von zentraler Bedeutung. Dies erfordert zusätzlich eine transdisziplinäre Herangehensweise. In diesem Sinne haben sowohl die inter- als auch die transdisziplinäre Herangehensweise zum Ziel, eine Fragestellung, einen lebensweltlichen Sachverhalt möglichst umfassend zu bearbeiten. Disziplinäre Wissensbestände sowie außerwissenschaftliches Praxiswissen sollen in Form einer Synthese verbunden, Zusammenhänge erkannt und Möglichkeiten der Bearbeitung der Fragestellung über disziplinäre Grenzen hinaus thematisiert und ermöglicht werden. Auch im Hinblick darauf, in den verschiedenen Bereichen der Lebensgestaltung sachlich fundierte Urteile bilden, das eigene Handeln verantworten und sich u.U. von gesellschaftlich Gegebenem distanzieren zu können, ist eine inter- und transdisziplinäre Herangehensweise unabdingbar. Und nicht zuletzt wird durch eine inter- und transdisziplinäre Herangehensweise, auch durch den damit oftmals verbundenen Widerstreit der disziplinären Perspektiven, die Unterschiedlichkeit derselben ersichtlich und damit verbunden das je Spezifische der einzelnen Disziplin geschärft. Unterschiedliche disziplinäre Denkarten und Rationalitätsformen unterscheiden zu können, kann als wesentliche Voraussetzung dafür verstanden werden, Alltagswissen von wissenschaftlich geprüftem Wissen differenzieren zu können (Tenorth 1999) und entsprechend den Geltungsanspruch und die Aussagekraft von Argumenten im gesell-

schaftlichen Diskurs beurteilen zu können (Hügli 2012). Dafür bietet gerade der Sachunterricht als Fach, in dem die verschiedenen Bezugsdisziplinen integriert und von einer Lehrperson unterrichtet werden, ideale Rahmenbedingungen.

Fasst man diese Überlegungen zusammen, bewegt sich der Sachunterricht in *zwei Spannungsfeldern*, die man sich als Kontinuum zwischen zwei Polen vorstellen kann: Das eine spannt sich auf zwischen einer an der *wissenschaftlichen Praxis* orientierten Erkenntnisgenerierung und Erkenntnissen, die der regulativen Idee der „Wahrheit" verpflichtet sind und allgemeingültige, situationsunabhängige Aussagen suchen, und einer Orientierung an einer *lebensweltlichen Praxis*, deren regulative Idee die Angemessenheit ist und deren Aussagen bzw. Wissen situationsbezogen sind. Das zweite Spannungsfeld spannt sich auf zwischen einer gezielten *Verengung der Betrachtungsweise auf eine Dimension* (Disziplin oder Akteursperspektive) und damit einer Fokussierung und auf der anderen Seite einer A*usweitung der Betrachtungsweise auf verschiedene Dimensionen*. Im Unterricht geht es damit insb. auch um die Erzeugung von Spannungswechseln zwischen „Allgemeinem" und „Besonderem" (Spannungsfeld 1) und zwischen Eindeutigkeit und Mehrdeutigkeit (Spannungsfeld 2). Die Aspekte dieses Wechselspiels sind nicht nur für die Gestaltung des Unterrichts zentral, sondern sie verlangen, dass auch bei den Schüler/innen ein Bewusstsein dafür geschaffen wird.

Aus diesen beiden Spannungsfeldern ergeben sich je spezifische Lesarten (vgl. Kapitel 3) und damit verbundene unterrichtliche Herangehensweisen, die sich in ihren übergeordneten Zielen und insb. in den jeweiligen zur Verfügung gestellten Deutungen und Deutungsmustern der Welt (Erkenntnissen und erkenntnisgenerierenden Prozesse) unterscheiden. Weitere relevante und besonders herausfordernde Aufgabenstellungen ergeben sich in der bewussten Gestaltung der Übergänge von einer spezifischen Lesart zu einer anderen resp. in der Reflexion der jeweiligen Spezifika und Ansprüche der entsprechenden Lesarten.

Die Herausforderung eines solchen Sachunterrichts zeigt sich darin, in konkreten Unterrichtseinheiten diese unterschiedlichen Lesarten sinnvoll zu integrieren, aufeinander zu beziehen, gleichzeitig im Blick zu behalten und damit die oben erwähnten Spannungswechsel zu erzeugen und produktiv werden zu lassen.

3 Implikationen für die Unterrichtsgestaltung und erforderliche Kompetenzen von Lehrpersonen

Im Zusammenhang mit der Unterrichtspraxis stellt sich nun die Frage, wie die theoretisch-konzeptionellen Überlegungen umgesetzt werden können. Im Folgenden werden daher wesentliche Elemente bezüglich Planung und Umsetzung eines inter- und transdisziplinär ausgerichteten Sachunterrichts in Form einer modellhaften Ablaufstruktur einer Unterrichtseinheit präsentiert, an der sich die notwendigen Kompetenzen der Lehrpersonen zeigen.[4] Diese Ablaufstruktur soll gewährleisten, dass die Potenziale sowohl einer disziplinären als auch einer inter- und transdisziplinären Herangehensweise bzw. sowohl fachliche (disziplinäre) als auch überfachliche (interdisziplinäre) Kompetenzbereiche genutzt und verbunden werden und gleichzeitig der Lebensweltbezug erhalten bleibt.

3.1 Komplexer Sachverhalt in Form einer übergeordneten Fragestellung und dazugehörenden Teilfragestellungen

Im Zentrum des Unterrichts steht ein *komplexer Sachverhalt*, dessen relevante Aspekte erschlossen und in einen Zusammenhang gebracht werden sollen. Um solche gesellschaftlich bzw. lebensweltlich relevanten Sachverhalte im Sachunterricht bearbeitbar zu machen, werden diese in Form einer übergeordneten Fragestellung didaktisch aufbereitet (vgl. Abb. 1, Nr. 1).

Die übergeordnete Fragestellung wird weiter in Form von *Teilfragestellungen* konkretisiert und ausdifferenziert (vgl. Abb. 1, Nr. 2). Im Verlauf der Unterrichtseinheit werden diese Teilfragestellungen bearbeitet und beantwortet und immer wieder auf die übergeordnete Fragestellung bezogen und reflektiert. Ein solches Reflektieren erfordert Fragestellungen, die so formuliert sind, dass diese aufgrund unterschiedlicher Wertvorstellungen verschiedene Positionen zulassen. Es sind Fragestellungen, die Abwägungsprozesse erfordern und explizit nach einer persönlichen Positionierung wie auch Zusammenführung unterschiedlicher disziplinärer Perspektiven verlangen (Valsangiacomo/ Widorski/ Künzli David 2014). Zudem müssen diese Fragestellungen an die *Lebenswelt der Kinder* anknüpfen (Schmid/ Trevisan/ Künzli David/ Di Giulio 2013) und dabei deren individuellen Erfahrungen und Deutungsmuster aufgreifen, an denen schließlich disziplinäre Perspektiven entfaltet werden können (vgl. Kapitel 2).

---

4 Ein konkretes Beispiel einer so konzipierten Sachunterrichtseinheit zum Thema Alpenraum findet sich in Bertschy et al. (im Druck).

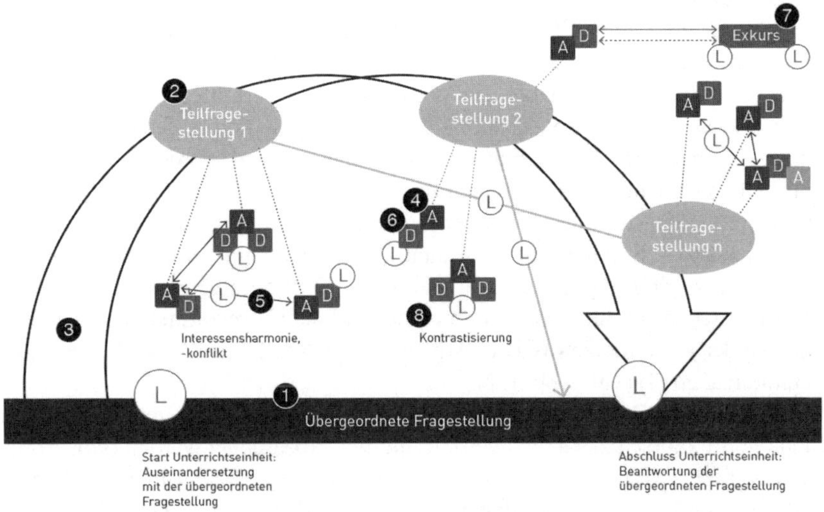

Abbildung 1: Vorschlag für eine Ablaufstruktur einer Unterrichtseinheit eines inter- und transdisziplinär konstituierten Sachunterrichts. [5]

3.2 Akteure und Akteur/innen

Nachdem die Teilfragestellungen formuliert, in einen Bogen bzw. in eine Ablaufstruktur für die Unterrichtseinheit gelegt (vgl. Abb. 1, Nr. 3) und die zu erwerbenden Kompetenzen festgelegt wurden, werden pro Teilfragestellung *Akteur/innen* gewählt, die relevantes außerwissenschaftliches Wissen bzw. lebensweltliche Deutungsmuster sowie unterschiedliche Interessenslagen im Zusammenhang mit der Teilfragestellung und folglich auch mit der übergeordneten Fragestellung repräsentieren (vgl. Abb. 1, Nr. 4). Hierbei muss das *Spannungsfeld zwischen Interessensübereinstimmungen und -konflikten* von unterschiedlichen Akteur/innen in Bezug auf spezifische Situationen und Begebenheiten aufgezeigt und thematisiert werden (vgl. Abb. 1, Nr. 5). Neben der Auseinandersetzung mit je unterschiedlichen persönlich-subjektiven, aber auch kollektiven Lesarten verschiedener Akteur/innen ist es zudem notwendig, dass diese Perspektiven durch die Kombination unterschiedlicher disziplinärer Wissensbestände und Herangehensweisen mit denjenigen der Akteurinnen und Akteure (bzw. ihrem Praxiswissen) ausgeweitet werden.

[5] Legende zu den verwendeten Abkürzungen in Abb. 1: „A“ steht für „Akteur/in“, „D“ steht für „Disziplin/disziplinäres Wissen“, „L“ steht für „Lernaufgabe“.

3.3 Disziplinäres Wissen

Zur Bearbeitung einer Teilfragestellung „müssen fachlich [bzw. disziplinär] erarbeitete Begriffe und Wissensbestände in Form einer Synthese verbunden [...] werden. Je umfassender dabei das Wissen aus den verschiedenen Fächern [mit ihren jeweils spezifischen disziplinären Bezügen] ist und je besser deren Herkunft, Aussagekraft und Geltungsanspruch eingeschätzt werden können, desto vollständiger können Auswirkungen des eigenen Handelns abgeschätzt und verantwortet werden und desto fundierter kann [ein] Urteil ausfallen" (Valsangiacomo u.a. 2014, S. 31f.). Die einzelnen Disziplinen sind demzufolge bezüglich ihres *spezifischen Beitrags* zur Bearbeitung der Teilfragestellung zu befragen und zu bearbeiten und schlussendlich, mit Blick auf die übergeordnete Fragestellung, miteinander zu vernetzen (CIEL Arbeitsgruppe Reutlingen 1976, Pandel 2001, Schmid u.a. 2013) (vgl. Abb. 1, Nr. 6).

In Bezug auf die Teilfragestellungen können bestimmte disziplinäre Aspekte im Sinne von Exkursen zusätzlich vertieft und weiterbearbeitet werden (vgl. Abb. 1, Nr. 7). Diese Vertiefung führt über die gestellte Fragestellung hinaus, die damit verlassen wird, um ein spezifisches relevantes disziplinäres Grundkonzept zu festigen und dabei fachspezifische Kompetenzen gezielter zu fördern.

3.4 Lernaufgaben

Die Lernaufgaben *konkretisieren* die Bearbeitung der übergeordneten Fragestellung und Teilfragestellungen im Hinblick auf die festgelegten fachlichen, überfachlichen und fächerübergreifenden Kompetenzen. Eine inter- und transdisziplinär ausgerichtete Sachunterrichtseinheit zeichnet sich durch Lernaufgaben aus, die u.a. unterschiedliche Lesarten der Welt in den Mittelpunkt der Betrachtung rücken. Diese Lernaufgaben müssen die nachfolgenden Schwerpunkte bearbeiten und lassen sich wie folgt kategorisieren:

1. Lernaufgaben, welche die je *unterschiedlichen Lesarten* thematisieren:

Mit Blick auf die *persönlich-subjektiven Lesarten* sind dies

- Lernaufgaben, in welchen die Auseinandersetzung mit den persönlich-subjektiven Lesarten der Kinder und somit mit ihren je individuellen Erfahrungen, ihrem Vorwissen und damit einhergehenden Deutungsmustern im Zentrum steht.

Für die *disziplinären Lesarten*

- gibt es Lernaufgaben, die grundlegende Erkenntnisse (Begriffe, Kategorien, Prinzipien) und erkenntnisgenerierende Denk- und Arbeitsweisen einer Disziplin thematisieren.

Für die *interdisziplinären Lesarten*

- werden Lernaufgaben konzipiert, die eine bewusste Zusammenführung unterschiedlicher Disziplinen verlangen (Synthesebildung).

- Zusätzlich gibt es Lernaufgaben, in denen eine Kontrastierung zweier Disziplinen angeregt wird (vgl. Ziffer 2; Abb. 1, Nr. 8).

Mit Blick auf die *kollektiven Lesarten* bzw. *Lesarten unterschiedlicher Akteur/innen*

- gibt es weiter Lernaufgaben, die eine Akteursperspektive in den Blick nehmen bzw. zwei oder mehrere Akteursperspektiven einander gegenüberstellen, um so Interessensübereinstimmungen und -konflikte der Akteur/innen herauszuarbeiten.

Im Hinblick auf die *transdisziplinären Lesarten*

- werden Lernaufgaben formuliert, welche die Kombination unterschiedlicher disziplinärer Wissensbestände und Herangehensweisen mit außerwissenschaftlichem Wissen (Praxiswissen) der Akteur/innen verlangen.

2. Lernaufgaben, welche eine persönliche Positionierung und das Einnehmen einer Metaebene verlangen:

- Hierbei gibt es Lernaufgaben, welche Gelegenheiten für Reflexionen in Bezug auf eine oder mehrere Teilfragestellungen (Vernetzung) sowie mit der übergeordneten Fragestellung bieten und hierbei die *fundierte Urteilsbildung* wie auch die damit verbundenen Abwägungsprozesse unterstützen.
- Schließlich werden Lernaufgaben konzipiert, welche die *Übergänge* von der einen zur anderen Lesart (z.B. von einer persönlich-subjekten zu einer disziplinären Lesart oder von einer disziplinären zu einer interdisziplinären Lesart), das damit verbundene *Erkennen wie auch Reflektieren der jeweils unterschiedlichen Lesarten* in das Zentrum der Betrachtung rücken.

Die Ausführungen zum Modell (vgl. Abb. 1) verdeutlichen nochmals, dass der Sachunterricht von seinem Fachverständnis her als grundsätzlich inter- und transdisziplinär konstituiert zu verstehen ist. Dadurch wird Disziplinarität gestärkt, weil die unterschiedlichen disziplinären Erkenntnisse und darauf bezogenen erkenntnisgenerierenden Prozesse ihren je eigenen Beitrag zur Beantwortung der Fragestellung leisten. Der disziplinäre Beitrag wird so in seiner Spezifität ersichtlich. Gleichzeitig wird durch disziplinär angelegte Exkurse der fachspezifischen Systematik zusätzlich gezielt Rechnung getragen. Interdisziplinarität setzt Disziplinarität demzufolge immer voraus bzw. umfasst diese, ohne sie aufzulösen.

Literatur

Bäuml-Rossnagl, M.-A. (2008): Weltverstehen durch menschliche Bildungsprozesse im Sachunterricht. In: Kaiser, A. (Hrsg.): Die Welt als Ausgangspunkt des Sachunterrichts. Baltmannsweiler, S. 64-69. (Basiswissen Sachunterricht; Bd. 6).

Benner, D. (2015): Erziehung und Bildung! Zur Konzeption eines erziehenden Unterrichts der bildet. In: Zeitschrift für Pädagogik, 4, S. 481-496.

Bertschy, F.; Gysin, S.; Künzli David, Ch. (Hrsg.) (im Druck): „Alles eine Frage der Sache?“ – NMG Unterricht kompetent planen. Theoretisch-konzeptionelle Überlegungen und Studienmaterialien für die Lehrerinnen- und Lehrerbildung.

CIEL Arbeitsgruppe Reutlingen (1976): Stücke zu einem mehrperspektivischen Unterricht: Einführung, Übersicht, Nutzungsvorschläge, Implementations-Programm. Stuttgart.

Combe, A.; Gebhard, U. (2012): Annäherung an das Verstehen im Unterricht. In: Zeitschrift für interpretative Schul- und Unterrichtsforschung, 1, S. 221-230.

Daum, E. (2000): Die Fächer lassen einen im Stich – Plädoyer für mehr Wirklichkeitsbewusstsein im Sachunterricht. In: Löffler, G.; Möhle, V.; Reeken, D.v.; Schwier, V. (Hrsg.): Sachunterricht – Zwischen Fachbezug und Integration. Bad Heilbrunn, S. 50-62.

Duncker, L. (1997): Vom Sinn des Ordnens. Zur Rekonstruktion der Wirklichkeit in und zwischen den Schulfächern. In: Duncker, L.; Popp, W. (Hrsg.): Über Fachgrenzen hinaus. Chancen und Schwierigkeiten des fächerübergreifenden Lehrens und Lernens. Bd. 1, Grundlagen und Begründungen. Heinsberg, S. 119-134.

Duncker, L. (2007): Die wissenschaftliche Identität des Sachunterrichts. In: Pech, D.; Rauterberg, M. (Hrsg.): Sachunterricht als wissenschaftliche Disziplin. URL: http://widerstreit-sachunterricht.de/beihefte/extra-beiheft/extra-beiheft.pdf [28.07.2016].

Gesellschaft für Didaktik des Sachunterrichts (GDSU) (2013). Perspektivrahmen Sachunterricht. Vollständig überarbeitete und erweiterte Ausgabe. Bad Heilbrunn.

Glöckel, H. (2003): Vom Unterricht. Lehrbuch der Allgemeinen Didaktik. (4. Aufl.). Bad Heilbrunn.

Habermas, J. (1981): Theorie des kommunikativen Handelns. (Bd. 2). Frankfurt am Main.

Hügli, A. (2012): Erziehung zur Selbsterziehung oder: wie Demokratie und Bildung zusammenhängen. In: Hügli, A. (Hrsg.): Studia Philosophica. Jahrbuch der schweizerischen philosophischen Gesellschaft. Die Idee der Demokratie. Basel, S. 155-180.

Kahlert, J. (2009): Der Sachunterricht und seine Didaktik. Bad Heilbrunn.

Kaiser, A. (2000): Sachunterricht der Vielfalt – implizite Strukturen der Integration. In: Löffler, G.; Möhle, V.; Reeken, D.v.; Schwier, V. (Hrsg.): Sachunterricht – Zwischen Fachbezug und Integration. Bad Heilbrunn, S. 91-107.

Kaiser, A. (2006): Neue Einführung in die Didaktik des Sachunterrichts. Baltmannsweiler.

Klewitz, E. (1993): Sachunterricht zwischen Wissenschaftsorientierung und Kindbezug. Antrittsvorlesung, Humboldt-Universität zu Berlin. URL: http://edoc.hu-berlin.de/humboldt-vl/klewitz-elard/PDF/Klewitz.pdf [29.11.2016].

Klingberg, L. (1994): Fach, Fachdidaktik und Allgemeine Didaktik. In: Meyer, M.A.; Plöger, W. (Hrsg.): Allgemeine Didaktik, Fachdidaktik und Fachunterricht. Weinheim, Basel, S. 65-84.

Köhnlein, W. (2011): Die Bildungsaufgaben des Sachunterrichts und der genetische Zugriff auf die Welt. GDSU-Journal, 1, S. 7-20.

Künzli, R. (2001): Schule als Ort des Wissens und seiner Bewertung. In: Zeitschrift für Erziehungswissenschaft, 4, 3, S. 405-414.

Künzli David, Ch.; Gysin, S.; Bertschy, F. (im Druck): Sachunterricht als inter- und transdisziplinär konstituiertes Fach – Ansprüche an die Unterrichtsgestaltung und Überlegungen im Hinblick auf die Lehrerinnen- und Lehrerbildung. Beiträge zur Lehrerinnen- und Lehrerbildung. Erscheint in: Zeitschrift zu Theorie und Praxis der Aus- und Weiterbildung von Lehrerinnen und Lehrern, 34, 3.

Kurowski, E.; Hüttl, I.; Jansen, H.; Köppen, H.; Stanzel, J.; Timm, U. (2000): Fächerübergreifender Sachunterricht: Konzept der Didaktischen Zentrierung (dargelegt an einem Ausschnitt aus der Lebenswirklichkeit der Grundschüler: Trinkwasserversorgung). In: Löffler, G.; Möhle, V.; Reeken, D.v.; Schwier, V. (Hrsg.): Sachunterricht – Zwischen Fachbezug und Integration. Bad Heilbrunn, S. 147-169.

Michalik, K.; Murmann, L. (2007): Sachunterricht – zur Fachkultur eines Integrationsfachs. In: Lüders, J. (Hrsg.): Fachkulturforschung in der Schule. (Studien zur Bildungsforschung, Bd. 18). Opladen, Farmington Hills, S. 101-115.

Nitz, S. (1993): Was ist wichtig? Fragen und Probleme einer interdisziplinären Didaktik. In: Nitz, S. (Hrsg.): Interdisziplinarität. Annäherungen an einen Begriff und an eine Praxis. Bozen, S. 12-24.

Pandel, H.-J. (2001): Fachübergreifendes Lernen. Artefakt oder Notwendigkeit? URL: http://www.sowi-online.de/sites/default/files/pandel.pdf [03.05.2016].

Pech, D. (2013): Konstruktion Instruktion. Überlegungen zu einer didaktischen Verwirrung. In: Fischer, H.-J. ; Giest, H.; Pech, D. (Hrsg.): Der Sachunterricht und seine Didaktik – Bestände prüfen und Perspektiven entwickeln. Bad Heilbrunn, S. 71-80).

Pech, D.; Rauterberg, M.; Scholz, G. (2005): Sechs Eckpunkte für das Studium des Sachunterrichts. URL: http://www.widerstreit-sachunterricht.de/ebeneI/superworte/studium/eckpunkte.htm [28.07. 2016].

Peterssen, W.H. (2000): Fächerverbindender Unterricht: Begriff – Konzept – Planung – Beispiele: Ein Lehrbuch. München.

Rauschenberger, H. (2004): Über das Fremde beim Lernen und das Verfremden beim Lehren. In: Duncker, L.; Popp, W. (Hrsg.): Kind und Sache. Zur pädagogischen Grundlegung des Sachunterrichts. Weinheim, S. 81-91.

Reeken, D.v. (2002): Paradiesgarten oder Höllenpfuhl? Historisches Lernen im Sachunterricht zwischen Fachansprüchen und Lebensweltbezug. In: Schönemann, B.; Voit, H. (Hrsg.): Von der Einschulung bis zum Abitur. Prinzipien und Praxis des historischen Lernens in den Schulstufen. Idstein, S. 151-163.

Rohen-Bullerdiek, C.; Dietrich, S.; Wulfmeyer, M. (2015): Interdisziplinarität und Umgang mit Heterogenität als zentrale Komponenten der Lehrer/innenausbildung im Sachunterricht. In: Fischer, H.-J.; Giest, H.; Michalik, K. (Hrsg.): Bildung im und durch Sachunterricht. Bad Heilbrunn, S. 239-245.

Scheuerl, H. (1958): Die exemplarische Lehre. Tübingen.

Schmid, K.; Trevisan, P.; Künzli David, Ch.; Di Giulio, A. (2013): Die übergeordnete Fragestellung als zentrales Element im Sachunterricht. In: Peschel, M; Favre, P; Mathis, C. (Hrsg.): SaCHen unterriCHten. Beiträge zur Situation der Sachunterrichtsdidaktik in der deutschsprachigen Schweiz. Baltmannsweiler, S. 41-53.

Schorch, G. (2007): Studienbuch Grundschulpädagogik. Bad Heilbrunn.

Stenger, U. (2011): Die wahrnehmende Tätigkeit der Sinne. Zum Phänomen des Wahrnehmens. In: Bilstein, J. (Hrsg.): Anthropologie und Pädagogik der Sinne. Opladen; Farmington Hills, S. 111-124.

Tenorth, H.-E. (1999): Unterrichtsfächer – Möglichkeit, Rahmen und Grenze. In: Goodson, I.; Hopmann, S.; Riquarts, K. (Hrsg.): Das Schulfach als Handlungsrahmen. Vergleichende Untersuchung zur Geschichte und Funktion der Schulfächer. Köln, S. 191-208.

Thiel, S. (2003): Die Zusammenarbeit von Natur- und Sozialwissenschaften im Sachunterricht. In: Kuhn, H.-W. (Hrsg.): Sozialwissenschaftlicher Sachunterricht. Konzepte, Forschungsfelder, Methoden. Herbolzheim, S. 287-303.

Valsangiacomo, F.; Widorski, D.; Künzli David, Ch. (2014): Bildungstheoretische Überlegungen zu fächerübergreifendem Unterrichten – Systematik transversalen Unterrichtens. In: Zeitschrift für die Didaktik der Gesellschaftswissenschaften, 1, 5, S. 21-39.

Wrana, D. (2011): Die Transformation von Lesarten im Prozess des Verstehens. Anmerkungen zur Logik des Lernens in Martin Wagenscheins Didaktik. In: Eichenberger, A. (Hrsg.): Wagenscheintagung 2010, Pädagogische Hochschule FHNW. URL: http://www.fhnw.ch/ph/publikationen/fachpublikationen/tagungen/wagenscheintagung2010_web.pdf [29.11.2016].

Matthias Barth, Kirsten Bruhn, Lina Bürgener, Silke Edelhoff, Eva Freund und Sabine Richter

Vielperspektivität auch in der Forschung? – Beobachtungen zur Entwicklung der Sachunterrichtsforschung im Rahmen eines „Systematic Reviews“

In a systematic review the landscape of publications in General Studies is analyzed. Analysis is structured in four steps: a depiction of socio-demographic factors, a descriptive-statistical evaluation, an appraisal of changes over time, and finally a group-wise comparison of some key criteria. The review allows some insights in the relatively young area of research in General Studies and helps to identify key questions, themes and research approaches.

1 Einleitung

Während das Schulfach Sachunterricht bereits in den 1970er Jahren etabliert wurde und den heimatkundlichen Unterricht mit einer stärkeren Wissenschaftsorientierung als Ort sozial- und naturwissenschaftlichen Lernens ablöste (Kaiser 2006), startete die Diskussion um Sachunterricht als Fach mit eigenständiger Didaktik und eigenständigem Bezugsfach erst im Laufe des letzten Jahrzehnts (Pech 2013). Sachunterricht als junge wissenschaftliche Disziplin befindet sich damit in einem Findungsprozess, der immer noch andauert. Einen wesentlichen Anstoß hierzu lieferten Rauterberg et al. (2006) mit ihrem Diskussionspapier „Disziplin Sachunterricht in Wissenschaft und Hochschule“.

Die Identitätsbildung des Sachunterrichts als eigenständiges Feld wissenschaftlicher Aktivitäten lässt sich neben einem solchen theoretischen Zugang und der fortlaufenden Diskussion des Selbstverständnisses der sachunterrichtlichen Praxis, wie sie beispielsweise im Handbuch Didaktik des Sachunterrichts ihren Niederschlag findet (Kahlert et al. 2015), auch anhand von

Forschungsaktivitäten nachvollziehen. So kann insbesondere die Entwicklung unterschiedlicher und sich verändernder Perspektiven und Schwerpunktsetzungen im Sachunterricht anhand von sich zunehmend ausdifferenzierenden Forschungsprojekten beobachtet und dokumentiert werden. Entsprechend entstanden in den letzten Jahren erste Übersichten über das heterogene Forschungsfeld im Sachunterricht, in denen ein deskriptiver Überblick über Zugänge, Fragestellungen und Forschungsmethoden erarbeitet wurde (bspw. Einsiedler 2002, Wiesemann/ Wille 2014). Dieses Bild wird zudem durch Bibliographien des Sachunterrichts komplementiert (bspw. Blaseio 2004, Rauterberg 2005). Gleichwohl existiert bis heute kein systematischer Überblick über das Publikationsverhalten im Sachunterricht und damit keine Erfassung und Analyse der Forschung, die in diesem jungen Feld betrieben wird und die weitere Entwicklung prägt.

2 Methodisches Vorgehen

Diese Lücke versucht ein laufendes Forschungsvorhaben zu schließen, in dem eine „Vermessung" des sachunterrichtlich relevanten Publikationsverhaltens im Rahmen eines „systematic reviews" (Fink 2009) vorgenommen wird. Durch die Erfassung, Aufbereitung und Auswertung relevanter Publikationen wird der Versuch unternommen, einen systematischen Überblick über sachunterrichtliche Forschungsaktivitäten zu gewinnen und darzustellen und damit typische Charakteristika in der wissenschaftlichen Praxis des Sachunterrichts herauszuarbeiten. Das Review erfolgt dabei in vier Schritten von der Identifikation über die Aufbereitung und Kodierung bis zur Auswertung der Daten (vgl. Abb. 1).

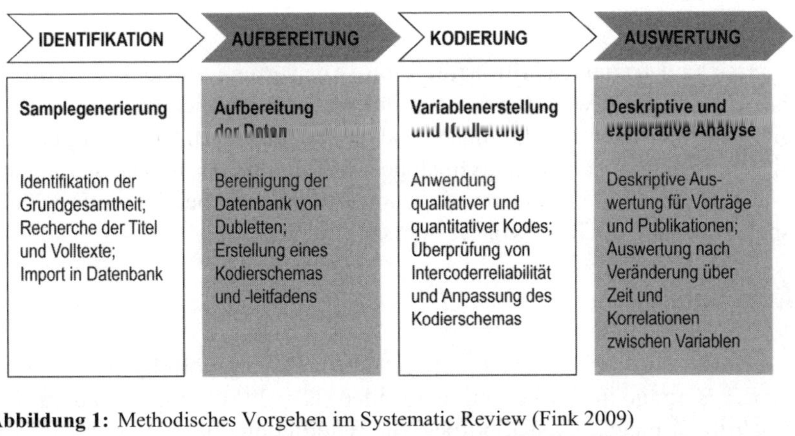

Abbildung 1: Methodisches Vorgehen im Systematic Review (Fink 2009)

Die im ersten Schritt gewonnene Grundgesamtheit setzt sich aus dokumentierten Vorträgen der GDSU-Tagungen von 2006-2015 (N = 421) und publizierten Beiträgen in den GDSU-Sammelbänden von 2006-2015 (N = 291) zusammen. Mit dieser Auswahl werden eine mittelfristig bearbeitbare Darstellung des Publikationsverhaltens in einem aktuellen Zeitraum und eine mögliche Replizierbarkeit sowie eine Fortführung in zukünftigen Reviews sichergestellt.
Im zweiten Schritt wurde ein Kodierleitfaden erstellt, indem eine deduktive Bestimmung relevanter Variablen und Ausprägungen festgelegt wurde. Im Laufe des Kodierprozesses wurde dieser Leitfaden induktiv um spezifische Ausprägungen der Variablen ergänzt (vgl. Tabelle 1).
Im dritten Schritt wurde die vollständige Kodierung aller Datensätze der Vorträge und GDSU-Beiträge vorgenommen. Eine Zufallsstichprobe von 30% der Vorträge und 20% der Beiträge wurde ausgewählt und doppelt kodiert, um die Intercoderreliabilität zu bestimmen. Eine Anpassung des Kodierschemas und Leitfadens wurde bei einer Übereinstimmung von weniger als 90% vorgenommen (ICR < 0,9, Holsti-Index).

Tabelle 1: Kodierschema (alle erfassten und kodierten Merkmale)

- Autor (1-3) - Land (1-3) - Universität (1-3) - Erscheinungsjahr - Anzahl Autoren - Anzahl Länder - Anzahl Universitäten	- Art des Beitrags - inhaltliche Verortung - Forschungsansatz - Forschungsmethode - Datensammlung - Datenauswertung	- Perspektivität - Perspektivenverortung - relevante Altersgruppe - fachliche Verortung

Im vierten und letzten Schritt erfolgte die Auswertung zunächst deskriptiv-statistisch in SPSS sowie über die Zeit in Form von Entwicklungslinien. Eine Kodierung und quantitative Inhaltsanalyse erlaubten zudem Einblicke in inhaltliche Fokusse, Forschungszugänge und Methoden der Datenerhebung und -auswertung. Ein besonderes Augenmerk wurde hierbei auf die Frage der Perspektivität und die Rolle von Vielperspektivität gelegt.

3 Ergebnisse

Die Auswertung der dokumentierten GDSU-Tagungsvorträge (N = 421) sowie der Beiträge in GDSU-Sammelbänden (N = 291) erfolgte wiederum in vier Schritten: einen ersten Eindruck zur Beteiligung am Diskurs bieten sozio-demographische Daten zu den beteiligten Autor/innen(gruppen) (1); die deskriptiv-statistische Auswertung der spezifischen Merkmale der einzelnen Beiträge geht näher auf Themen, Inhalte und methodische Herangehensweisen ein (2); eine Darstellung von Veränderungen über die Jahre hinweg erlaubt einen Blick auf Entwicklungslinien und Veränderungstendenzen (3), während ein Gruppenvergleich Unterschiede zwischen den Publikationen in den verschiedenen Perspektiven überprüft (4).

3.1 Sozio-demographische Daten

Die Auswertung der verfügbaren sozio-demographischen Daten zu den Autor/innen der erfassten Beiträge verdeutlicht die Heterogenität des Feldes und die breite Beteiligung der sachunterrichtlichen Community am Diskurs. So wurden die 291 Beiträge in den GDSU-Sammelbänden (Vorträge: 421) von 159 (Vorträge: 242) unterschiedlichen Erstautor/innen verantwortet. Die Gesamtzahl von insgesamt 251 (Vorträge: 367) verschiedenen Autor/innen unterstreicht dieses Phänomen noch, ebenso wie ein Blick auf die Herkunftsorte der Autor/innen. So sind nahezu alle Standorte, an denen Sachunterricht gelehrt wird, auch mit Beiträgen vertreten. Nominell am häufigsten treten dabei erwartungsgemäß die großen Universitätsstandorte wie Münster, Oldenburg, Duisburg-Essen oder Berlin auf.

Die ausgewerteten Beiträge stammen allesamt aus dem deutschsprachigen Raum, wobei 90,6% (Vorträge: 86,6%) aus Deutschland kommen, Österreich hingegen nur mit einem Vortrag vertreten ist. Bei allen Beiträgen überwiegen die (weiblichen) Autorinnen mit über 60%. Diese Verteilung spiegelt in etwa die generelle Geschlechterverteilung der GDSU-Mitglieder wider (69,3% weibliche Mitglieder, Stand Juli 2016).

Tabelle 2: Formen der Kooperation

	Kooperationen mehrerer Autor/innen				**Kooperationen über Orte hinweg**				**Kooperationen über Länder hinweg**			
	Vorträge		**Artikel**		**Vorträge**		**Artikel**		**Vorträge**		**Artikel**	
	%	**n**	**%**	**n**	**%**	**n**	**%**	**n**	**%**	**n**	**%**	**n**
1	**46,1**	194	**54,3**	158	**85,5**	360	**82,8**	241	**98,8**	416	**98,6**	287
2	**31,8**	134	**27,5**	80	**12,4**	52	**13,1**	38	**0,2**	5	**1,4**	4
≥3	**22,1**	93	**18,2**	53	**0,1**	9	**4,0**	12	-	-	-	-

Interessante Einblicke ins Publikationsverhalten gestattet eine Analyse der Kooperationsformen (vgl. Tabelle 2). Die Verteilung der Autorenschaft mit etwa der Hälfte aller Beiträge in Alleinautorenschaft und der anderen Hälfte in Kooperationen zwischen einem oder mehreren Autor/innen spiegelt einen allgemeinen Trend des kooperativen Publizierens in der Wissenschaft wider (Wuchty/ Jones/ Uzzi 2007).
Kooperationen über Hochschulen hinweg finden jedoch nur vereinzelt statt. So entstand nur jeder achte Beitrag durch Kooperationen über zwei Standorte hinweg. Kooperationen über drei oder mehr Standorte hinweg fallen hingegen ebenso wenig ins Gewicht wie Kooperationen über Ländergrenzen hinweg (vgl. Tabelle 2). Ein solcher Fokus auf Autor/innenschaften aus einem Haus widerspricht dem generellen Trend einer zunehmend vernetzten und interdisziplinären Wissenschaftscommunity und vermag insbesondere vor dem Hintergrund der stark interdisziplinären Anlage des Sachunterrichts verwundern.

3.2 Deskriptiv-statistische Auswertung

Eine nähere Beschreibung der untersuchten Artikel lässt sich zunächst anhand ihrer inhaltlichen Schwerpunktsetzung vornehmen. Hierbei können die Artikel nach 11 distinkten Hauptgruppen unterschieden werden (vgl. Tabelle 3). Über zwei Drittel aller Beiträge beschäftigen sich demnach mit Forschung zu bestimmten Unterrichtsmethoden oder Settings und deren Wirksamkeit (Unterrichtsmethodenforschung), Aspekten der Aus- und Weiterbildung von Sachunterrichtslehrkräften (Lehrer/innen(weiter-)bildung), allgemeinen didaktisch-methodischen Diskussionen wie bestimmten Lehr-Lernformen (didaktisch-methodische Diskussionen) oder der Forschung zu Präkonzepten und deren Veränderung (Schüler/innenvorstellungen).
Mit Blick auf den gewählten Forschungsansatz wurden theoretisch/konzeptionelle Beiträge von empirischen Zugängen mit entweder qualitativer, quantitativer oder einer triangulativen Ausrichtung unterschieden. Während dies für die GDSU-Beiträge zu einem klaren Muster führte, konnte bei knapp einem Viertel der Vorträge keine klare Aussage getroffen werden, da der Forschungsansatz aus den der Analyse zugrunde liegenden Abstracts nicht ersichtlich war. Für die Sammelbandbeiträge ergibt sich folgendes Bild: Fast die Hälfte (45%) der Beiträge beschäftigen sich mit theoretisch/ konzeptionellen Diskussionen und knapp ein Drittel (30,6%) nutzt qualitative Forschungsmethoden. Der kleinere Teil (22,3%) nutzt quantitative Methoden, triangulative Ansätze bilden die Ausnahme (2,1%)(vgl. Tabelle 3).
Vor dem Hintergrund des Titels der 25. Jahrestagung der GDSU 2016 („Vielperspektivität im Sachunterricht“) wurde zudem eine Zuordnung der

Artikel zu einer der fünf Perspektiven des Perspektivrahmens Sachunterricht vorgenommen. Mehrperspektivische oder gar explizit perspektivenübergreifende Beiträge stellen dabei eher die Ausnahme als die Regel dar (6,1% der Vorträge, 9,6% der Sammelwerksbeiträge). Der überwiegende Anteil ist nur in einer Perspektive verortet (60,8% der Vorträge, 47,8% der Sammelwerksbeiträge), etwa ein Drittel beschäftigt sich perspektivenunabhängig mit Fragen des Sachunterrichts (wie bspw. mit Diskussionen zu inklusivem Sachunterricht). Bei den Beiträgen, die sich einer Perspektive zuordnen lassen, findet sich ein Fokus auf die naturwissenschaftliche bzw. technische Perspektive (77% der Vorträge, 57% der Sammelwerksbeiträge), gefolgt von der historischen (9% bzw. 11%) sowie der sozialwissenschaftlichen Perspektive (jeweils 13%). Beiträge, die die geographische Perspektive fokussieren, sind hingegen kaum vertreten (1% bzw. 5%).

Tabelle 3: Inhaltliche Schwerpunkte der Beiträge

	Vorträge		**GDSU-Beiträge**	
	%	**n**	**%**	**n**
Unterrichtsmethodenforschung	**22,3**	65	**28,3**	119
Lehrer/innen(weiter-)bildung	**12,0**	35	**17,1**	72
didaktisch-methodische Diskussionen	**22,7**	66	**13,1**	55
Schüler/innenvorstellungen	**15,5**	45	**12,8**	54
Bildungsauftrag des SU	**10,7**	31	**6,9**	29
Einstellungen Lehrkräfte	**3,8**	11	**5,7**	24
sonstige theor. Diskussionen	**5,8**	17	**5,5**	23
Unterrichtskonzeptionen und -beispiele	**0,7**	2	**5,0**	21
Leistungserhebung/-messung	**1,7**	5	**3,6**	15
Lehrplananalysen	**2,7**	8	**1,2**	5
fachwissenschaftliche Beiträge	**2,1**	6	**0,5**	2
sonstiges	**0**	0	**0,5**	2
Gesamt	*100*	*291*	*100*	*421*

3.3 Entwicklungslinien und Veränderungstendenzen

Aufschluss über die Entwicklung eines jungen Faches wie des Sachunterrichts vermag neben der Deskription der Grundgesamtheit insbesondere eine nähere Analyse der Veränderungen über die Zeit zu geben. Hier können für den untersuchten Zeitraum von 2006 bis 2015 keine signifikanten Veränderungstrends berichtet werden. So lassen sich zwar für die letzten fünf Jahre mit Blick auf die Forschungszugänge verstärkt quantitative Zugänge konstatieren, jedoch ohne damit einen signifikanten Trend beschreiben zu können. Theoretisch/konzeptionelle Beiträge und qualitative Zugänge überwiegen hier weiterhin und variieren in ihrem Anteil stark in den einzelnen Jahren. Ein ähnliches Bild ergibt sich für die inhaltlichen Schwerpunktsetzungen. Hier spielt der jeweils vorgegebene Schwerpunkt der GDSU-Jahrestagung eine entscheidende Rolle.

3.4 Zusammenhänge zwischen spezifischen Merkmalen

Eine nähere Analyse der Zusammenhänge insbesondere zwischen inhaltlicher Ausrichtung, Forschungsansätzen und der Verortung in unterschiedlichen Perspektiven macht zunächst die Unterschiede zwischen Beiträgen der naturwissenschaftlichen und technischen Perspektiven (NaWiTe) einerseits und den sozialwissenschaftlichen, historischen und geographischen Perspektiven (SoHiGeo) andererseits deutlich.

So beschäftigen sich in der naturwissenschaftlichen bzw. technischen Perspektive 35,5% aller Beiträge mit Fragen der Unterrichtsmethodik (Gesamtdurchschnitt 27,5%). In den übrigen Perspektiven beziehen sich dagegen nur 2,0% der Beiträge auf die Aus- und Weiterbildung von Lehrkräften (im Mittel 11,1% – vgl. Tabelle 4).

Tabelle 4: Gruppenvergleich der vier häufigsten inhaltlichen Ausrichtungen

	SoHiGeo		NawiTe		gesamt	
	%	n	%	n	%	n
Unterrichtsmethodenforschung	**14,3**	7	**35,5**	38	**27,2**	49
Schüler/innenvorstellungen	**28,6**	14	**21,5**	23	**21,1**	38
didaktisch-meth. Diskussion	**26,5**	13	**14,0**	15	**16,7**	30
Lehrer/innen(weiter-)bildung	**2,0**	1	**15,0**	16	**11,1**	20

Vergleicht man die Forschungsansätze in den unterschiedlichen Perspektiven, so wird in der sozialwissenschaftlichen, historischen und geographischen Perspektive ein signifikant erhöhter Anteil von qualitativen und theoretisch/ konzeptionellen Beiträgen deutlich, während innerhalb der naturwissenschaftlichen und technischen Perspektive die quantitativen Forschungszugänge die größte Gruppe darstellen (vgl. Tabelle 5).

Tabelle 5: Gruppenvergleich der Forschungsansätze

	SoHiGeo		**NawiTe**		**gesamt**	
	%	**n**	**%**	**n**	**%**	**n**
theoretisch/konzeptionell	**49,0**	24	**21,5**	23	**35,0**	63
Qualitativ	**40,8**	20	**35,5**	38	**34,4**	62
Quantitativ	**10,2**	5	**40,2**	43	**28,9**	52

4 Ausblick

Mit der Auswertung von Beiträgen auf den Jahrestagungen der GDSU in den Jahren 2006-2015 lässt sich ein gutes Bild von der Entwicklung der Forschungstätigkeiten im jungen Feld der wissenschaftlichen Beschäftigung mit dem Fach Sachunterricht gewinnen. Die Analyse der Beiträge in den beschriebenen vier Schritten erlaubt erste Einblicke und Zuschreibungen von Merkmalen dieses Forschungsfeldes und seiner Protagonist/innen.

Um ein differenziertes Bild über die Sachunterrichtsliteratur der letzten zehn Jahre zu erhalten, konnten mit der vorgestellten Analyse erste wichtige Hinweise gewonnen werden. Gleichzeitig wird eine detailliertere Analyse relevanter Beiträge aus diesem heterogenen Forschungsfeld notwendig sein, um hier vorzufindende Entwicklungen belastbar nachzeichnen zu können. Hierzu wird aktuell ein umfangreicheres Sample erstellt und ausgewertet, das alle in der Datenbank FIS Bildung dokumentierten Publikationen aller GDSU-Mitglieder berücksichtigt, und so eine umfassende Grundgesamtheit aufnimmt. Mit der Analyse dieses Samples werden sich die hier dargestellten ersten Einsichten weiter empirisch prüfen lassen und es wird ein detailliertes Bild der Forschung zum Sachunterricht entstehen können.

Literatur

Blaseio, B. (2004): Entwicklungstendenzen der Inhalte des Sachunterrichts. Eine Analyse von Lehrwerken von 1970 bis 2000. Bad Heilbrunn.

Einsiedler, W. (2002): Empirische Forschung zum Sachunterricht – ein Überblick. In: Spreckelsen, K.; Möller, K.; Hartinger, A. (Hrsg.): Ansätze und Methoden empirischer Forschung zum Sachunterricht. Bad Heilbrunn, S. 17-38.

Fink, A. (2009): Conducting Research Literature Reviews: From the Internet to Paper. Los Angeles, CA.

Kahlert, J.; Fölling-Albers; M.; Götz, M.; Hartinger, A.; Miller, S.; Wittkowske, St. (Hrsg.) (2015): Handbuch Didaktik des Sachunterrichts (2., aktualisierte und erw. Aufl.). Bad Heilbrunn.

Kaiser, A. (2006): Neue Einführung in die Didaktik des Sachunterrichts. Baltmannsweiler.

Pech, D. (2009): Sachunterricht – Didaktik und Disziplin. Annäherung an ein Sachlernverständnis im Kontext der Fachentwicklung des Sachunterrichts und seiner Didaktik. URL: http://www.widerstreit-sachunterricht.de/ebeneI/didaktiker/pech/did_dis.pdf [11.11.2016].

Rauterberg, M. (2005): Bibliographie Sachunterricht – eine kommentierte Auswahl 1976-2003. Baltmannsweiler.

Rauterberg, M.; Pech, D.; Scholz, G.; Daum, E.; Nießeler, A.; Reinhoffer, B. (2006): Disziplin Sachunterricht in Wissenschaft und Hochschule. URL: http://www.widerstreit-sachunterricht.de/ebeneI/superworte/zumsach/disziplinsu.pdf [23.11.2016].

Wiesemann, J.; Wille, F. (2014): Formate didaktischer Forschung zum Sachunterricht. URL: http://www.widerstreit-sachunterricht.de/ebeneI/superworte/forschung/wiesemann_wille.pdf [12.10.2016].

Wuchty, S.; Jones, B.F.; Uzzi, B. (2007): The Increasing Dominance of Teams in Production of Knowledge. Science, 316, 5827, pp. 1036-1039.

Bettina Blanck

Vielperspektivischer Sachunterricht und erwägungsorientiert-deliberative Bildung

Numerous pedagogical and didactic concepts already consider view-points and discussions to deliberative alternatives comprehensively. Whoever claims to present something new must supply good arguments. The deliberative approach of education is associated with fundamental changes of dealing with the necessity of guidelines that are indispensable in connection with traditions, as well as with changes concerning opening up of possibilities for decision making and participation. In the following main features of the deliberative oriented concept and its consequences to the three didactic triangle's corners are outlined. Similarities and differences between the concept of deliberative orientated education and other similar concepts are discussed.

1 Merkmale des Konzeptes einer Erwägungsorientierung

Im Folgenden werden zunächst Merkmale des Konzeptes einer Erwägungsorientierung sowie anschließend Konsequenzen für die Gestaltung von Bildung – unter Beachtung aller drei Ecken des sogenannten didaktischen Dreiecks – dargelegt. Exemplarisch werden Anknüpfungsmöglichkeiten an bisherige vielfaltsbewusste Konzepte sowie Unterschiede zu ihnen aufgezeigt (ausführlich Blanck 2012). Insofern das Modell des didaktischen Dreiecks *relationale* Zusammenhänge veranschaulicht, auf die es hier ankommt, werden die etwas sperrigen Ausdrücke „Lernenden-Ecke", „Sach-Ecke" und „Ecke der Lehrenden"[1] verwendet, statt etwa von „Perspektiven" zu sprechen.

---

[1] Wegen der vorgeschriebenen nur einen Form von An- und Abführungszeichen kann im Folgenden nicht zwischen der Hervorhebung von Zitaten und Ausdrücken/Worten/Termini mit Hilfe von doppelten An- und Abführungszeichen einerseits sowie der Hervorhebung von zu klärenden Begrifflichkeiten mit Hilfe von französischen (doppelten eckigen) An- und Abführungszeichen andererseits unterschieden werden.

1.1 Erwägungs-Geltungsbedingung: Erwogene Alternativen und die Begründungsgüte von Lösungen

Wer möglichst gut begründen will, warum er oder sie welche Lösung/Position für ein Problem/ eine Frage gewählt hat, erwägt verschiedene Lösungsmöglichkeiten und wählt die problemadäquateste aus. In diesem Sinne werden in der *Genese* von Lösungen/Antworten/Positionen usw. Alternativen als relevant erachtet. Wurde eine Lösung gefunden, sind die erwogenen Alternativen vielleicht historisch noch interessant, spielen häufig aber keine große Rolle mehr. Im Gegensatz dazu sind erwogene, problemadäquate Alternativen im Konzept einer Erwägungsorientierung in der Funktion, eine bestimmte Lösung gut begründen zu können, zu bewahren. Erwogene, problemadäquate Alternativen gehören damit nicht bloß der Genese an, sondern sind eine *Geltungsbedingung für die Begründungsgüte von Lösungen*. Das ist philosophisch grundlegend und hat individuell wie sozial Konsequenzen.

Zum einen bleibt sowohl für mich erinnerbar als auch für andere nachvollziehbar, was jeweils erwogen wurde. Teile ich anderen nicht nur mit, zu welchem Ergebnis ich gekommen bin, sondern lege offen, was ich an alternativen Lösungsmöglichkeiten auf dem Weg dorthin erwogen habe, so werden ihnen eigene Entscheidungs- und Urteilsprozesse nicht abgenommen. Mit dem Erhalt der Nachvollziehbarkeit erleichtert bewahrtes Erwägungswissen damit zum anderen Kritik und Verbesserungen. Wo angegeben werden kann, was erwogen wurde, sind jeweiliges Nicht-Wissen und Grenzen des Wissens besser identifizierbar. Weiß man, was erwogen wurde, lassen sich noch nichtbedachte, zu erwägende Alternativen leichter einbringen oder auch bisher als alternativ vermutete Positionen als Pseudoalternativen auflösen. Weiterhin sind andere Bewertungskriterien oder andere Gewichtungen der jeweiligen Bewertungskriterien leichter vorzuschlagen.

1.2 Engagement für Verbesserungen

Mit der Erwägungs-Geltungsbedingung einher geht ein umfassendes Korrekturengagement, das unabhängig davon ist, ob man meint, bereits sehr gut erwogen und „die beste" aller Möglichkeiten gefunden zu haben oder nicht. Eine Offenheit für Verbesserungen durch neue Erwägungen mag leichter fallen, wenn man bisher wenig umfassend erwogen hat oder/und die jeweilige Position kaum begründen kann. Im anderen Falle besteht die Gefahr einer Kritikimmunisierung, wenn Kritik als Angriff auf eine Position *und* die sie vertretene Person verstanden wird. Die Erwägungs-Geltungsbedingung fordert eine andere Einstellung bzw. Haltung: Aus der Perspektive möglichst guter Begründungen durch umfassende Erwägungs-Geltungsbedingungen

können neue, kritische Positionen für eine solche Einstellung nicht in dem Sinne bedrohlich sein, tragen sie doch zur Verbesserung der Erwägungs-Geltungsbedingung bei. Wenn dann tatsächlich die neue Position im Vergleich mit den zu erwägenden Alternativen die vorerst beste Position sein sollte, so verdankt sie diesen Status nur den bis dahin bereits erarbeiteten und zusammengestellten Erwägungsalternativen.
Erwägungsalternativen sind von Lösungs- und Realisierungsalternativen zu unterscheiden. Auf der Ebene des Erwägens ist ein radikaler Pluralismus an problemadäquaten Alternativen erforderlich, um gut begründen zu können. Eine Orientierung an gutem Begründen bedeutet dann aber genau nicht, dass alles, was erwogen wurde, auch als Lösung gesetzt und realisiert werden darf.

1.3 Iterativ reflexiver Umgang mit Erwägungs-Geltungsbedingung und Engagement für Verbesserungen

Es ist reflexiv zu erwägen, wo man in welchem Ausmaß erwägen kann und wo nicht. Angesichts knapper Ressourcen kann man nicht alles und jedes erwägen. Man würde sich handlungsunfähig machen. Das dritte Merkmal von Erwägungsorientierung ist wesentlich, weil es Wissen um Nicht-Wissen und die Begrenztheit jeweiliger Begründungsgüten von Lösungen/Positionen usw. wachhält. Selbst bei methodisch sehr gut ausgearbeiteten Erwägungsforschungsständen kann reflexives Wissen um die Grenzen des Erwägens dazu beitragen, dass ein Engagement für Verbesserungen nicht erlischt oder es zu Kritikimmunisierungen kommt. Das sollte allerdings nicht resignieren lassen, sondern in einen kompetenten reflexiven Umgang mit Ungewissheiten münden, der Urteils- und Tätigkeitsentscheidungen treffen und verantworten lässt im Wissen um das jeweilige Niveau der Begründbarkeit.

2 Erwägungsorientiert-deliberative Bildung

2.1 Die „Lernenden-Ecke“: Könnte es auch anders sein? – Denken in Möglichkeiten als erwägungsorientiert-deliberative Haltung

Erwägen nimmt seinen Ausgang von den Subjekten des Lernens. Es geht um „echte“ Fragen (Erwägungsbetroffenheit) im Umgang mit den Sachen. Dabei sollen jeweilige eingeschränkte Subjektivitäten sich durch Erwägungen und Auseinandersetzung mit Anderen sowie gemeinsame Lern- und Suchprozesse hin zu mehr intersubjektiver/objektiver Subjektivität entfalten können. Beim gemeinsamen Erwägen steht die Begründung einer zu findenden Position im Mittelpunkt; es geht weniger um das Durchsetzen einer bestimmten Position, die man vorerst für die „beste“ hält. Sich als falsch erweisende Wege und Lösungsmöglichkeiten sind für ihre Relevanz in einer guten Erwägungs-

Geltungsbedingung zu prüfen. Das Wissen um „Falsches" kann die Begründungsgüte der vorerst als „richtig" erachteten Lösung stärken.
Die Frage „Könnte es auch anders sein?" erfordert die Entwicklung eines distanzfähigen Engagements im Umgang mit den Sachen, den Menschen und sich selbst. Über entfaltete Erwägungskompetenzen sollen die Kinder in ihren Mitbestimmungs- und Entscheidungsmöglichkeiten so gestärkt werden, dass sie sich selbst nicht gegenüber Kritik immunisieren und fundamentalistische Einstellungen und Positionen (bei sich und anderen) als solche erkennen und mit Hilfe der Erwägungs-Geltungsbedingung in Frage stellen können.
Hier bestehen zahlreiche Anknüpfungsmöglichkeiten für erwägungsorientiert-deliberative Bildung. Exemplarisch seien angeführt: Konzepte für ein Philosophieren mit Kindern (z.B. Horster 1993, Lipman 2001, Duncker/ Nießeler 2005, Schreier 1999), für einen sokratisch-genetischen-exemplarischen Unterricht (z.B. Wagenschein 1973), für entdeckendes/forschendes Lernens auf eigenen Wegen (z.B. Bruner 1961), für dialogische Didaktik (z.B. Ruf/ Gallin 1998), für viel-/mehr- bzw. multiperspektivischen Sachunterricht (Duncker 2005, Köhnlein et al. 1999, Kahlert 1994, 2014), für „Deliberation in Education" (Dillon 1994, Crittenden 2002).
Unterschiede zu diesen und verwandten Konzepten bestehen darin, dass erwägungsorientiert-deliberative Bildung jeweilige Vielfalt danach untersuchen lässt, inwiefern einander ergänzende Perspektiven oder einander ausschließende Alternativen vorliegen. Hinsichtlich ergänzender Perspektiven ist iterativ-reflexiv die Frage zu verfolgen, inwiefern zu einer jeweiligen Sicht auf einander ergänzende Perspektiven alternative Sichten zu erwägen sind. Für die Unterrichtsvorbereitung mit Hilfe von didaktischen Netzen – erfolgt diese nun gemeinsam mit Schüler/innen oder durch die Lehrperson allein – ist dies ein wichtiger Punkt. Nimmt man z.B. das Thema „Mädchen und Jungen", so sind vermutlich sehr unterschiedliche didaktische Netze zu erwarten, je nachdem ob z.B. Forschungen, die eine Fokussierung auf Zweigeschlechtlichkeit problematisieren, oder Forschungen, die das Problem der Verfestigung von Stereotypen durch direkte Thematisierung und Dramatisierung ansprechen, oder Forschungen, die auf den sogenannten „geheimen Lehrplan" bei der Geschlechterthematik aufmerksam machen, berücksichtigt werden oder nicht. Das mag bis zu einer Infragestellung des Themas insgesamt hinreichen. Und damit wäre iterativ-reflexiv der Fall einander ausschließender Perspektiven bezüglich der Frage gegeben, ob man das Thema überhaupt behandeln sollte. Es ist also relevant, sich die jeweilige Perspektivität auf jeweilige Zusammenstellungen von Perspektiven bewusst zu machen.
Ein wesentlicher Unterschied besteht weiterhin in einem anderen *Umgang* mit Nicht-Gelungenem und Falschem, wobei auch hier an vorhandene Kon-

zepte angeknüpft werden kann. Ein sich als falsch herausstellender Lösungsvorschlag kann unter Umständen die Erwägungs-Geltungsbedingung für die als richtig bewertete Lösung wesentlich verbessern und zwar nicht nur im Sinne eines negativen Abgrenzungswissens der Theorie des Negativen Wissens (Oser/ Hascher/ Spychiger 1999), sondern als positives Begründungswissen. Als Beispiel sei hier ein Mädchen angeführt, das zunächst eine „Zweistoff-Hypothese" bezüglich des elektrischen Stroms verfolgt hatte und diese bei einer einfachen Schaltung auch bestätigt sah. Mit dem Bau einer Reihenschaltung musste diese „Zweistoff-Hypothese" allerdings verworfen werden. Das mindert aber nicht den Begründungswert der „Zweistoff-Hypothese": Das Wissen um diese problemadäquate Hypothese trägt zu einer entfalteteren Erwägungs-Geltungsbedingung bei. Denn das Mädchen kann die neue Hypothese im Wissen um die widerlegte Hypothese nun umfassender begründen als z.B. ein anderes Kind, das diese „Zweistoff-Hypothese" als Erwägung nicht bedacht hat. Mit der Erwägungs-Geltungsbedingung bekommt das problemadäquate Falsche eine andere Funktion bzw. Bedeutung, und man gelangt zu einem anderen, *bewahrenden und nicht verwerfenden* (i.S. von eliminierenden) *Umgang*.

2.2 Die „Sach-Ecke": Erwägungsorientierte Aufbereitung „der Sachen"

Blickt man auf die bisherige Tradierung von Wissen (deskriptiven wie präskriptiven Konzepten), so ahnt man vielleicht, dass sich mit dem Anspruch einer Erwägungs-Geltungsbedingung unsere bisherigen Forschungstraditionen im Umgang mit qualitativen Alternativen ändern müssten. Neben sogenannten Forschungsständen (allein hinsichtlich der *Lösungsebene*) wären qualitative Erwägungsforschungsstände (bezüglich der *Erwägungsebene* (*Erwägungs-Geltungsbedingung*)) aufzubauen und zu entwickeln, jedenfalls überall dort, wo behauptet wird, man hätte begründete Lösungen. Die „Ecke der Sachen" im didaktischen Dreieck scheint durch die Erwägungs-Geltungsbedingung in besonderer Weise herauszufordern: So wären z.B. Lehrbücher, Schulbücher, Lern-/Lehrmaterialien unter dieser Perspektive zu konzipieren.

Der Fokus auf jeweils zu erwägende Alternativen impliziert einen besonderen methodischen Umgang mit den Sachen und eine Orientierung an Begriffsklärungen: Woher weiß ich, ob ich alle problemadäquaten Alternativen bedacht habe? Inwiefern handelt es sich bei den verschiedenen Möglichkeiten überhaupt um echte Alternativen und nicht vielleicht um miteinander vereinbare Perspektiven? Wie gehe ich damit um, wenn ich weiß, dass ich nicht weiß, ob ich alle problemadäquaten Alternativen erwogen habe – sogar weiß, dass das vielleicht sogar nie möglich sein wird? Welche Methoden kann ich nutzen, um jeweilige Alternativen zu einer Frage/einem Problem oder Ähnlichem möglichst vollständig zu bestimmen?

Wegen derartiger Fragen ist erwägungsorientiert-deliberative Bildung methodisch transdisziplinär. Durch ihren methodisch-systematischen Blick fokussiert erwägungsorientiert-deliberative Bildung nicht auf eine Disziplin oder ein Fach, sondern setzt interdisziplinär an, was ggf. Beschränkungen auf einzelne Disziplinen nicht ausschließt, dann aber als derartige Einschränkung zu reflektieren wäre. Um ein Beispiel für begriffsklärende Fragehorizonte anzudeuten, bei der gleichermaßen nach Ober- und Unterbegriffen wie Alternativen auf gleichen Abstraktionsniveaus gesucht wird: Um die Kompetenz „den Handel (Kaufen, Verkaufen) als Tauschgeschäft analysieren" zu können (GDSU 2013, S. 36) zu fördern, wären Fragen mit den Kindern zu verfolgen wie: Was heißt „Tauschen"? Was kann man tauschen? Was hast du schon getauscht? Was würdest du nicht tauschen und warum nicht? Wer darf tauschen? Können Tiere Dinge untereinander tauschen? Gibt es Tauschverbote? Seit wann wird getauscht? Gibt es eine Geschichte des Tauschens, die vielleicht alternative Weisen des Tauschens sichtbar werden lässt? Was sind Alternativen zum Tauschen (Teilen, Rauben, Ausbeutung/Versklavung, freier Zugang zu allen Ressourcen für alle Menschen (Abschaffung von Besitz/Eigentum) usw.) und was könnte ein hierfür geeigneter Oberbegriff sein? Ein Sachunterricht, der diese Fragen, bei denen es sich weitgehend um offene Forschungsfragen handelt, in den Blick nehmen würde, wäre unvermeidlich inter- und transdisziplinär. Das würde eine umfassende (Fort)Bildung von Lehrer/innen in solchen Grundlagenfragen bedeuten. Jeweiliges Wissen würde in reflexives Wissen um Nicht-Wissen und Grenzen des Wissens eingebettet, was insgesamt zu einer reflexiven Mentalität führen würde. Forschungen an Universitäten/Hochschulen könnten vermutlich immens von solchen Forschungen in Schulen (und Kindergärten) profitieren und erhielten ein reiches Feld an grundlegenden Anregungen.

Für den *Umgang* mit „den Sachen" grundlegend ist der iterativ kritisch-reflexive Umgang mit Erwägungs-Geltungsbedingung und Verbesserungsengagement. Dieses führt zu einem Mangelbewusstsein, was aber keine Schwäche, sondern eine Stärke ist, wenn reflexiv kompetent mit diesem umgegangen werden kann. Ein reflexives Wissen um Nicht-Wissen und Grenzen des Wissens macht lebenslang lernbereit, wenn man denn gut begründen können möchte, und es macht auch bescheidener mit dem, was man meint, gegenüber anderen durchsetzen zu müssen. Es schließt bewusst eingegangenes irrationales Verhalten nicht aus, macht dieses aber als solches transparent.

Als Anknüpfungen für erwägungsorientiert-deliberative Bildung seien exemplarisch genannt: Konzepte einer „Deliberation in Education" (Brann 1994,

Crittenden 2002, Dillon 1994) und der provokativen Didaktik (Müskens/ Müskens 2002), die mit einstellungskonträrem Material arbeitet, oder die Orientierung an einer „dosierten Irritation“ (Kahlert 1994, S. 80).
Gefragt werden mag, ob es zwischen dem Beutelsbacher Konsens für politische Bildung im Besonderen und Wissenschaft und Bildung im Allgemeinen mit seinem Kontroversitätsgebot und der Erwägungs-Geltungsbedingung einen Unterschied gibt. Auf den ersten Blick habe ich das selbst so vermutet. Aber durch den Fokus auf gute Begründbarkeit besteht ein grundlegender Unterschied: Während das Kontroversitätsgebot für Bildungsprozesse im Beutelsbacher Konsens nur für das gilt, was kontrovers in Wissenschaft und Gesellschaft diskutiert wird, sollten aus Sicht einer Erwägungsorientierung auch für das, was nicht kontrovers ist, worüber ein Konsens besteht, Erwägungsalternativen erschlossen werden, jedenfalls dann, wenn es sich um einen relevanten Konsens handelt, der gut begründbar sein soll. Die Auseinandersetzung mit zu erwägenden Alternativen selbst bei unkontroversen Themen ist kein didaktischer Kniff – wie dies John Stuart Mill angedacht haben mag, als er über die Vorzüge einer Auseinandersetzung mit kontroversen Alternativen schrieb (1991, S. 61) –, sondern ein unhintergehbarer Ausgangspunkt für die Begründungsgüte von jeweiligen Positionen.

2.3 Die Ecke der „Lehrenden“: Reflexive erwägungsorientiert-deliberative Routinen

Die bisherigen Darlegungen haben bereits vielfältige kritisch-reflexive Kompetenzen angesprochen, die Lehrende für die Vorbereitung und Begleitung von erwägungsorientiert-deliberativen Bildungsprozessen benötigen. Sie müssen sich insbesondere mit Fragen wie den folgenden auseinandersetzen:
Wie werden Sachen zu Themen der Kinder (Erwägungsbetroffenheit)? Mit welchen Methoden können die individuellen wie gemeinsamen Erwägungs- und Deliberationsprozesse der Kinder unterstützt werden? Wie lässt sich der Umgang mit Vorgabenotwendigkeiten und Entscheidungsmöglichkeiten lernförderlich gestalten? Wie lassen sich jeweilige Fragen/Aufgaben für Mitbestimmungs- und Entscheidungsmöglichkeiten der Lernenden öffnen? Welche Kinder fordern Vorgaben und inwiefern können diese so gestaltet werden, dass sich auch von diesen aus wieder Entscheidungsräume und Mitgestaltungsmöglichkeiten ergeben können? Bei welchen Themen und Fragen ist reflexiv erwogen, es angemessener, weniger oder nicht zu erwägen? Wie lassen sich die verschiedenen Denkwege, die erwogenen Alternativen und schließlich gefundenen Lösungen dokumentieren und bewahren? Wo und wie sind Grenzen des jeweiligen Wissens aufzuzeigen und wie sind Strategien im kompetenten Umgang mit Ungewissheiten anzubahnen? Wie lässt sich eine

lernförderliche Kultur im Umgang mit Nicht-Gelingen und Fehlern gestalten und wie kann man unterstützen, Phasen von Frustration beim kreativen Suchen durchzustehen? Wie sollte mit Fragen der Leistungsbewertung umgegangen werden? Wo stößt man mit dem Konzept an Grenzen der Umsetzbarkeit und wie kann man damit umgehen?
Anknüpfungen an vorhandene Konzepte, wie unterschiedlich deren theoretische Rahmensetzungen im Einzelnen auch seien, bieten hier u.a. die Unterscheidung Bruners zwischen einem expository und einem hypothetical Modus des Lehrens (1979, S. 83), das Konzept eines überraschungsoffenen Unterrichts (Mühlhausen 1994), Konzepte zur Ausbildung reflexiver Routinen im Umgang mit Ungewissheiten (z.B. Herzog/ v. Felten 2001) oder Wagenscheins Überlegung, dass Lehrende sich auf produktive Verwirrung einlassen und selbst echte Fragen verfolgen sollten (Wagenschein 1973, S. 74f.).
Im Unterschied zu diesen Anknüpfungen ist die methodische, kritisch-reflexive Grundorientierung beim Erwägungskonzept jedoch ein durchgehender Fokus. Fehlende oder schlechte Erwägungs-Geltungsbedingungen können das Bewusstsein für Verbesserungen gegenwärtig halten und ein dauerhafter Forschungsbezug für Lehrende sein. Gute Erwägungs-Geltungsbedingungen mögen Ausgang und Rechtfertigung für Engagement sein, aber genau wegen dieser Erwägungs-Geltungsbedingungen gehen Distanzfähigkeit und Verbesserungsengagement nicht verloren. Erachtet man eine solche erwägungsorientiert-deliberative Haltung als sinnvoll, so hat dies Konsequenzen für die Ausbildung von Lehrer/innen, die einen erwägungsorientiert-deliberativen Umgang mit den Sachen, den Menschen und sich selbst fordern und fördern müssten. An dieser Stelle kann nur auf die umfangreichen Veröffentlichungen über Erwägungsseminare und Erwägungsmethoden verwiesen werden, die größtenteils in der Zeitschrift *Erwägen Wissen Ethik* (EWE) veröffentlicht wurden (s. Lit. hierzu auch in Blanck i.V.).

Literatur

Blanck, B. (2012): Vielfaltsbewusste Pädagogik und Denken in Möglichkeiten. Theoretische Grundlagen und Handlungsperspektiven. Stuttgart.

Blanck, B. (i.V.): Erwägungsorientiert-deliberative Pädagogik und Didaktik als Grundlage für intra-, inter- und transdisziplinäre Bildung. Erscheint im Tagungsband zum Kongress „Disziplinarität und Interdisziplinarität – Herausforderungen und Chancen transdisziplinären Unterrichts in natur-, sozial- und geisteswissenschaftlich ausgerichteten Fächern in der Volksschule" am 1. und 2. September 2016 in Luzern.

Brann, E. (1994): Learning to Deliberate. In: Dillon, J.T. (Hrsg.): Deliberation in Education and Society. Westport, Connecticut/London, pp. 249-258.

Bruner, J.S. (1961): The Act of Discovery. In: Harvard Educational Review, 31, 1, pp. 21-32.

Bruner, J.S. (1979): On Knowing – Essays for the Left Hand. Cambridge (Mass.)/London.

Crittenden, J. (2002): Democracy's Midwife. An Education in Deliberation. Lanham u.a.
Dillon, J.T. (1994): The Questions of Deliberation. In: Ders. (Ed.): Deliberation in Education and Society. Westport, Connecticut/London, pp. 3-24.
Duncker, L. (2005): Professionalität des Zeigens. Mehrperspektivität als Prinzip der Allgemeinen Didaktik. In: Duncker, L.; Sander, W.; Surkamp, C. (Hrsg.): Perspektivenvielfalt im Unterricht. Stuttgart, S. 9-20.
Duncker, L.; Nießeler, A. (Hrsg.) (2005): Philosophieren im Sachunterricht. Imagination und Denken im Grundschulalter. Münster.
Gesellschaft für Didaktik des Sachunterrichts (GDSU) (Hrsg.) (2013): Perspektivrahmen Sachunterricht. (Vollständig überarbeitete und erweiterte Ausgabe.) Bad Heilbrunn.
Herzog, W.; Felten, R.v. (2001): Erfahrung und Reflexion. Zur Professionalisierung der Praktikumsausbildung von Lehrerinnen und Lehrern. In: Beiträge zur Lehrerbildung 19, 1, S. 17-28.
Horster, D. (1993): Philosophieren mit Kindern. In: Ethik und Sozialwissenschaften, 4, 3, S. 379-388.
Kahlert, J. (1994): Ganzheit oder Perspektive? Didaktische Risiken des fächerübergreifenden Anspruchs und ein Vorschlag. In: Lauterbach, R.; Köhnlein, W.; Koch, I.; Wiesenfarth, G. (Hrsg.): Curriculum Sachunterricht. Bad Heilbrunn, S. 71-85.
Kahlert, J. (2014): Zwischen didaktischer Vernunft und inhaltlicher Beliebigkeit – Vielperspektivität im Sachunterricht. In: Zeitschrift für Grundschulforschung, 7, 2, S. 9-21.
Köhnlein, W.; Marquardt-Mau, B.; Schreier, H. (Hrsg.) (1999): Vielperspektivisches Denken im Sachunterricht. Bad Heilbrunn, S. 24-59.
Lipman, M. (2001): Philosophy for Children: Some Assumptions and Implications. In: Ethik und Sozialwissenschaften, 12, 4, pp. 405-417.
Mill, J.S. (1991): Über die Freiheit. Leipzig/Weimar.
Mühlhausen, U. (1994): Überraschungen im Unterricht. Situative Unterrichtsplanung. Weinheim/Basel.
Müskens, W.; Müskens, I. (2002): Provokative Elemente einer Didaktik internetgestützter Lehr-Lernarrangements. URL: http://www.medienpaed.com/02-2/mueskens_mueskens1.pdf [08. 12. 2008].
Oser, F.; Hascher, T.; Spychiger, M. (1999): Zur Psychologie des „negativen" Wissens. In: Althof, W. (Hrsg.): Fehlerwelten. Vom Fehlermachen und Lernen aus Fehlern. Opladen, S. 11-42.
Ruf, U.; Gallin, P. (1998): Dialogisches Lernen in Sprache und Mathematik. Band 1: Austausch unter Ungleichen. Grundzüge einer interaktiven und fächerübergreifenden Didaktik. Seelze.
Ruf, U.; Gallin, P. (1998): Dialogisches Lernen in Sprache und Mathematik. Band 2: Spuren legen – Spuren lesen. Unterricht mit Kernideen und Reisetagebüchern. Seelze.
Schreier, H. (Hrsg.) (1999): Nachdenken mit Kindern. Aus der Praxis der Kinderphilosophie in der Grundschule. Bad Heilbrunn.
Wagenschein, M. (1973): Verstehen lehren. Genetisch – Sokratisch – Exemplarisch. Weinheim und Basel.

Swaantje Brill, Susanna May-Krämer,
Andreas Nießeler und Bernd Wagner

Förderung von Vielperspektivität im Sachunterricht durch die Verknüpfung von Sachlernprozessen mit außerschulischem Lernen im Museum

A regional investigation network works in the field of primary school education and technical learning (basics of constructions). The videoethnographic study focusses on the learning processes of primary school children. Data are collected in a construction phase and a philosophy circle in a teaching unit that combines the preparation and reflection of a visit in a museum of modern art in primary school lessons of General Study.

1 Vielperspektivität und Kulturelle Bildung

Als didaktisches Prinzip resultiert Vielperspektivität aus der Anerkennung der Vielfalt von Fragestellungen, Blickrichtungen und Erkenntnisinteressen, die durch die Auseinandersetzung mit Sachen bedingt sind. Vielperspektivität muss aber ebenso als Methode verstanden werden, sich einem Gegenstand auf eine Weise anzunähern, die zu einem besseren Verständnis der Sache führen kann und die nur durch das Zusammenwirken unterschiedlicher Zugangswege möglich wird. Formen Kultureller Bildung (vgl. Giesecke 2005) können diese Vielperspektivität fördern, wenn Ästhetik und Rationalität produktiv ins Spiel gebracht und Bildungsprozesse angeregt werden, welche sowohl sinnliche als auch kognitive Erkenntnisse ermöglichen. Im Folgenden wird dieses Verständnis von Kultureller Bildung exemplarisch anhand vielperspektivischer Auseinandersetzungen mit Sammlungsobjekten im Museum ausformuliert. Einerseits geht es um den Aufforderungscharakter (Norman 1999) von Dingen, der zum Erproben und Nachdenken anregen kann. Andererseits ist die subjektive Sicht von Kindern auf Dinge wichtig, die durch die erziehungswissenschaftlichen Zugänge freigelegt werden kann. Mit Bezug auf die pädagogische Anthropologie untersuchen die Forschenden in zwei aufeinander bezogenen Teilstudien ethnographisch körperbezogen-performative und assoziativ-kognitive Dimensionen objektbezogener Auseinandersetzungsformen von Grundschulkindern im Museum.

2 Fragestellung und Forschungsdesign

Nach mehreren Besuchen und der Sichtung der Sammlung des Museums für Gegenwartskunst (MGK)[1] ist ein vielperspektivisches Angebot zum Thema Gebäudekonstruktion (Architektenkammer 2014) geplant worden, das in der Lebenswelt der Kinder in Form von Fachwerkhäusern erfahrbar ist. Das Thema ermöglicht technisches Lernen (insbesondere im Kontext von Konstruktion und Statik), regionalgeschichtliches Lernen (zur Entstehung und Nutzung von Fachwerkbauten im Rahmen der Industrieentwicklung im Siegerland) und ästhetisches Lernen, indem Sehgewohnheiten hinterfragt sowie Techniken und Strukturen der Bild- und Fotobearbeitung anhand der Sammlungsobjekte im Museum thematisiert werden. Die Forschergruppe hat vier Siegener Grundschulklassen bei der Entwicklung von Entwürfen und der Konstruktion von unterschiedlichen Gebäuden ethnographisch begleitet. Die Videoethnografie hat umfangreiches Datenmaterial bereitgestellt, das in beiden Teilstudien entsprechend ihrer jeweiligen Schwerpunktsetzungen ausgewertet wurde.

Teilstudie 1: Methodisch angelehnt an die *Grounded Theory* (Corbin/ Strauss 1996, Muckel 2007), hat die erste Teilstudie insbesondere die Bau- und Konstruktionsphase im Museum in Bezug auf handlungsbezogene Interaktionen untersucht, die Rückschlüsse auf den Umgang mit dem Baumaterial sowie Gebäuden und ihrer Konstruktion geben. Das Forscherteam hat im Videomaterial erkennbare Handlungsverläufe in Bezug zu situativen Bedingungskontexten gesetzt. Filmsequenzen mit vergleichbaren Handlungsverläufen sind im Sinne des axialen Kodierens präziser eingegrenzt und für die Generierung von Theorien zum Praxisfeld genutzt worden.

Teilstudie 2: In philosophisch orientierten Gesprächskreisen wird die Auseinandersetzung mit den Sammlungen[2] nicht nur handelnd-interaktiv, sondern auch kognitiv-assoziativ und symbolisch in Szene gesetzt. Dabei eröffnet die spekulative Methode des Erfindens, Entwickelns und Entdeckens von Prinzipien nach Martens (2003) über Gedankenexperimente einen vielperspektivi-

---

1 Diese haben im Rahmen schon bestehender Angebote mit Kindergruppen stattgefunden.

2 Diese Auseinandersetzung bezieht sich auch auf das didaktische Material des Museumskoffers, der in der Vorbereitungsphase des Besuchs im Museum in den Schulen eingesetzt worden ist und Grundlagen der Statik vermittelt hat.

schen Zugang zum Konstruieren, welcher neben technisch-physikalischen Aspekten auch ethische und ästhetische Sichtweisen berücksichtigt. In dieser Teilstudie ist der Fokus auf die Perspektive der Kinder beim sprachlich-assoziativen Philosophieren und bei Formen symbolischer Weltaneignung gelegt worden. Forschungsmethodisch wurden in der Verbindung von Videoethnographie und hermeneutischer Analyse Situationen *Kultureller Bildung* im Kontext von Sachlernprozessen untersucht (vgl. Nießeler i.V.). Das videoethnographisch erhobene Material wurde dabei ausgewertet nach folgenden Grundmomenten des Philosophierens mit Kindern:

- Kinder staunen
- Kinder fragen
- Kinder argumentieren
- Kinder kommen mit Kindern ins Gespräch.

Neben der hermeneutischen Gesprächsanalyse ermöglicht die Videodokumentation auch, diese Momente des Philosophierens in der Bau- und Konstruktionsphase zu untersuchen, in welcher die Perspektive des Philosophierens von Kindern zentral ist. Hier geht es um die Verbindung der beiden Teilstudien. Gibt es Momente des Staunens, Fragens, Argumentierens und des Dialogs in den Phasen der handelnd-interaktiven Auseinandersetzung mit dem Material? Beziehen sich die Kinder bei ihren symbolischen Formungen und beim sprachlichen Argumentieren auf die Bauphase im Museum und auf ihre Erfahrungen beim Konstruieren?

3 Ergebnisse der videoethnographischen Teilstudie zum Bauen und Konstruieren

In der Kindheitsforschung (Heinzel 2010) liegen bereits umfangreiche Studien dazu vor, wie Kinder als Akteure Lernprozesse organisieren, die performativen Charakter haben können. Performative Lernformen können als inszenatorische, soziale Handlungspraxen verstanden werden, die sich z.B. in spontanen objektbezogenen Auseinandersetzungen im Museum manifestieren (Wagner 2013). Das videoethnographische Datenmaterial zeigt viele Materialerprobungen von Kindern. So werden, ausgehend von Vorerfahrungen mit dem Material (Strohhalme, Pappstreifen, Holzstäbe, PlayMais und Kreppband), Stützen durch die Umwickelung von Pappstreifen hergestellt und Verbindungstechniken beim Konstruieren entwickelt.

Zunächst tritt jedoch der Aspekt der Stabilität in den Hintergrund; die am Sample beteiligten Grundschulkinder beziehen sich vorrangig auf ästhetische Merkmale. Dies wird deutlich, wenn Kinder zunächst das Material nach Farben oder Formen wählen, es gezielter für ästhetische Verzierungen und weniger unter Stabilitätsgesichtspunkten zur Aussteifung einsetzen. Der Spaß am fantasievollen Entwerfen etwa von Rutschen, die vom Dachboden bis in ein Kellerschwimmbad reichen, oder von großen Spielflächen und deren farbenfroher Gestaltung stehen im Vordergrund. Oft werden konstruktive Aspekte erst im Nachhinein aufgegriffen; sie erscheinen nebensächlich. Die Aspekte der Stabilität, so zeigt sich im Material, sind für die Grundschulkinder aber nicht ganz unwichtig. Bei anspruchsvolleren Konstruktionen, wenn ihre Gebäude an Höhe und Materialgewicht zunehmen, kommt der stabilen Bauweise mehr Bedeutung zu, denn die entstehenden konkreten statischen Probleme verlangen technische Lösungen (vgl. Lambert/ Reddeck 2007). Sie erfordern eine neue und veränderte Nutzung von Materialien und deren Eigenschaften. Stabilitätsgebende Bauweisen werden dabei situativ entwickelt und getestet; das Material nimmt an dieser Stelle einen verstärkten Einfluss auf die Bauweise. Die Videodaten zeigen zudem, dass die am Sample beteiligten Kinder dem Präsentieren von Objekten eine besondere Bedeutung beimessen. Es lassen sich mehrere Situationen erkennen, in denen Kinder ihre Gebäude in Relation zu anderen Gebäuden sehr bewusst platzieren, umstellen und ausrichten und dabei beispielsweise Kriterien wie der Höhe oder dem Abstand zueinander folgen. Soziale Aushandlungsprozesse über den „perfekten Platz“ sind dabei zu beobachten, wie auch folgende kurze Transkription aus dem Videomaterial zeigt:

EJ: Jetzt suchst du dir einen schönen Platz aus, weil wir hier so ein kleines Dorf aufbauen. Ok? Kannst es auch nochmal umstellen...
(M01 will ihr Bauwerk abstellen)
M03: Nein, das geht nicht. Das kann man auch hier hin machen.
M01: Ok, dann tu ichs wo anders hin.
M03: Mimi, das ist zu nah. Mimi, hier ist der perfekte Platz. (...) Und Tina, du kannst neben mir.

Die Transkriptionen verweisen zudem auf genderbezogene Umgangsweisen beim Präsentieren von Arbeitsergebnissen. Sie nutzen das Präsentieren von Arbeitsergebnissen und die sich daran anschließende Feedbackrunde, in Teilstudie 1 betrifft das die Gebäudekonstruktion und in Teilstudie 2 die Traumhauszeichnung, um aufgabenbezogene und soziale Aspekte zu verknüpfen und gruppenbezogen zu kommunizieren.

4 Ergebnisse der hermeneutischen Teilstudie zum Philosophieren mit Kindern über Gebäude in ihrer Lebenswelt

Ausgangspunkt der Überlegungen ist, dass die angebotenen Materialien dazu anregen, den Unterricht von und mit den Schüler/innen zu gestalten. Sie sollen die Qualität von Unterrichtsgesprächen, insbesondere der Schüler/innen untereinander, verbessern und dadurch ein selbsttätiges, nachhaltiges bildendes Lernen fördern. In der Vorbereitung können z.B. Bildkarten mit unterschiedlichen Gebäuden eingesetzt werden, um Ähnlichkeiten und Unterschiede oder ästhetische Momente zu erfragen. Während des Museumsbesuchs bieten sich z.B. Bild-Würfel an, die verschiedene Innen- und Außenansichten zusammenbringen und anregen, sich darüber Gedanken zu machen, welche Räume zusammenpassen, welche Kombinationen gefallen oder nicht gefallen. Oder auch den Fragen nachzugehen, wo könnte man sich vorstellen zu wohnen und warum? In der Nachbereitung, in der hauptsächlich das Philosophieren praktiziert werden soll, wird mit „subjektiven Karten" gearbeitet, die zum einen der Ergebnissicherung der ganzen Einheit dienen, insbesondere aber das Weiterdenken der Kinder herausfordern und zugleich dokumentieren. Anhand von Fragen setzen sich die Kinder zunächst gedanklich mit der Aufgabe „Entwickle einen Plan für ein Haus für Kinder!" auseinander und fertigen dazu eine Zeichnung an. Die entstehenden Bilder werden phänomenologisch auf die sichtbaren Inhalte hin ausgewertet (vgl. Reiß 2012) und mit vorhandenem Filmmaterial in Form von Protokollen abgeglichen. Bei der Ordnung der symbolischen Ausdrucksformen können in dem Material drei Kategorien der Argumentation mit Blick auf die kindliche Erfahrungswelt bestimmt werden: *Konstruktion*, *Kindheit*, *Phänomene*. An diesen werden auch wechselseitige Bezüge von körperlichen und sprachlich-assoziativen sowie symbolischen Formen der kindlichen Weltaneignung deutlich. Es fällt auf, dass Material und der Umgang damit nur an wenigen Stellen thematisiert werden. Dem Bereich Stabilität wird zwar Beachtung geschenkt und die Frage danach meist bejaht, aber kaum begründet, warum es sich so verhält. Dafür gibt es häufig Außenansichten von Häusern mit Giebeldach und wenigen Fenstern, die sehr massiv wirken. Kinder, die ihre Zeichnung ohne „subjektive Karte" anfertigen, d.h. ohne vorherige eingehende sprachliche Auseinandersetzung mit der Fragestellung und den Inhalten der Einheit, beschriften eher Gegenstände auf den Bildern. Protokolle der beim Zeichnen und der Nachbesprechung entstandenen Gespräche zu ausgewählte Bildern werden weiter auf die symbolisch gefundenen Argumentationslinien und auf die Aspekte des Staunens, Fragens, Argumentierens und

Ins-Gespräch-Kommens hin analysiert. Beispielsweise kommen die Kinder miteinander bei der Besprechung der Bilder am Schluss der Einheit ins Gespräch. Anhand ihrer Erfahrungen „Ich habe es ausprobiert.“, „Ich habe in einem Haus aus Stroh gewohnt.“ begründen sie ihre Ideen.
Folgende Transkription zur Frage, ob es nicht besser und sinnvoller wäre, wenn das Haus einen Pool hätte, belegt, wie Kinder untereinander argumentieren.

W06: Ein Pool!
W04: Das.. aber das würde da nicht hinpassen. Deswegen haben wir irgendwas Weiches dahin gemacht. Sonst würde man ja auf den Boden knallen.
M05: Das ist ja eh nen Haus.
M06: Aber es gibt auch /eh/ in Villas gibt es auch im Keller n Pool.
W04: Ja das gibt's. Das ist richtig geil.
M06: Ja ehrlich! ((die Kinder reden aufgeregt durcheinander))

Mit den Bildern wird auch die Art und Weise des Etagenwechsels hinterfragt. Statt Treppen gibt es häufig Röhren oder Rutschen. Es werden Spielgeräte gezeichnet, die für Bewegung stehen und im Haus installiert werden. Alle versuchen, die Darstellungsaufgabe (Schuster 2001) zu bewältigen. Dabei bleibt interessant, dass bei einem Haus für Kinder selten Kinder dargestellt werden. Überhaupt werden wenige offensichtliche Momente von Beziehungsgestaltung gezeichnet. Selten schauen sich Menschen an; wenn überhaupt, ist nur ein Kind an einem Spielgerät. Es gibt wenige Bilder mit Tieren; auch Pflanzen spielen eine untergeordnete Rolle.

5 Weiterführende Perspektiven der regionalen Forschungspartnerschaft

Die beiden Teilstudien geben auf der Handlungs- und Sprachebene Hinweise, wie Sachlernprozesse von Kindern als Akteure imitiert werden und welche adäquaten didaktischen Formen gefunden werden können, um diese zu unterstützen. Sprechen über Gebäude und ihre Konstruktion sowie die Tätigkeiten des Konstruierens und Bauens sind im gesamten Material in wechselnder Intensität parallel zu beobachten. Insbesondere vier Umgangsweisen von Kindern können herausgearbeitet werden:

1. das Sprechen über Gebäude als Vorbereitung zum Modellbau,
2. der Austausch über Ideen, die während des Modellbaus entstehen,
3. das nachahmende Bauen, das von Beobachtung der Objekte anderer Schüler/innen und dem sprachlichen Austausch darüber geprägt ist,
4. das Präsentieren von Objekten, deren Bedeutung sprachlich und handelnd beschrieben und performativ in Szene gesetzt wird.

Da gerade während der Abschlusspräsentation der Objekte handelnde und sprachliche Elemente von den Kindern verknüpft werden, ist diese performative Inszenierung besonders aussagekräftig.[3] Kinder beschreiben den Arbeitsprozess, erklären ihr Objekt und stellen Handlungsabläufe der Konstruktionsphase nach. Auch an mehreren Beispielen aus dem Philosophieren mit Kindern kann eine Art des vielperspektivischen Argumentierens belegt werden, das nicht einer fachspezifischen Logik folgt, sondern sich nach den Sacherfahrungen richtet. Diese performativ-körperlichen Aneignungsformen sind ein wichtiger Bezugspunkt für sprachlich-assoziative und symbolische Methoden der Sacherschließung. Der Aspekt der Ästhetik macht dies deutlich: Das Haus wird nicht nur technisch gut gestaltet, es muss auch ansprechend wirken und präsentiert werden. Die Präsentation birgt sowohl technisch-konstruktive Aspekte als auch subjektiv-deutende, insofern berücksichtigt wird, *ob* das Bauwerk gefällt, aber auch *wem* es gefällt, und wie es entsprechend *zu platzieren* und *zu präsentieren* ist.
Dabei sind die Kinder in der Lage, eigenständig zu argumentieren, da sie auf ihre Erfahrungen beim Konstruieren und Bauen im Museum Bezug nehmen können. In einem Gruppengespräch während der Arbeit an der subjektiven Karte entwickelt sich beispielsweise die Idee eines Hauses aus Eisen zu einem „Candy-Haus" (Süßigkeitenhaus) weiter (Abb. 1). Das Besondere an diesem Haus ist, dass es aus Süßigkeiten und „lecker" ist. Es ist aber auch stabil, „weil der Zuckerguss sehr klebrig ist".

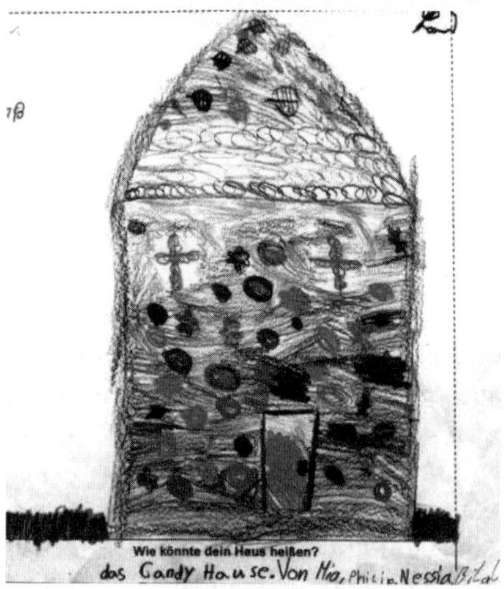

Abb. 1: Süßigkeitenhaus

[3] Auch Christoph Wulf und Jörg Zirfas (2007) weisen darauf hin, dass in performativen Inszenierungen der körperlich-sprachliche Vollzug des Geschehens besondere Bedeutung erhält.

Die Interaktion mit dem Material und die Materialität der Lernerfahrungen fördern das sprachlich-assoziative Lernen im Philosophieren, insofern erfahrungsgesättigte und erfahrungsbestätigte Argumentationen möglich werden. Im videoethnographischen Datenmaterial wird deutlich, dass Kinder sachbezogene Bedeutungen vor dem Hintergrund subjektiver Erfahrungen performativ erproben. Vielperspektivisches Argumentieren wird durch performative handlungsbezogene Lernformen angeregt. Philosophieren wiederum fördert sachbezogene Lernprozesse, indem die eigene Argumentation anhand des Erfahrenen überprüft und begründet werden kann. Die videoethnographische Dokumentation belegt allerdings auch, dass der schulische Vermittlungsrahmen die Gespräche und Interaktionen so stark prägt, dass Chancen kultureller Bildungsprozesse und offene, dialogische Lernformen selbst im Museum nur in Ansätzen beobachtbar sind. Vielperspektivität als Methode könnte hier in Verbindung mit Formen Kultureller Bildung Erfahrungs- und Denkräume eröffnen, in denen Kinder ermutigt und unterstützt werden, selbstständig zu agieren und sich zu positionieren, Dinge zu konstruieren und zu erfinden, ihre eigenen Fragen zu entwickeln und zu staunen, zu spekulieren und ihre Vorstellungen zu gestalten.

Literatur

Architektenkammer. (2014): Architektur macht Schule! URL: http://www.architektur-macht-schule.de [16.12.2014].

Corbin, J.; Strauss, A. (1996): Grounded Theory. Grundlagen qualitativer Sozialforschung. Weinheim.

Gieseke, W. (2005): Transformation der Kultur ohne Bildung? In: Gieseke, W.; Kargul, J. (Hrsg.): Europäisierung durch kulturelle Bildung. Bildung – Praxis – Event. Münster: Waxmann, S. 21-36.

Heinzel, F. (Hrsg.) (2010): Kinder in Gesellschaft. Grundschulverband. Frankfurt/ Main.

Martens, E. (2003): Methodik des Ethik- und Philosophieunterrichts. Hannover.

Muckel, P. (2007): Die Entwicklung von Kategorien mit der Methode der Grounded Theory. Historical Social Research 19. Köln. S. 211-231.

Norman, D.A. (1999): Affordance, Conventions, and Design. In: Interactions, 6, 3, pp. 38-43.

Nießeler, A. (i.V.): Philosophieren mit Kindern im Kontext kultureller Bildung – Grundlagenreflexionen und mögliche Forschungsperspektiven. Erscheint in: Kim, M.; Marsal, E. (Hrsg.): Philosophieren mit Kindern als Methode der Kindheitsforschung. Münster.

Lambert, A.; Reddeck, P. (2007): Brücken – Türme – Häuser: Statisch-konstruktives Bauen in der Grundschule. Kassel.

Reiß, W. (2012): Erhebung und Auswertung von Kinderzeichnungen. In: Heinzel, F. (2000): Methoden der Kindheitsforschung. Ein Überblick über Forschungszugänge zur kindlichen Perspektive. (2. überarbeitete Auflage). Weinheim, S. 173-188.

Schuster, M. (2001): Kinderzeichnungen. Wie sie entstehen, was sie bedeuten. (2. neubearb. Auflage). München.

Wagner, B. (2013): Historische Sachlernprozesse im Museum. In: Diskurs Kindheits- und Jugendforschung, 8, S. 451-465.

Wulf, Ch.; Zirfas, J. (Hrsg.) (2007): Pädagogik des Performativen. Weinheim.

Christian Mathis und Ludwig Duncker

Perspektivenwechsel als didaktische Kategorie – Zur Qualität von Lehrwerken für den Sachunterricht

This article provides results of a study investigating the didactic principle of multiperspectivity and the change of perspective on phenomena. This Swiss and German pilot study examines to what extent the didactic principle of diversity of perspective is considered in General Studies teaching materials and textbooks for primary school. The potential of multiplicity of pictures, texts and tasks stimulating a change of perspective is highlighted.

1 Das Prinzip der Perspektivenvielfalt und des Perspektivenwechsels

Eines der zentralen didaktischen Prinzipien des Sachunterrichts ist der multiperspektivische Blick auf die Welt (GDSU 2013, Duncker 2005, Kahlert 2009, Köhnlein 2012, Köhnlein/ Marquart-Mau/ Duncker 2013). Das Prinzip der Perspektivenvielfalt wurde in den 1970er Jahren von der Tübinger Gruppe um Klaus Giel und Gotthilf Hiller theoretisch in den zehnbändigen „Stücken zu einem mehrperspektivischen Unterricht“ konzeptioniert, dessen erster Band 1974 erschien (Giel/ Hiller 1974).
Das Prinzip der Perspektivenvielfalt fokussiert die vielschichtige und variantenreiche Auseinandersetzung mit der Wirklichkeit. Es kann Wege der Welterschließung und des Weltverstehens aufzeigen, die in aktuellen didaktischen Diskussionen um die Qualität von Unterricht eher unterschlagen werden (Gruschka 2011). Von Bedeutung ist die Forderung, dass der Sachunterricht als „Denkfach“ zu konzipieren sei, in dem die „Entwicklung einer kognitiven Perspektive“ (Stojanov 2012, S. 395) gefördert wird und das die Forderungen an eine „Schule des Denkens“ (Duncker 2007, S. 96ff.) einzulösen versucht.
Der Artikel gibt Einblick in ein seit 2013 laufendes internationales deutsch-schweizerisches Forschungsprojekt zum *Perspektivenwechsel als Qualitätsmerkmal guten Sachunterrichts*. Dabei werden neben dem empirischen Blick

auf den Perspektivenwechsel, den die Lehrperson im Sachunterricht anregt, inszeniert oder einfordert (Mathis/ Siepmann/ Duncker 2015), nun erste Resultate einer weiteren Teilstudie vorgestellt, die sich mit Lehrwerken für den Sachunterricht beschäftigt.
Es geht um die Frage, welchen Anregungsreichtum Lehrwerke für den Sachunterricht aufweisen, um einen Perspektivenwechsel auf Themen und Inhalte des Unterrichts zu erzeugen. Solche Anregungen sind durch die Qualität der Texte, der Bilder, der grafischen Elemente sowie der Aufgabenstellungen bestimmt. Es geht darum zu erkennen, wie Lehrkräfte sowie Schüler/innen dazu angehalten und aufgefordert werden, Themen in Unterrichtsarrangements variabel und kontrovers anzugehen. Auf dem Hintergrund einer „Schule des Denkens" gehen wir von der Annahme aus, dass Lehrwerke, die wenig oder kaum Anregungspotentiale zum Perspektivenwechsel besitzen, nicht oder kaum geeignet sind, bei den Schüler/innen eine Auseinandersetzung und sachbezogene Denkprozesse zu provozieren.

2 Fragestellung, Sample und Methode

Für die vorzustellende Studie waren folgende Fragestellungen leitend: Sind aktuelle Lehrwerke für den Sachunterricht geeignet, Perspektivenvielfalt im Unterricht anzuregen? Enthalten heutige Lehrmittel für den Sachunterricht in den Grundschulen genug Anregungspotentiale für ein vielperspektivisches Denken hinsichtlich Mehrdeutigkeit und Diskursivität?
Die Untersuchungen wurden an einer Auswahl aktuell gebräuchlicher Schweizer und Deutscher Lehrwerke (N = 16; je 8 Deutschland und der Schweiz) für die Klassenstufen des 1./2. sowie 3./4. Schuljahres durchgeführt, was vergleichende Betrachtungen ermöglichte.
Das inhaltsanalytische Verfahren stützt sich auf die Methode einer Text- und Bildhermeneutik (Duncker/ Lieber 2013). In der Auswertung wurde meist eine Doppelseite in den Blick genommen. Ausgangspunkt war die Themenentfaltung und die Gesamtschau. Informierende und darstellende Teile standen dabei im Zentrum der Aufmerksamkeit. Es ging also nicht primär um die Aufgabenformate, sondern um die Aufgabenformate im Zusammenspiel mit Bildern und Texten. Dabei wurden die verschiedenen Elemente der Unterrichtsmaterialien und Schulbücher entlang der oben ausgeführten Kategorien kodiert, wobei immer zu Gunsten der höheren Kategorie kodiert wurde. Mittels intersubjektiver Validierung der kategorialen Trennschärfe der Bewertungen wurde die Sicherung der Reliabilität der Ergebnisse angestrebt.

3 Kategorien der Lehrmittelanalyse

Um den Anregungsreichtum zum Perspektivenwechsel in den Lehrwerken des Sachunterrichts begrifflich zu fassen, wurden fünf Kategorien zur Beschreibung und Bewertung von Lehrwerken definiert:

1. Eindeutigkeit und Affirmativität
2. Offenheit und Pluralität
3. Perspektivität und Relativität
4. Diskursivität und Kontroversität
5. Positionalität und Normativität

Die Kategorien folgen einem Verständnis von Perspektivität mit wachsender Komplexität. Sie beschreiben fünf unterschiedliche Qualitäten der Perspektivenvielfalt und des Perspektivenwechsels. Der intellektuelle Anspruch kommt darin zum Ausdruck, dass unterrichtliche Denkprozesse in der Auseinandersetzung mit der Vielfalt des Wissens und Verstehens, des Interpretierens und Deutens der Wirklichkeit gefördert werden. Immer wieder neue Perspektiven zu entdecken, die zuvor unerkannt und unbeachtet geblieben sind, erfordert eine Einstellung und Haltung, die den gebildeten Menschen auszeichnet (vgl. Spaemann 2001, Bieri 2005, Tenorth 2011, Stojanov 2012). Auch Reichenbach (2001) hat in seiner Auseinandersetzung mit den Forderungen nach dem Ende der „Großen Erzählungen" sowie nach Pluralität, Relativität und Widerstreit postmoderner Denker überzeugend herausgearbeitet, dass das Aushaltenkönnen von unterschiedlichen Perspektiven auf die Welt eine unabdingbare Voraussetzung von Toleranz bedeutet.

Wenn Pluralität ein Merkmal offener Gesellschaften ist und geschlossene, dogmatische und fundamentalistische Positionen sie gefährden (Popper 1992), so muss dies in den Bereich von Bildung und Erziehung pädagogisch übersetzt und didaktisch berücksichtigt werden. In Schule und Unterricht sollten deshalb von Anfang an das argumentative Spiel mit Perspektiven und Positionen geübt und die dabei immer wieder erfahrbare Mehrdeutigkeit und Relativität von Standpunkten einsichtig gemacht werden.

Die fünf Kategorien dienen bei der Auswertung der Lehrwerke als Erwartungshorizonte und erlauben es, die verschiedenen Elemente von Unterrichtsmaterialien und Schulbüchern kategorial einzuordnen und hinsichtlich ihrer Qualität zu beurteilen. Dabei sind vor allem die Kategorie der *Diskursivität* für die Bewertung der Materialien sowie die Dimension *Eindeutigkeit vs. Mehrdeutigkeit* von hervorgehobener Bedeutung.

Im Folgenden sollen die fünf Erwartungshorizonte bzw. Kategorien genauer beschrieben und erläutert werden:

(1) Eindeutigkeit und Affirmativität: Hierbei handelt es sich um Schulbuchseiten, die *unstrittige Sachverhalte darstellen* und zu eindeutigen Denk- und Handlungsoperationen auffordern. Das ist wichtig und für eine solide Grundlegung etwa von Begriffen und Konzepten unerlässlich. Sie *verschweigen* jedoch *mögliche Alternativen* und versuchen, die Welt zu zeigen, „wie sie ist“. Solche Schulbuchseiten können einen *hohen Informationswert* und eine *fachliche Substanz* aufweisen; sie können aber auch *schlichte Vereinfachungen und Verkürzungen* enthalten. Eine differenzierte Auseinandersetzung, die ein Thema in unterschiedliche Perspektiven einbindet, wird jedoch nicht angeregt. Das Prinzip der Perspektivenvielfalt wird hier klar verfehlt. Schulbuchseiten, die als eindeutig und affirmativ bewertet werden, enthalten folglich in der Regel *kaum Anregungen zum Denken,* enthalten vielleicht Informationen, aber kaum Potentiale zum Nachdenken.[1]
(2) Offenheit und Pluralität: Hier werden in offener Weise Möglichkeiten angesprochen, die zum *assoziativen Sammeln* und *Ansprechen von Ideen* auffordern. Es geht hier nicht um die Präsentation von Vollständigkeit und Präzision sachlicher Klärungen, sondern um das *Abrufen von Meinungen, subjektiven Einschätzungen und Vorerfahrungen.* Die Offenheit zeigt sich den Schüler/innen durch die Möglichkeit, in unabschließbarer Weise ein Vorwissen zu artikulieren, Erinnerungen und Assoziationen zu wecken, auch wenn es dabei oft um vorurteilsbehaftete Äußerungen geht. Die im Schulbuch gezeigten Elemente haben die Funktion, die *Kinder zum Sprechen zu bringen* und – in beliebiger Weise – Gedanken zusammenzutragen. Eine *fachliche Klärung wird nicht angestrebt.*[2]
(3) Perspektivität und Relativität: Themen und Inhalte werden hier in ausgewählten *unterschiedlichen Perspektiven* betrachtet, die als solche identifizierbar sind, zum Beispiel deshalb, weil sie *kontrastiv zu anderen Perspektiven* vorgestellt werden. Es wird dadurch sichtbar, dass es verschiedene Perspektiven auf eine Sache geben kann. In der ausgewählten Perspektive bleiben die Darstellungen präzise und konsistent. Allerdings vereinnahmen sie die Schüler/innen nicht zu einer verbindlichen Übernahme der Aussagen. Sie bleiben in einem *relativen Geltungsanspruch* begrenzt. Solche Schulbuchseiten dienen dem *Zusammentragen unterschiedlichen Expertenwissens* zu einem Sachverhalt. Es geht um eine *additive Vielfalt von Wissensbeständen,* die

---

[1] Als Beispiele gelten etwa: Dt. Lehrmittel: Barnitzky/ Bunk (2005, S. 60); Drechsler-Köhler (2005, S. 8f.).

[2] Zum Beispiel: Dt. Lehrmittel: Krekeler/ Michel/ Scholz/ Windisch (1998, S. 2f.); Schweizer Lehrmittel: Gattiker/ Grädel/ Kiener (2005, TH, S. 60).

erschlossen werden können, oder um *Ergänzungen weiterer fachlicher Aspekte.*[3]
(4) Diskursivität und Kontroversität: Zu dieser Kategorie gehören Materialien, die Text- und Bildelemente so auswählen und aufeinander beziehen, dass sie eine *diskursive Auseinandersetzung mit dem Thema provozieren.* Dies setzt voraus, dass das Thema selbst *strittige und kontroverse Sichtweisen* ermöglicht und zulässt. Die Herstellung von Eindeutigkeit wird verwehrt. Solche Schulbuchseiten zielen auf das *Entdecken von Widersprüchen und das Thematisieren von Gegensätzen.* Ziel ist es, Perspektiven in ihrer Widersprüchlichkeit aufeinander zu beziehen. Die *Gegensätze und Grenzen von Perspektiven* und damit die *Kontroversität und Problemhaftigkeit werden sichtbar gemacht.* Dadurch wird die Kompetenz des Argumentierens angeregt.[4]
(5) Positionalität und Normativität: Die Kategorie der Positionalität zielt auf eine eigene Standortbestimmung, welche die Ebene des Vorurteils und der bloß subjektiven Meinungsäußerung überschreitet und die Vertretung einer *argumentativ geklärten Stellungnahme fordert.* Normative Haltungen und Einstellungen sollen jedoch begründet und vertreten werden. In der Positionalität zeigt sich die Fähigkeit zur begründeten Stellungnahme oder zum sachlichen Urteilen, die jedoch *für weitere Diskussionen offen* bleibt. Ohne den Durchgang durch eine argumentative Auseinandersetzung, in der *rational begründete Entscheidungen zwischen unterschiedlichen Perspektiven* angeregt oder verlangt werden, bleiben Positionen auf der Ebene normativ unbegründeter Urteile stehen im Sinne von: „Merke: So soll die Welt sein!“[5]
Abschließend sei auf dem Hintergrund der bildungstheoretischen Forderung nach Offenheit, Uneindeutigkeit und Diskursivität darauf hingewiesen, dass die Kategorie der Positionalität und Normativität quasi dazu herausfordert, erneut geöffnet, relativiert und diskursiv ausgehandelt zu werden.

4 Ergebnisse, Konsequenzen und neue Fragen

Blick man auf alle analysierten Lehrwerke (vgl. Tabelle 1), kann festgestellt werden, dass die Kategorien *Eindeutigkeit und Affirmativität* sowie *Pluralität und Offenheit* dominieren. Zwischen $^3/_4$ und $^4/_5$ der Schulbuchseiten können

---

[3] Etwa: Dt. Lehrmittel: Barnitzky/ Bunk (2005, S. 58); Schweizer Lehrmittel: Gattiker/ Grädel/ Kiener (2005, TH, S. 48f.).

[4] Zum Beispiel: Dt. Lehrmittel: Jerger/ Seitz/ Seitz (2009, S. 41 und 74); Schweizer Lehrmittel: Adamina/ Wyssen (2005, KM, S. 19f.); Gattiker/ Grädel/ Kiener (2005, TH, S. 41).

[5] Als Beispiele gelten etwa: Dt. Lehrmittel: Dechant/ Weyers (2010, S. 96); Schweizer Lehrmittel: Gattiker/ Grädel/ Kiener (2005, TH, S. 46f.).

diesen beiden Kategorien zugeordnet werden. *Perspektivität und Relativität* und *Diskursivität und Kontroversität* nehmen lediglich einen geringen Anteil ein, zusammen weniger als ein Viertel. Die Kategorie *Diskursivität und Kontroversität* kommt jedoch kaum vor und die Kategorie *Positionalität und Normativität* ist anteilsmäßig marginal.

Tabelle 1: Gesamtauszählung aller Lehrwerke in Prozent

Eindeutigkeit/ Affirmativität	Offenheit/ Pluralität	Perspektivität/ Relativität	Diskursivität/ Kontroversität	Positionalität/ Normativität
46	34	14	3	2

Mit Blick auf die Gesamtauszählung der Lehrwerke – aufgeteilt in die beiden Länder und die beiden Klassenstufen – ergibt sich ebenfalls, dass die Kategorie *Diskursivität und Kontroversität* kaum vorkommt (vgl. Tabelle 2). Diese nimmt zwar von Klasse 1/2 zu 3/4 deutlich zu, bleibt aber klar unterhalb von zehn Prozent.

Tabelle 2: Gesamtauszählung Schweiz und Deutschland in Prozent

	Klasse 1/2 (Deutschland)	Klasse 1/2 (Schweiz)	Klasse 3/4 (Deutschland)	Klasse 3/4 (Schweiz)
Eindeutigkeit/ Affirmativität	35	44	50	55
Offenheit/ Pluralität	51	39	24	26
Perspektivität/ Relativität	13	12	20	13
Diskursivität/ Kontroversität	1	2	5	5
Positionalität/ Normativität	0,5	3	1	2

In dem Maße, wie Schulbuchseiten der Kategorie *Eindeutigkeit und Affirmativität* von Klassenstufe 1/2 zu Klassenstufe 3/4 zunehmen, geht der Anteil der Schulbuchseiten der Kategorie *Offenheit und Pluralität* zurück. Hingegen erhöht sich der Anteil an Angeboten, die unter die Kategorie *Perspektivität und Relativität* subsumiert werden, in deutschen Lehrwerken von Klasse 1/2 zu 3/4 deutlicher als in Schweizer Lehrwerken, wo der Anteil an Schulbuchseiten dieser Art kaum zunimmt. Die Kategorie *Diskursivität und Kontroversität* nimmt in Klasse 3/4 in beiden Ländern einen fast identischen Anteil ein. In den Schweizer Lehrwerken ist in Klasse 1/2 der Anteil an Seiten der Kategorie *Diskursivität und Kontroversität* höher als in deutschen Lehrwerken. Dieser Unterschied wird in den Lehrwerken zu Klasse 3/4 jedoch aufgehoben.

5 Fazit

Die Untersuchung wirft die Frage auf, ob zurzeit nicht insgesamt Formen des Lehrens und Lernens vorherrschen, die auf Eindeutigkeit und Affirmativität zielen. Zu fragen ist, ob diese Bevorzugungen mit den Ansprüchen an einen modernen Sachunterricht kompatibel sind. Auch wäre zu überprüfen, ob damit Kinder in ihrer Fähigkeit zu denken angemessen gefördert werden.
Die Ergebnisse werfen grundsätzliche Fragen auf, ob und in welcher Weise das Prinzip der Perspektivenvielfalt in der didaktischen Diskussion wieder neue Aufmerksamkeit erfahren muss. Schließlich muss gefragt werden, welche Formen des Denkens in der Schule geübt und gefördert werden sollen, wenn die Schule auch eine „Schule des Denkens“ sein will.

Literatur

Bieri, P. (2005): Wie wäre es, gebildet zu sein? In: Neue Zürcher Zeitung. URL: http:// www. nzz.ch/articleDAIPS-1.182217 [30.9.2016].

Duncker, L. (2005): Professionalität des Zeigens. Mehrperspektivität als Prinzip der Allgemeinen Didaktik. In: Duncker, L.; Sander, W.; Surkamp, C. (Hrsg.): Perspektivenvielfalt im Unterricht. Stuttgart, S. 9-20.

Duncker, L. (2007): Die Grundschule. Schultheoretische Zugänge und didaktische Horizonte. Weinheim und München.

Duncker, L.; Lieber G. (Hrsg.) (2013): Bildliteralität und Ästhetische Alphabetisierung. Konzepte und Beispiele für das Lernen im Vor- und Grundschulalter. München.

Gesellschaft für Didaktik des Sachunterrichts (Hrsg.) (2013): Perspektivrahmen Sachunterricht. Vollständig überarbeitete und erweiterte Ausgabe. Bad Heilbrunn.

Giel, K. et al. (CIEL-Arbeitsgruppe Reutlingen) (1974 und folgende): Stücke zu einem mehrperspektivischen Unterricht. 10 Bde. Stuttgart.

Gruschka, A. (2011): Verstehen lehren. Ein Plädoyer für guten Unterricht. Stuttgart.

Kahlert, J. (2009): Der Sachunterricht und seine Didaktik. 3. Aufl. Bad Heilbrunn.

Köhnlein, W. (2012): Sachunterricht und Bildung. Bad Heilbrunn.

Köhnlein, W.; Marquardt-Mau, B.; Duncker, L. (2013): Vielperspektivität. URL: www. widerstreit-sachunterricht.de/ebeneII/viel.pdf [30.09.2016].

Mathis, C.; Siepmann, K.; Duncker, L. (2015): Anregungen zum Perspektivenwechsel – Eine Pilotstudie zur Unterrichtsqualität. In: Fischer, H.-J.; Giest, H.; Michalik, K. (Hrsg.): Bildung im und durch Sachunterricht. Bad Heilbrunn, S. 73-80.

Popper, K. (1992): Die offene Gesellschaft und ihre Feinde. 2 Bde., 7. Aufl. Tübingen.

Reichenbach, R. (2001): Demokratisches Selbst und dilettantisches Subjekt. Demokratische Bildung und Erziehung in der Spätmoderne. Münster u.a.

Spaemann, R. (2001): Wer ist ein gebildeter Mensch? Aus einer Promotionsrede (1994). In: Spaemann, R.: Grenzen. Zur ethischen Dimension des Handelns. Stuttgart, S. 513-516.

Stojanov, K. (2012): Bildung als analytische Schlüsselkategorie pädagogischer Forschung. Replik auf Heinz-Elmar Tenorths „‚Bildung' – ein Thema im Dissens der Disziplinen". In: Zeitschrift für Erziehungswissenschaft, 15, 2, S. 393-401.

Tenorth, H.-E. (2011): „Bildung" – ein Thema im Dissens der Disziplinen. In: Zeitschrift für Erziehungswissenschaft, 14, 3, S. 351-362.

Verwendete Lehrmittel aus der Schweiz

Adamina, M.; Wyssen, H.-P. (2005): Panorama. Raum und Zeit, Bern. > *1./2. Klasse*

Adamina, M.; Wyssen, H.-P. (2005): RaumZeit, Raumreise, Bern. > *3./4. Klasse*

Gattiker, S.; Grädel, R.; Kiener, J. (2005): Konfetti. Ich und die Gemeinschaft, Bern. > *1./2. Klasse*

Gattiker, S.; Grädel, R.; Mühlethaler, D. (2001): Kunterbunt. Ich und die Gemeinschaft, Bern. > *3./4. Klasse*

Nold, D. unter Mitarbeit von Stuker, A.; Gerber, G.; Imhof, C. (2002): Pfefferkorn. Produzieren – Konsumieren, Bern. > *1./2. Klasse*

Wyssen, H.-P.; Bringold, B.; Kiener, J. (2005): Karussell. Natur-Technik, Bern. > *1./2. Klasse*

Wyssen, H.-P.; Bringold, B.; Kiener, J. (2005): Riesenrad. Natur-Technik, Bern. > *3./4. Klasse*

Zbinden, N.; Wyssen, H.-P. (2002): Süssholz. Produzieren – Konsumieren, Bern. > *3./4. Klasse*

Verwendete Lehrmittel aus Deutschland

Bartnitzky, H.; Bunk, H.-D. (Hrsg.) (2005): Kunterbunt. Sachbuch 3, Stuttgart. > *3. Klasse*

Dechant, M.; Weyers, J. (2010): Bergedorfer Grundschulpraxis, Sachunterricht 3./4. Klasse, Themenheft Zeit und Kultur. Buxtehude. > *3./4. Klasse*

Drechsler-Köhler, B. (Hrsg.) (2005): Bausteine. Sachunterricht 4, Braunschweig. > *4. Klasse*

Emmerich, D.; Felten, S.; Heid, R.; Klose, S.; Kremers, B. (2006): Das Auer Sachbuch 1/2, Donauwörth. > *1./2. Klasse*

Jerger, K.; Seitz, D.; Seitz, M. (Hrsg.) (2006): Mensch Natur Kultur. Dem Leben auf der Spur 1, Band 1. Schülerbuch Baden-Württemberg, Offenburg. > *1./2. Klasse*

Jerger, K.; Seitz, D.; Seitz, M. (Hrsg.) (2009): Mensch Natur Kultur. Dem Leben auf der Spur 2, Band 3. Schülerbuch Baden-Württemberg, Offenburg. > *3./4. Klasse*

Krekeler, H.; Michel, Th.; Scholz, G.; Windisch, A. (1998): Fragezeichen. Unser HuS-Buch Baden-Württemberg 1, Stuttgart. > *1. Klasse*

Mattenklott, G.; Heidelbach, N. (1998): Unterwegs zur Welt 1/2, Berlin. > *1. Klasse*

Meier, R. (Hrsg.) (1997): Mobile 3. Sachunterricht Hessen, Braunschweig. > *3. Klasse*

Ines Oldenburg und Julia Lüpkes

Sexuelle Bildung im Spannungsfeld vielperspektivischen Sachunterrichts

Currently, there is a broad discussion in society and politics about an alleged „sexualization" of children in school. Very little of this discussion is based on factual evidence. We report about a study that is asking primary school pupils about their ideas on sex education.

1 Einleitung

Aktuell ist ein breiter Diskurs in Gesellschaft und Politik festzustellen, der sich mit der vermeintlichen „Sexualisierung" von Kindern und Jugendlichen in der Schule beschäftigt. Diesem Diskurs mangelt es, Kinder im Grundschulalter betreffend, an Evidenzbasierung: Es gibt nur eine aussagekräftige, aber veraltete Studie, die die Sichtweise der Subjekte des Diskurses, nämlich der Kinder auch im Grundschulalter, zeigt (Milhoffer 2000). Aktuelle Studien beziehen sich zumeist auf Jugendliche (vgl. z.B. Heßling/ Bode 2015). Die vorliegende Studie will eine aktuelle Datengrundlage liefern und Entwicklungen gegenüber den Daten aus dem Jahr 2000 aufzeigen. An dieser Stelle können allerdings nur kleine Einblicke in das umfangreiche Datenmaterial gegeben werden.

2 Theoretische Rahmung

Norbert Kluge formuliert in Abgrenzung zu Sexualkunde und -erziehung: „Gegenüber dem Begriff der Sexualerziehung ist der der sexuellen Bildung weiter gefasst. Er bezieht nicht nur von außen gelenkte und kontrollierte Lernprozesse in seinen Aufgabenbereich ein, sondern betont auch die Aktivitäten der Selbstformung, die über ein ganzes Leben verteilt sein können und oftmals einen direkten Bezug zu kulturellen Inhalten aufweisen" (Kluge 2008, S. 119). Auf der Grundlage eines anthropobiologischen Menschenbildes versteht Kluge in seinem Ansatz sexueller Bildung Sexualität als ein

Grundvermögen und Grundbedürfnis, das nach Orientierungen verlangt, die durch Verhaltensmuster, soziale Normen und die in der jeweiligen Gesellschaft vorherrschenden Werte gegeben werden (vgl. a.a.O., S. 121f.) und von jedem Menschen individuell beurteilt und diskursiv reflektiert werden.
Gunter Schmidt argumentiert in der Denktradition heterologer Theorien über die Frage kindlicher Sexualität, indem er die Psychoanalyse aus metatheoretischer Perspektive betrachtet und die Basis der Theorie offenlegt, wenn er sagt: „Sexuelle Entwicklung und sexuelle Sozialisation vollziehen sich weitgehend und in erster Linie in *nichtsexuellen* Bereichen, also durch Erlebnisse und Erfahrungen, die im eigentlichen oder engeren Sinn nicht sexuell sind" (Schmidt 2012, S. 67). Er hebt vier Grundpfeiler biografischer Sexualitätsentwicklung hervor: Bedürfnis-, Körper-, Beziehungs- und Geschlechtsgeschichte (vgl. ebenda), verbindet diese Aspekte u.a. mit den Konzepten der „Microdots" (zu Liebesentwürfen verdichtete, frühe, unbewusste Erfahrungen) und schreibt ihnen eine Sexualisierung erst in der Adoleszenz zu. Die spätmoderne Perspektive auf die Psychoanalyse offenbart, so Schmidt, wie wenig sexuell das Sexuelle ist, da wesentliche Aspekte von Sexualität bereits im Rahmen von Soziabilität erlernt werden. Sexualerziehung muss sich, so auch eine zentrale Forderung von Milhoffer, als Sozialerziehung verstehen (vgl. Milhoffer u.a. 1999, S. 13). Ungesagt bleibt bei Schmidt, dass sich in den biografisch miteinander verwobenen Geschichten (Bedürfnis-, Körper-, Beziehungs- und Geschlechtsgeschichte) auch immer Einwirkungen von außen niederschlagen, die (noch) nicht in die biografischen Erfahrungen der Kinder eingebunden werden (vgl. Schmidt 2004, S. 318). Kinder begegnen nicht nur den Handlungen, sondern auch der Bedeutungswelt von Erwachsenensexualität, beispielsweise durch Medien. Es präsentieren sich ihnen Bilder und Geschichten weiblicher und männlicher Erwachsenensexualität im weitesten Sinne (vgl. Milhoffer 2000, S. 99), die mit den eigenen Bedeutungsaufladungen und Erfahrungen kontrastieren und Fragen aufwerfen (vgl. a.a.O., S. 117) oder Überforderung erzeugen (vgl. Götz 2002, S. 360; Milhoffer 2000, S. 97). In diesem Punkt treffen die Theorie der sexuellen Bildung und die psychosexuelle Theoriebildung aufeinander. Im Fokus stehen kognitive und psychische Dissonanzen, die sich in den Wünschen um Wissenserwerb der Kinder verdichten. Kinder fragen und suchen aktiv nach Deutungsformen der Erwachsenensexualität (vgl. Milhoffer 2000, S. 101), der Beziehungsgestaltung etc. Dabei handelt es sich nicht um bloße Wissensfragen, sondern es sind gleichsam auch Fragen nach ihrer Zukunft, nach dem zukünftigen Ich und seiner Gestaltung der Lebenswirklichkeit (vgl. a.a.O., S. 116ff.). Bildungsbemühungen und Zukunftsvergewisserung verschmelzen im Inhaltsfeld „Sexualität" in sehr spezifischer Weise. Die Fragen der Kinder

sind daher sowohl biologisch als auch sozial, emotional, sprachlich, gesellschaftlich und politisch zu verorten (s. Abb. 1) und damit im besten Sinne vielperspektivisch. Vor dieser Folie werden die folgenden Untersuchungsergebnisse zu deuten sein.

3 Fragestellung und Untersuchungsdesign

Die hier vorgestellte Studie ist eine im Gesamtumfang reduzierte, fokussierte und aktualisierte Replikation der Studie von Milhoffer (2000), die in einigen Punkten an aktualisierte Forschungsbefunde angepasst wurde (z.B. im Fragekomplex „Mediennutzung") und daher nur zum Teil mit den Befunden aus dem Jahr 2000 vergleichbar ist. Die vorliegende Studie nimmt analog zu Milhoffer ebenfalls eine geschlechtsspezifische Auswertung vor. Das Forschungsdesign ist quantitativ per Fragebogen ausgerichtet, wobei die Proband/innen zum Großteil geschlossene Fragen, aber auch einige wenige offene Fragenformate beantworteten. Die im Folgenden in aller Kürze vorgestellten Befunde beantworten leidglich ausgewählte Forschungsfragen:

- Welche Bildungswünsche hinsichtlich Sexualerziehung adressieren Kinder im Grundschulalter an die Schule? Diese wurde als offene Frage formuliert. Zur Auswertung wurden Kategorien gebildet (s. Kap. 4, Abb. 1).
- Woher beziehen Grundschulkinder ihr Sexualwissen? Welchen Beitrag leisten Medien heute und im Jahr 2000 im Rahmen sexueller Bildungsbemühungen der Grundschulkinder?

Die Stichprobe umfasst N = 101 Grundschulkinder der dritten und vierten Jahrgangsstufen an ausgewählte Grundschulen der Nordwestregion der Regionalabteilung der Landesschulbehörde Osnabrück in Niedersachsen mit dem Ziel, ein homogenes Sample als Vergleichsgröße des Milhoffer-Samples zu erhalten. Dieses Sample induziert alle dreizügigen Grundschulen mit durchschnittlich 25 Kindern pro Klasse. Der Zuschnitt auf die Nordwestregion in Niedersachsen leistet eine regionale Vergleichbarkeit der Schulen. Perspektivisch sollen die quantitativ erhobenen Daten im Rahmen eines noch zu erstellenden Mixed-Methods-Designs mit qualitativ ermittelten Daten (Gruppendiskussionen mit Grundschulkindern über die gewonnen Daten) erweitert werden.

4 Darstellung ausgewählter Ergebnisse

4.1 Bildungswünsche der Kinder

Die an den (Sach-)Unterricht adressierten *Bildungswünsche der Kinder* sind breit. Nur eine sehr kleine Gruppe äußert, kein Interesse an Inhalten sexueller

Bildung zu haben. Das Thema stößt bei den meisten Kindern auf Interesse und Zustimmung.

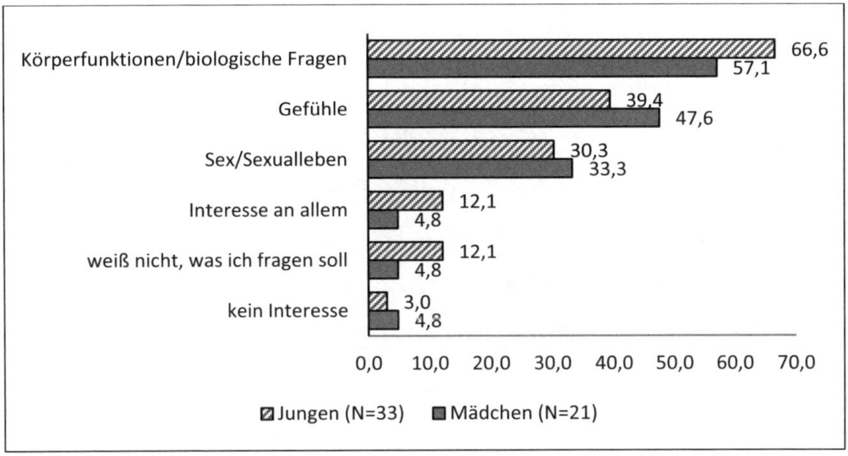

Abbildung 1: Bildungswünsche, kategorisiert: Stell dir vor, ihr habt demnächst Sexualerziehung. Du kannst alles fragen, was du wissen möchtest. Niemand erfährt, dass es deine Fragen sind. Was willst du alles wissen? (offene Frage; Mehrfachnennungen möglich, in %)

Die Rangfolge des thematischen Interesses ist bei Jungen und Mädchen im Rahmen des Inhaltsfeldes „Sexualität" vergleichbar:

1. Körperlichkeit (z.B.: „Wie die Eizellen bei der Frau rausfliegen", „Wozu braucht man Gleitgel?" und „Kann der Penis beim Sex brechen?"),
2. Gefühle (z.B.: „Wie merkt man, dass man verliebt ist?", „Wie fühlt sich eine Mutter, wenn sie ein behindertes Kind kriegt?" oder „Dürfen Jungs und Mädchen befreundet sein, ohne dass sie jemand auslacht?")
3. Sexualleben (z.B.: „Wie macht man Sex?", „Wie fickt man?" oder „Beim Sex macht man ja Babys, wie geht das?").

Allerdings möchten deutlich mehr Jungen als Mädchen etwas über den Körper erfahren, wogegen etwas mehr Mädchen als Jungen Fragen zu Gefühlen haben. Frei gefragt, fallen den Kindern sehr viel mehr Fragen zur Körperlichkeit und zu Gefühlen ein, was nicht bedeutet, dass sie an Sexualität selbst kein Interesse haben (s. Abb. 2). Vor allem den Mädchen ist die Frage, wie ein Baby entsteht, am wichtigsten. Beachtenswert ist, dass das Gefühlsleben den befragten Kindern wichtiger ist als die Frage, „wie man Sex macht".

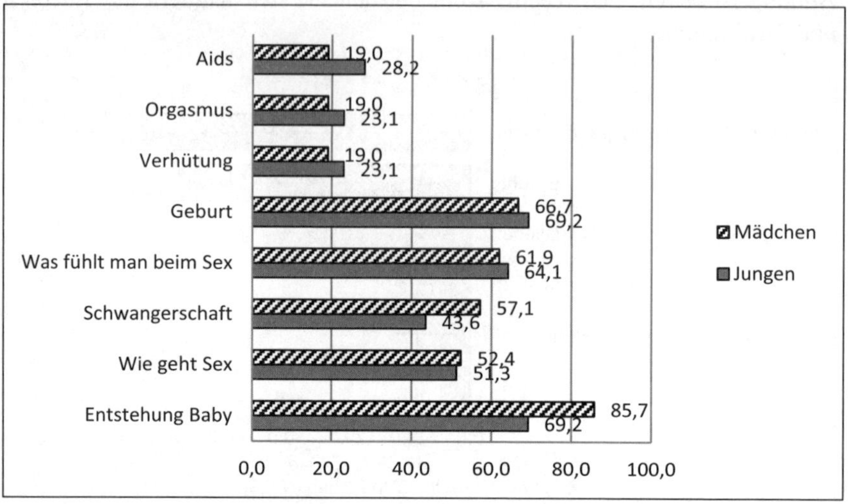

Abbildung 2: Interesse Sex/Kinderkriegen: Möchtest du mehr über Sex und das Kinderkriegen wissen? Wenn ja, was genau? (Multiple-Choice plus offene Ergänzung, Angaben in %)

4.2 Woher beziehen Kinder ihr Sexualwissen?

Verglichen mit der ersten Untersuchung von Petra Milhoffer (2000) hat die Schule als Herkunftsort von Sexualwissen bei den Mädchen deutlich verloren, obwohl sie neben der Familie und Büchern nach wie vor den ersten Platz einnimmt. Mediale Elemente, die die Möglichkeiten zu Selbstbildungsprozessen geben (vgl. Milhoffer 2000, S. 129), haben für die Mädchen gegenüber der Milhoffer-Erhebung deutlich an Bedeutung gewonnen. Neben einer höheren Wertung des Fernsehens ist das Internet als Informationsportal neu dazugekommen.

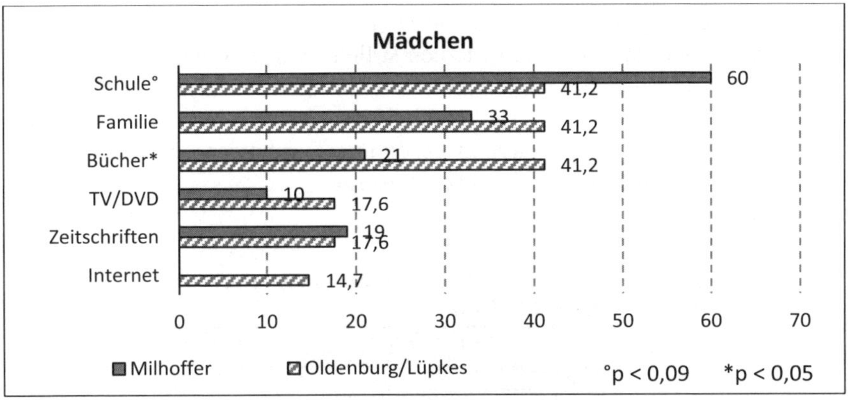

Abbildung 3: Sexualwissensquellen von Mädchen (Mehrfachnennungen möglich, %)

Die Bedeutung von Büchern als Informationsquelle ist insgesamt gegenüber den Daten aus dem Jahr 2000 gestiegen. Besonders für Mädchen sind Bücher ein wichtiges Medium, um an Informationen zu gelangen.

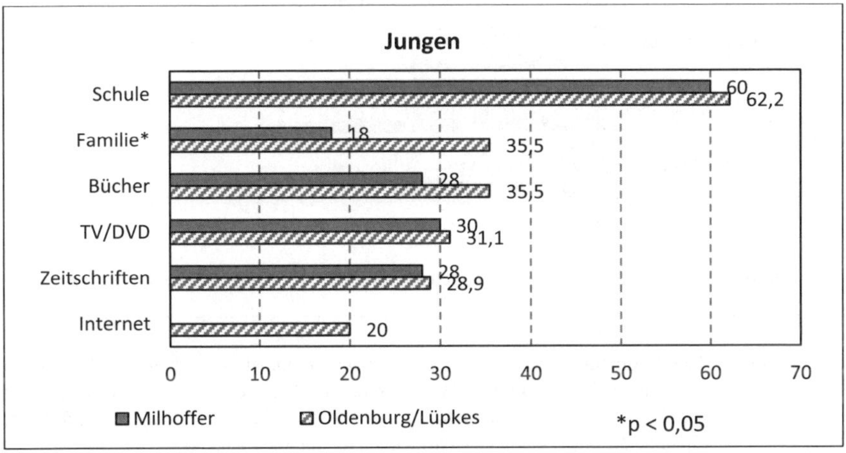

Abbildung 4: Sexualwissensquellen von Jungen (Mehrfachnennungen möglich, %)

Die Informationsentnahme aus dem Internet findet heute besonders bei Jungen hohe Zustimmung; sie informieren sich eher online als die Mädchen. Dieses Medium wurde in der Studie aus dem Jahr 2000 noch nicht berücksichtigt, daher liegen keine Vergleichsdaten vor. Es zeigt sich, dass das Interesse der Kinder, das sie in den Medien stillen, sehr breit gefächert ist. Zwar geben vor allem die älteren Mädchen und Jungen an, „kein Interesse" an verschiedenen vorgegebenen Medieninhalten zu haben, aber der Blick auf die weiteren Antworten zeigt, dass insbesondere Sendungen, in denen Beziehungsfragen verhandelt werden, gesehen werden:

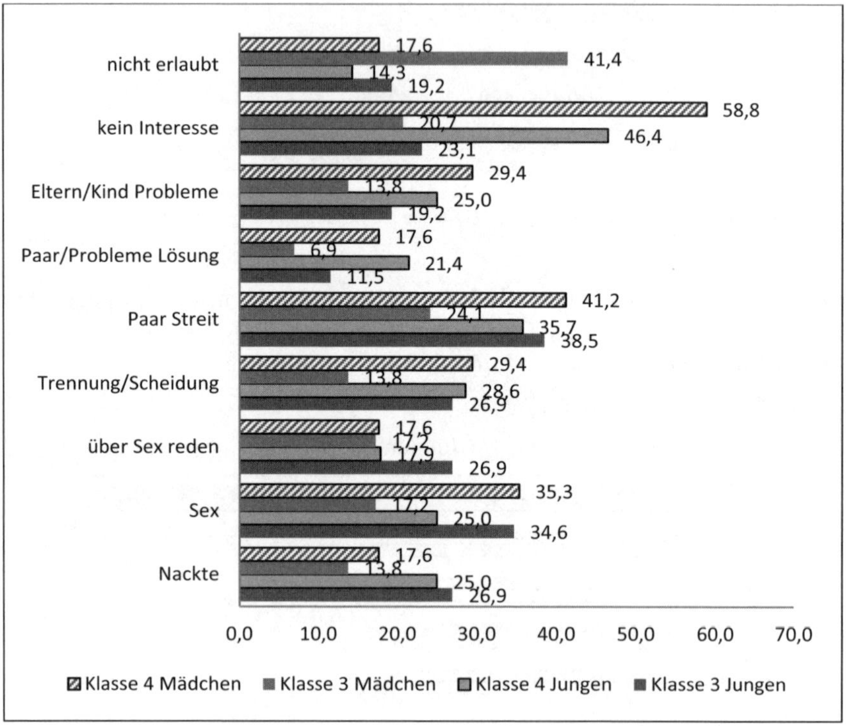

Abbildung 5: Hast du dir im Fernsehen oder Internet schon einmal angeschaut: Nackte; Wenn Leute miteinander schlafen; Wenn Leute über Sex reden; Wenn ein Paar Streit hat; Wenn ein Paar Probleme hat etc. und: so was interessiert mich nicht; das darf ich nicht (Multiple Choice, Mehrfachnennungen möglich, %)

5 Interpretation und Ausblick

Die klaren Fokussierungen der Kinder auf Informationen zur Körperlichkeit und zu Gefühlen lassen sich mit Schmidt (2012) als Bildungswünsche zur Fortschreibung ihrer Körper-, Bedürfnis-, Beziehungs- und Geschlechtsge-

schichten begreifen. Der Akt der Sexualität selbst wird weniger nachgefragt, denn er liegt Kindern für die Fortschreibung ihrer Geschichten zeitlich ferner. Das heißt im Umkehrschluss, die Fragen zur eigenen Körper- und Gefühlswelt erscheinen naheliegender (s. Fragen der Kinder zu Abb. 1).
Betrachtet man die Informationsquellen der Kinder, wird deutlich, dass neben pädagogisch motivierten Informationsquellen – wie Schule und Eltern – Medien, die allein und ohne Beeinflussung konsumiert werden können, einen hohen Stellenwert einnehmen und in ihrer Bedeutung seit der Untersuchung von Milhoffer (2000) weiter gewachsen sind. Die Daten legen nahe, dass Kinder in Bezug auf Sexualität beides suchen: die Sicherheit der geschützten Information genauso wie die Freiheit, die über diese Informationen hinausgehende Neugier zu befriedigen. In ihrem Sozialisationsprozess stehen die Kinder an der Schwelle zur Pubertät. Mit der Interpretationsfolie von Schmidt (2012) lässt sich dies deuten als neue Herausforderung: Die Beziehungs-, Körper-, Bedürfnis- und Geschlechtsgeschichte beginnt durch die Pubertät bald mit neuen Kapiteln und wird unter sich verändernden Vorzeichen fortgeschrieben. Ihre bisherigen Beziehungen zu Eltern und Freunden werden um Paarbeziehungen erweitert; ihre Körper werden sich verändern und mit beidem ihre Bedürfnisse ebenso wie die Art, ihr Geschlecht leben zu wollen. Die pädagogisch motivierten Beziehungen und Informationsquellen sind nicht mehr tragfähig genug, aber dennoch wichtig. Aus dem Fernsehen bekommen die Kinder sehr viel mehr Informationen über das Wie der Gestaltung von Beziehungen und Sexualität, als Eltern ihnen geben wollen (z.B. durch die „Gottperspektive“, vgl. Simon 2006, S. 49). Neben Milhoffer zeigen auch andere Studien auf, dass Mädchen im Grundschulalter in den gesehenen Fernsehserien „Tipps für die Selbstdarstellung und Beziehungspflege“ suchen (Milhoffer 2000, S. 129, vgl. auch Götz 2002, S. 355). Ob das heute noch in gleicher Weise relevant für die Mädchen ist, wird der qualitative Teil unserer Untersuchung zeigen. Bildungsgrad, Begleitung/Rahmung durch Gespräche, Medienkompetenz und sozialer Hintergrund bestimmen den Grad der Orientierung an diesen Beziehungsmodellen (Göttlich/ Krotz/ Paus-Haase 2001, S. 319). Mit der Feststellung von Schmidt (2012), sexuelle Sozialisation vollziehe sich vor allem in nichtsexuellen Bereichen, kann hier gesagt werden, dass sexuelle Bildung heute auch von guter Medienbildung und einer pädagogischen Rahmung der von den Kindern medial konsumierten, sexuellen Inhalte abhängig ist. Abbildung 5 zeigt, dass Eltern auch dazu neigen, ihren Kindern diesen Zugang zu verbieten. Dies betrifft die jüngeren Mädchen dieser Untersuchung am meisten, was eine Bewahrensabsicht nahelegt. Das ist, wie Interessen und Selbstbildungsmöglichkeiten zeigen, kein allein tragfähiger Ansatz mehr. Stattdessen sind Schule und Elternhaus aufgefor-

dert, auch beim Thema Sexualität auf die Fragen und Interessen der Kinder einzugehen, ihre Selbstbildungsprozesse zu begleiten und Beängstigendes einzuordnen, statt die Prozesse unterbinden zu wollen, damit die Kinder ihre Lebensgeschichten mit Vertrauen in sich und in ihre Körperlichkeit, Geschlechtlichkeit, in ihre Bedürfnisse und Beziehungen fortschreiben können. Dazu sind vielfältige Bildungsanlässe und -chancen notwendig, die die vielperspektivische Komplexität der Fragen und Interessen der Kinder angemessen augreifen.

Literatur

Göttlich, U.; Krotz, F.; Paus-Haase, I. (2001): Daily Soaps und Daily Talks im Alltag von Jugendlichen. Opladen.

Götz, M. (2002): Alles Seifenblasen? Die Bedeutung von Daily Soaps im Alltag von Kindern und Jugendlichen. München.

Heßling, A.; Bode, H. (2015): Jugendsexualität 2015. Die Perspektive der 14- bis 25-Jährigen. Ergebnisse einer aktuellen Repräsentativen [sic!] Wiederholungsbefragung. Hrsg., v. d. Bundeszentrale für gesundheitliche Aufklärung. Köln.

Kluge, N. (2008): Sexuelle Bildung: Erziehungswissenschaftliche Grundlegung. In: Schmidt, R.-B.; Sielert, U. (Hrsg.): Handbuch Sexualpädagogik und sexuelle Bildung. Weinheim, S. 115-123.

Milhoffer, P.; Gluszczynski, A.; Krettmann, U. (1999): Sexualerziehung, die ankommt ... : ein Leitfaden für Schule und außerschulische Jugendarbeit zur Sexualerziehung von Mädchen und Jungen der 3.-6. Klasse. Hrsg. v. d. Bundeszentrale für gesundheitliche Aufklärung. Köln.

Milhoffer, P. (2000): Wie sie sich fühlen, was sie sich wünschen. Eine empirische Studie über Mädchen und Jungen auf dem Weg in die Pubertät. Weinheim.

Schmidt, G. (2012): Kindersexualität. Konturen eines dunklen Kontinents. In: Qunideau, I.; Brumlik, M. (Hrsg.): Kindliche Sexualität. Weinheim, S. 60-70.

Simon, J. (2006): Wirkungen von Daily Soaps auf Jugendliche. München.

Angelika Pahl

Vielperspektivischer Sachunterricht!? Ein vergleichender Blick nach Südtirol (Italien)

In German primary school, unlike in Italy, General Studies is part of the lesson plan. This subject stands out because it integrates several specialized (natural and social) sciences. It thus allows a multi-perspective view on the world. In Italy, history, geography, and technology are presented as separate school subjects in primary school curricula. This article compares the themes of GDSU's perspective framework with the subject descriptions of the national curriculum guidelines of Italy. It analyzes potential traces of the multiperspective principle in Italy's curriculum guidelines, asking whether any can be found in spite of the division into different subjects.

1 Einleitung

Das Fach Sachunterricht steht in Südtirol, einer Provinz im Norden Italiens mit überwiegend deutschsprachigen Schulen, nicht auf dem Stundenplan der Grundschule – zumindest nicht unter diesem Namen. Und auch nicht im Sinne eines vielperspektivischen Unterrichts mit Orientierung an fünf Fachbezügen, so wie dies der Perspektivrahmen der Gesellschaft für Didaktik des Sachunterrichts (GDSU 2013) vorsieht, und dessen Grundstruktur sich mittlerweile in (fast) allen deutschen Bundesländern wiederfindet (Blaseio 2014). In den aktuellen Lehrplanrichtlinien für die Grundschule in Italien, die 2012 in Kraft traten, werden die verschiedenen Bezugsdisziplinen des Sachunterrichts einzeln angeführt (Ministero dell`Instruzione dell`Università e della Ricerca – MIUR 2012). Italien gehört somit zu den wenigen europäischen Ländern, in denen sachbezogenes Lernen in „sachbezogenen Einzelfächern" erfolgt und nicht als „sachintegratives Unterrichtsfach" organisiert ist (Blaseio 2009). Es stellt sich die Frage, ob und inwieweit trotz dieser Fächergliederung im italienischen Schulsystem das Prinzip der Vielperspektivität (entsprechend der Perspektiven des Perspektivrahmens Sachunterricht) in den offiziellen schulischen Amtsdokumenten Berücksichtigung findet.

Um Antwort auf diese Frage zu erhalten, wurden die italienischen Lehrplanrichtlinien (MIUR 2012) und die schulischen Rahmenrichtlinien des Landes Südtirol (Deutsches Schulamt 2009) inhaltlich analysiert und mit dem Perspektivrahmen verglichen. Die perspektivenbezogenen sowie perspektivenübergreifenden Themenbereiche des Perspektivrahmens Sachunterricht (GDSU 2013) galten dabei als Referenzrahmen.

2 Vielperspektivität im Perspektivrahmen Sachunterricht

Mit dem Perspektivrahmen der GDSU (2002 bzw. 2013) liegt für den Sachunterricht in Deutschland ein einheitliches Grundlagendokument vor, welches das konzeptionelle Verständnis dieses integrativen Unterrichtsfaches über alle bundeslandspezifischen Lehrpläne hinweg beschreibt (Schreier 2013). Im Perspektivrahmen wird der Sachunterricht als „vielperspektivisches Fach" charakterisiert, das Themenbereiche aus fünf verschiedenen (Fach-)Perspektiven (siehe Tabelle 1) aufgreift und deren Inhalte miteinander in Verbindung bringt, wenn eine ganzheitliche Betrachtungsweise eines Lerngegenstandes angebracht und zielführend ist (GDSU 2013, S. 17, vgl. auch Köhnlein/ Marquardt-Mau/ Duncker 2013). Themenbereiche wie „Mobilität", „Gesundheit", „Nachhaltige Entwicklung" und „Medien" lassen sich z.B. erst perspektivenvernetzend didaktisch angemessen erarbeiten (GDSU 2013, S. 15).

Tabelle 1: Themenbereiche des Perspektivrahmens Sachunterricht (GDSU 2013, S. 13)

perspektivenbezogene Themenbereiche	
1)	**sozialwissenschaftliche Perspektive** (Politik – Wirtschaft – Soziales)
2)	**naturwissenschaftliche Perspektive** (belebte und unbelebte Natur)
3)	**geographische Perspektive** (Räume – Naturgrundlagen – Lebenssituationen)
4)	**historische Perspektive** (Zeit – Wandel)
5)	**technische Perspektive** (Technik – Arbeit)

perspektivenvernetzende Themenbereiche
z.B. Mobilität, Gesundheit, nachhaltige Entwicklung, Medien

Das Prinzip der Vielperspektivität meint aber nicht nur, dass „ergiebige" Themen multidimensional und damit nicht bloß eindimensional-fachbezogen erarbeitet werden sollen. Es geht vielmehr darum zu verhindern, dass die Lebenswelt der Kinder „fachlich zerstückelt" im Unterricht erschlossen wird (Köhnlein/ Marquardt-Mau/ Duncker 2013). Die für den Sachunterricht angeführten Perspektiven (sozialwissenschaftlich, naturwissenschaftlich, historisch, geographisch, technisch) dürfen daher nicht als „getrennt und unabhängig voneinander“ wahrgenommen werden: „Wichtiges Ziel ist es, den Schülerinnen und Schülern das Erschließungspotential der einzelnen Perspektiven nahezubringen und gleichzeitig zu verdeutlichen, dass dies jeweils nur *eine* sinnvolle Form des Ordnens und Deutens von Welt ist“ (GDSU 2013, S. 14).

3 Vielperspektivität in den italienischen Lehrplanrichtlinien

Auf den ersten Blick ist der Grundgedanke eines vielperspektivischen Sachunterrichts in den italienischen Lehrplanrichtlinien nicht erkennbar. Dafür verantwortlich ist die Festlegung gesetzlich vorgeschriebener Unterrichtsfächer, der eine Trennung sachbezogener Fächer zu Grunde liegt (MIUR 2012). Es drängt sich also die Annahme auf, dass der Sachunterricht in Italien strikt fachbezogen durchgeführt wird.

Diese Annahme ist so aber nicht haltbar: Entscheidend ist der allgemeine Hinweis im Kapitel „Organisation der Lehrpläne“ der nationalen Vorgaben Italiens (MIUR 2012, S. 12). Hier wird darauf aufmerksam gemacht, dass die wissenschaftlichen Disziplinen, so wie sie im italienischen Schulsystem verwendet werden, seit jeher immer separiert waren. Die Trennung der Unterrichtsfächer der Grundschule erfolgte demnach aufgrund der klassischen disziplinären Einteilung akademischer Fächer, die aber – so steht es in den italienischen Lehrplanrichtlinien – der Ganzheitlichkeit der Zugänge zu Lerngegenständen und der Erschließung der Lebenswelt nicht gerecht wird. Explizit heißt es daher in den italienischen Lehrplanrichtlinien, dass trotz der äußerlichen Strukturdifferenziertheit eine starre Trennung zwischen den Fächern nicht erwünscht sei: Auf eine Aggregierung der Disziplinen in größere Fächerbereiche sei aber bewusst verzichten worden, damit nicht die Affinität eines Faches zu einem anderen herausgestellt wird und somit grundsätzlich die Offenheit einer Vernetzung aller Fächer gewährleistet ist (ebd.).

Allerdings sind im italienischen Fächerkanon nur vier der fünf Perspektiven des Perspektivrahmens Sachunterrichts (GDSU 2013) als Fächer vertreten: Die sozialwissenschaftliche Perspektive wird in den italienischen Lehrplanrichtlinien nicht als eigenständiges Fach angeführt (siehe Tabelle 2; auch Blaseio 2006). Dennoch ist die „Erziehung zu aktiven Staatsbürgern“ („Cittadidanza e Costituzione“), so wie sie seit Kurzem in allen europäischen Bildungssystemen anvisiert wird, auch in den italienischen Grundschulen ein verpflichtender Unterrichtsgegenstand (MIUR 2012, S. 25; Education, Audiovisual and Culture Executive Agency – EACEA 2012). Dieser wird in Italien aber nicht als fachspezifischer Auftrag, sondern als allgemeiner Erziehungsauftrag der Schule angesehen und stellt somit kein eigenes Unterrichtsfach dar (MIUR 2012, Instituto Nazionale di Documentazione, Innovazione e Ricerca Educativa italiana – INDIRE 2013).

Tabelle 2: Gegenüberstellung der Perspektiven des Perspektivrahmens Sachunterricht (GDSU 2013) und der sachbezogenen Fächer der italienischen Lehrplanrichtlinien (MIUR 2012)

Perspektiven (in einem Fach integriert)		**Einzelfächer**	
1)	sozialwissenschaftliche Perspektive	- / -	
2)	naturwissenschaftliche Perspektive	**1)**	science (Naturwissenschaften)
3)	geographische Perspektive	**2)**	geografia (Geographie)
4)	historische Perspektive	**3)**	storia (Geschichte)
5)	technische Perspektive	**4)**	tecnologia (Technologie)

Die sachbezogenen Fächer Geschichte, Geographie, Naturwissenschaften und Technik werden in den italienischen Lehrplanrichtlinien für die Grundschule (MIUR 2012) separat aufgelistet und beschrieben. In den einzelnen Fachbeschreibungen kommt der Gedanke der Vernetzung mit anderen Fächern durchaus zum Ausdruck, wenn auch unterschiedlich stark.
So stellt das Fach *Naturwissenschaften* schon per se ein Fächerbündel dar, da es verschiedene naturwissenschaftliche Disziplinen wie die Biologie, Physik, Chemie und Astronomie beinhaltet. In den italienischen Lehrplanrichtlinien wird betont, dass sich die einzelnen Naturwissenschaften zwar inhaltlich unterscheiden, dass sie aber in einem Fach zusammengefasst werden, um einen fragmenthaften Aufbau verschiedener naturwissenschaftlicher Inhalte zu vermeiden und vielmehr das Wesen der Naturwissenschaften im Ganzen zum Ausdruck zu bringen. Bezüge zu anderen (sozialwissenschaftlichen), nicht-naturwissenschaftlichen Fächern werden in den italienischen Lehrplanrichtlinien allerdings nicht hergestellt (a.a.O.).
Die *Geographie* wird in den italienischen Lehrplanrichtlinien hingegen als das Schnittstellenfach schlechthin deklariert („disciplina di cerniera"), sie sei prädestiniert für multiperspektivisches Lehren und Lernen. So ließe sich im Geographieunterricht der Bezug zur Geschichte ohnehin nie ignorieren, da Räume nicht statisch sind und somit eine Zeitdimension immer erforderlich sei. Darüber hinaus könnten aber auch Themen der Wirtschaft, Rechtskunde, Anthropologie, Natur und Umwelt in die geographische Perspektive gewinnbringend eingeflochten werden. Die Geographie versteht sich als Fach, das sich nicht nur mit den räumlichen Gegebenheiten beschäftigt, sondern auch

mit den damit verbundenen demographischen, soziokulturellen und politisch-ökonomischen Aspekten (a.a.O.).
Auch die *Geschichte* fördert und nutzt interdisziplinäre Verflechtungen („intrecci"), indem sie auf vorhandenes Wissen sowie Sichtweisen und Konzepte anderer Disziplinen zurückgreift, wenn sich ein Mehrwert für die Lernenden daraus ergibt. Im Speziellen wird in den italienischen Lehrplanrichtlinien die Notwendigkeit der fächerübergreifenden Verknüpfung mit der Geographie angesprochen, die sich aus der engen Relation von menschlichen Lebensweisen und deren Lebensräumen ergibt (a.a.O.).
Im Fach *Technologie* stehen dann die technischen Innovationen und Eingriffe im Mittelpunkt, die der Mensch in und an der Umwelt vorgenommen hat, um seine Lebensbedingungen zu verbessern. In den italienischen Lehrplanrichtlinien wird auch betont, dass in diesem Fach der verantwortungsvolle Umgang mit natürlichen Ressourcen sowie das Bewusstwerden der soziokulturellen Auswirkungen solcher Veränderungen angestrebt werden. Damit fließt der Bildungsbereich der „Nachhaltigen Entwicklung", der im Perspektivrahmen der GDSU als perspektivenvernetzter Themenbereich angeführt ist, curricular in das Fach Technologie ein. Auch der Bildungsbereich „Medien", der in Italien zwar als so grundlegend angesehen wird, dass er in allen Unterrichtsfächern aufgegriffen werden sollte, wird als zentraler Teilbereich des Faches Technologie benannt. Nicht umsonst spricht man von Informations- und Kommunikationstechnologie (a.a.O.).
Das italienische Bildungssystem ist durch nationale Vorgaben zwar stark durchstrukturiert, lässt den einzelnen Schulen aber einen beachtlichen Gestaltungsspielraum. Das Gesetz zur Schulautonomie (MIUR 2009) sieht vor, dass die Bildungseinrichtungen 20% des für die gesamten Fächer vorgesehenen Jahresstundenkontingentes ändern dürfen, wenn sie dies als didaktisch sinnvoll erachten. Damit ermöglicht dieses Gesetz auch den Zusammenschluss von einzelnen Fächern zu Fachbereichen und ebnet so dem vielperspektivischen Unterricht den Weg.

4 Vielperspektivität in den Rahmenrichtlinien der deutschsprachigen Grundschulen Südtirols (Italien)

Auch in den aktuellen Rahmenrichtlinien für die Grundschule in Südtirol, die seit dem Schuljahr 2009/2010 ihre Gültigkeit haben, findet sich die staatliche Struktur der Einzeldisziplinen wieder. Zudem werden die einzelnen Unterrichtsfächer übergeordneten Fachgruppen zugewiesen, die eine theoriegeleitete Bündelung nach geistes- und naturwissenschaftlichen Disziplinen offenbart: Die sachbezogenen Fächer sind demnach im „geschichtlich-geographisch-sozial-religiösen Bereich“ bzw. im „mathematisch-naturwissenschaftlich-technologischen Bereich“ zu verorten. Für alle sachbezogenen Fächer ist für den Unterricht in den deutschsprachigen Schulen Südtirols dasselbe Jahresstundenkontingent in allen fünf Grundschuljahren vorgesehen (Deutsches Schulamt 2009; siehe Tabelle 3).

Tabelle 3: Jahresstundenkontingente der einzelnen Unterrichtsfächer der Grundschulen in Südtirol (Deutsches Schulamt 2009, S. 9)

		Jahresstundenkontingente					
Fach		**1. Kl.**	**2. Kl.**	**3. Kl.**	**4. Kl.**	**5. Kl.**	**Total**
sprachlich-künstlerisch-expressiver Bereich	Deutsch	204	170	170	136	136	816
	Italienisch, 2. Sprache	34	136	136	170	170	646
	Englisch	----	----	----	68	68	136
	Musik	34	34	34	34	34	170
	Kunst	34	34	34	34	34	170
	Bewegung und Sport	68	68	68	34	34	272
geschichtlich-geographisch-sozial-religiöser Bereich	*Geschichte*	*34*	*34*	*34*	*34*	*34*	*170*
	Geographie	*34*	*34*	*34*	*34*	*34*	*170*
	Religion	68	68	68	68	68	340
mathematisch-naturwissenschaftlich-technischer Bereich	Mathematik	170	170	170	136	136	782
	Naturwissenschaften	*34*	*34*	*34*	*34*	*34*	*170*
	Technik	*34*	*34*	*34*	*34*	*34*	*170*
Von der Schule frei zu verplanende Unterrichtszeit		102	34	34	34	34	238
Summe		850	850	850	850	850	4.250

Darüber hinaus werden in den schulischen Rahmenrichtlinien Südtirols noch „fächerübergreifende Lernbereiche“ als verpflichtende Unterrichtsinhalte

vorgegeben, für die allerdings keine eigenen Jahresstundenkontingente zur Verfügung stehen. Hier obliegt es den einzelnen Schulen und Lehrpersonen zu bestimmen, in welchen Unterrichtszeiten bzw. Schulfächern dies geschehen soll. Das bedeutet auch, dass die Erarbeitung der beiden fächerübergreifenden Lernbereiche „Leben in der Gemeinschaft und Gesellschaft“ sowie „Kommunikations- und Informationstechnologie“ nicht unbedingt im Rahmen der sachbezogenen Fächer erfolgen muss (a.a.O., S. 22ff.).
Die Themen dieser beiden fächerübergreifenden Lernbereiche weisen starke Ähnlichkeiten mit den perspektivenübergreifenden Themenbereichen des Perspektivrahmens Sachunterricht auf und berücksichtigen gleichzeitig auch die sozialwissenschaftliche Perspektive des Sachunterrichts: Themen aus den Bereichen „emotionale Bildung“, „politische Bildung“, „Gesundheitsförderung“ und „Umweltbildung“ werden im fächerübergreifenden Lernbereich „Leben in der Gemeinschaft und Gesellschaft“ aufgegriffen, der Bildungsbereich „Medien“ im fächerübergreifenden Lernbereich „Kommunikations- und Informationstechnologie“ (Deutsches Schulamt 2009, S. 22ff.; GDSU 2013). Somit spiegeln sich in den Rahmenrichtlinien der deutschsprachigen Schulen Südtirols alle perspektivenbezogenen und perspektivenvernetzenden Themenbereiche des Perspektivrahmens der GDSU in der einen oder anderen Art und Weise (fachlich oder fächerübergreifend) wieder.
Abschließend darf nicht verschwiegen werden, dass in der praktischen Umsetzung der Südtiroler Stundenpläne die Fächer Geschichte, Geographie und Naturwissenschaften meist als integriertes Fach GGN aufscheinen. (Das Fach Technologie wird eher mit dem Fach Kunst unter dem Begriff KUT vereint, der für „Kunst und Technik“ steht.) Damit wird ein Rückbezug auf die Tradition des früheren „Heimat- und Umweltkundeunterrichtes“ ersichtlich. Schon in den 1980er Jahren, als neue staatliche Lehrpläne für die Grundschule eingeführt wurden, die stark gefächert waren und vor allem die explizite Trennung zwischen Geistes- und Naturwissenschaften vorsahen, sagte der damalige Schulinspektor Dr. Walter Innerhofer im Hinblick auf das Fach „Heimat- und Umweltkunde“: „Wir trennen nicht, [...] das ist für uns eine Einheit“ (Höllrigl 1993, S. 146). Dank der Schulautonomie, die dem Land Südtirol zur Sicherung der kulturellen Identität der Sprachminderheiten bereits im Jahr 1948 (bzw. im Jahr 1972 in erweiterter Form) gewährt worden war, konnte dieser Anspruch eines integrierten Faches auch umgesetzt und somit die Orientierung am mitteleuropäischen Raum beibehalten werden (Autonome Provinz Bozen 1988, vgl. Thomas 2013).

Literatur

Autonome Provinz Bozen (Hrsg.) (1988): Lehrplan für die Grundschule der autonomen Provinz Bozen: Grundschule mit deutscher Unterrichtssprache. Longo, Frangart.

Blaseio, B. (2006): Der Bildungswert des Sachunterrichts in den Ländern der europäischen Union. In: Cech, D.; Fischer, H.-J.; Holl-Giese, W.; Knörzer, M.; Schrenk, M. (Hrsg): Bildungswert des Sachunterrichts. Bad Heilbrunn, S. 293-304.

Blaseio, B. (2009): Sachunterrichtskonzeptionen in Europa. In: Röhner, C.; Henrichwark, C.; Hopf, M. (Hrsg.): Europäisierung der Bildung. Konsequenzen und Herausforderungen für die Grundschulpädagogik. Wiesbaden, S. 184-188.

Blaseio, B. (2014): Zur aktuellen Situation des Schulfaches Sachunterricht in den Bundesländern. In: Gesellschaft für Didaktik des Sachunterrichts (Hrsg.): Die Didaktik des Sachunterrichts und ihre Fachgesellschaft GDSU e.V. Bad Heilbrunn, S. 25-31.

Deutsches Schulamt (Hrsg.) (2009): Rahmenrichtlinien für die Grund- und Mittelschule in Südtirol. Meran.

EACEA – Education, Audiovisual an Culture Executive Agency (2012): Citizenship Education in Europe. URL: http://eacea.ec.europa.eu/education/eurydice/documents/thematic_reports/139EN.pdf [30.09.2016].

GDSU – Gesellschaft für Didaktik des Sachunterrichts (Hrsg.) (2002): Perspektivrahmen Sachunterricht. Bad Heilbrunn.

GDSU – Gesellschaft für Didaktik des Sachunterrichts (Hrsg.) (2013): Perspektivrahmen Sachunterricht. Vollständig überarbeitete und erweiterte Ausgabe. Bad Heilbrunn.

Höllrigl, P. (1993): Der erste eigenständige Lehrplan für die Grundschulen mit deutscher Unterrichtssprache in Südtirol: Geschichtliche Zusammenhänge, Entstehungsbedingungen, gesellschaftliche Voraussetzungen, ethnopolitische Problematik. Unveröffentlichte Dissertation. Universität Innsbruck.

INDIRE – Instituto Nazionale di Documentazione, Innovazione e Ricerca Educativa (2013): Il sistema educativo italiano. I quaderni di EURYDICE N. 29. URL: www.indire.it /lucabas/lkmw_file/eurydice///QUADERNO_per_WEB.pdf. [30.09.2016].

Köhnlein, W.; Marquardt-Mau, B.; Duncker, L. (2013): Vielperspektivität. URL: http://www.widerstreit-sachunterricht.de/ebeneII/viel.pdf [02.11.2016].

MIUR – Ministero dell'Instruzione dell Università e delle Ricerca (Hrsg.) (2012): Indicazioni nazionali per il curricolo della scuola dell'infanzia e del primo ciclo d'istruzione. URL: www.indicazioninazionali.it%2Fdocumenti_Indicazioni_nazionali%2Findicazioni_nazionali_infanzia_prim o_ciclo.pdf [30.09.2016].

MIUR – Ministero dell'Instruzione dell Università e delle Ricerca (Hrsg.) (2009): Autonomia scolastica. URL: http://hubmiur.pubblica.istruzione.it/web/istruzione/famiglie/autonomia-scolastica [30.09.2016].

Schreier, H. (2013): Forum 20 Jahre GDSU: Der Perspektivrahmen Sachunterricht. In: Fischer, H.-J.; Giest, H.; Pech, D. (Hrsg.): Der Sachunterricht und seine Didaktik: Bestände prüfen und Perspektiven entwickeln. Bad Heilbrunn, S. 33-37.

Thomas, B. (2013): Der Sachunterricht und seine Konzeptionen. Historische und aktuelle Entwicklungen. 4. vollständig überarbeitete Auflage. Bad Heilbrunn.

Mareike Bohrmann und Kornelia Möller

Welcher Magnet ist stärker? – Förderung des Verständnisses der Variablenkontrolle im Sachunterricht der dritten Klasse

The control of variables is an important experimental method in science. Studies have shown that primary school students are able to understand the logic of an experiment and can systematically do experiments by focusing on the control of variables. Additionally, for young children it is easier to evaluate experimental designs than to design controlled experiments on their own. Research also showed that these skills can be fostered through instruction. In that context modelling as a scaffolding technique seems to successfully support children to enhance their experimental skills. Thus, in this study we explore the relationship between the modeling technique and students' understanding of the control of variables by using a paper-pencil-test and an interview. By conducting an averaging comparative between two groups of pupils – one with modeling and one without modeling – we found differences in their understanding of control of variables.

1 Verständnis der Variablenkontrolle im Sachunterricht der Grundschule

Zu einer naturwissenschaftlichen Grundbildung im Sinne der Scientific Literacy zählen zwei Zielbereiche: konzeptuelles Wissen und naturwissenschaftliche Denk- und Arbeitsweisen (Duit/ Häußler/ Prenzel 2001, OECD 2007). Dabei ist gerade das Experiment eine wesentliche naturwissenschaftliche Methode (Grygier 2008), wobei dem Verständnis der Variablenkontrolle eine große Bedeutung im experimentellen Kontext zukommt.

1.1 Verständnis der Variablenkontrolle als Teil des frühen naturwissenschaftlichen Lernens im Sachunterricht

Nach Klahr (2000) kann das Experimentieren als ein komplexer Prozess des Problemlösens aufgefasst werden. Dieser Prozess beinhaltet drei Aspekte: (1)

das Suchen und Aufstellen von Hypothesen, (2) die Planung und Durchführung von Experimenten und (3) die Analyse der experimentellen Ergebnisse. In der hier vorgestellten Untersuchung wird der Aspekt der Planung und Durchführung von Experimenten fokussiert. Dazu gehören sowohl der Einsatz der Variablenkontrollstrategie als auch die Unterscheidung zwischen konklusiven und inkonklusiven Tests, insbesondere die Unterscheidung zwischen Hypothesenprüfung und Effektproduktion, was insgesamt als ein Verständnis der Variablenkontrolle bezeichnet werden kann.
Diesbezüglich zeigen Forschungsergebnisse, dass die Bewertung von experimentellen Designs Grundschüler/innen leichter fällt als das eigene Entwickeln von kontrollierten Experimenten. Diese Fähigkeiten können durch gezielten Unterricht wesentlich verbessert werden (Grygier 2008).

1.2 Förderung des Verständnisses der Variablenkontrolle im Sachunterricht durch *Modeling*

Da es sich bei der Planung und Durchführung von Experimenten um eine herausfordernde Aufgabe handelt, könnte es angebracht sein, Scaffolding-Maßnahmen einzusetzen, um mit gezielten Hilfen den Kindern die aktive Wissenskonstruktion in diesem Bereich zu ermöglichen (Einsiedler/ Hardy 2010). Im vorliegenden Beitrag steht das *Modeling* als eine Scaffolding-Maßnahme im Fokus. *Modeling* meint die graduelle Heranführung von Lernenden an die (kognitiven) Praktiken einer Domäne bei gleichzeitiger Anregung zum Durchführen, Reflektieren und Hinterfragen (vgl. Rogoff 1990, Lave/ Wenger 1991).
Modeling kann implizit und explizit stattfinden. So gibt es laut Lederman et al. (2014) Forschungen, die auf der Annahme basieren, dass sich durch bloßes Durchführen von Untersuchungen das Verständnis der wissenschaftlichen Vorgehensweise bei Untersuchungen entwickeln kann. Dem gegenüber stehen Forschungen, wie z.B. von Minstrell (2000), die zeigen, dass Lernende das wissenschaftliche Arbeiten nur dann erlernen, wenn die Lehrenden es gezielt mit ihnen erarbeiten und dabei die wesentlichen Aspekte herausstellen. Aus diesem Grund wird in der hier beschriebenen Studie implizites mit explizitem *Modeling* kombiniert. So führen die Kinder zunächst kontrollierte Experimente durch, indem sie Versuchskarten erhalten, auf denen kontrollierte Experimente beschrieben werden (implizites *Modeling*), um anschließend gemeinsam Kriterien für ein kontrolliertes Experiment zu erarbeiten (explizites *Modeling*).

1.3 Förderung des Verständnisses der Variablenkontrolle im Sachunterricht durch *Open Inquiry*

Eine in den Grundschulen verbreitete Möglichkeit zur Förderung des Verständnisses der Variablenkontrolle findet sich im Bereich des *Inquiry Learnings*. Dort liegt das Ziel schwerpunktmäßig auf der Förderung selbstständigen Lernens. Dabei werden verschiedene Grade der angezielten Selbstständigkeit der Lernenden unterschieden (*Directed Inquiry, Guided Inquiry* und *Open Inquiry*). Der Grad der Autonomie der Lernenden ist im Bereich *Open Inquiry* am höchsten (Colburn 2000). Ein solcher Prozess im Sinne des *Open Inquiry*-Ansatzes beinhaltet verschiedene Phasen (Braun 2009): (1) die Vorführung eines Ausgangsphänomens, (2) die Explorationsphase, (3) die Reflexion der Explorationsphase, (4) das systematische Beobachten und Messen, (5) die Reflexion des Experimentierens und (6) die Auswertung und Interpretation der Ergebnisse.

Vergleiche der lernförderlichen Wirkung von Lernumgebungen zeigen, dass *Open Inquiry*-Lernsettings Lernumgebungen mit stärkeren Instruktionsanteilen unterlegen sind (z.B. Furtak 2006). Des Weiteren gibt es Hinweise darauf, dass implizite Ansätze zum naturwissenschaftlichen Lernen, bei dem die Denk- und Arbeitsweisen durch das Durchführen von Experimenten ohne Reflexion der Vorgehensweisen gefördert werden, nur einen kleinen Effekt auf das Verständnis naturwissenschaftlicher Denk- und Arbeitsweisen haben (Khisfe/ Abd-El-Khalick 2002).

2 Fragestellung und Hypothesen

Ziel der vorliegenden Untersuchung ist es herauszufinden, wie sich die Förderung des Verständnisses der Variablenkontrolle durch eine strukturierte Intervention mit implizitem und explizitem *Modeling* (EG I) im Vergleich zu einem im Sinne des *Open-Inquiry*-Ansatzes angelegten Unterricht (EG II) auf das eigenständige Bewerten und Entwickeln von Experimenten bei Schüler/innen in dritten Klassen auswirkt.

Es wird angenommen, dass beide Gruppen nach der Intervention im Paper-Pencil-Test zur Erfassung des Verständnisses der Variablenkontrolle höhere Punktzahlen erreichen als vor der Intervention, da es Hinweise darauf gibt, dass eine Förderung des Verständnisses der Variablenkontrolle bereits in der Grundschule möglich ist (Grygier 2008, Bullock/ Ziegler 1999). Außerdem wird basierend auf Ergebnissen von Mayer/ Ziemek (2006) vermutet, dass die EG I der EG II in Bezug auf das Verständnis der Variablenkontrolle, das durch das Interview nach der Intervention und den Test erfasst wird, überlegen ist. Auch im Bereich der Transferaufgaben werden Unterschiede in der

Entwicklung der Experimentalgruppen – zugunsten der EG I – erwartet, da diese vermutlich über ein besser integriertes Verständnis zum Experimentieren verfügt (Hardy et al. 2004).

3 Methode – Prä-Post-Follow-Up-Design mit videographierten Interviews

Zur Beantwortung der Fragestellung wurde eine Studie im Prä-Post-Follow-Up-Design durchgeführt.

3.1 Design und Stichprobe

Im Rahmen der vorliegenden Studie wurden insgesamt 245 Kinder, davon 122 Jungen und 123 Mädchen, befragt. Das Durchschnittsalter lag bei 8,71 Jahren. Die Studie wurde in acht Klassen, die in 16 Halbklassen unterteilt wurden, durchgeführt. Dabei bildete eine Hälfte der Klasse die EG I und die andere Hälfte die EG II. Zur Kontrolle eines möglichen Testwiederholungseffekts gab es zudem eine Baseline (bestehend aus vier Klassen), die nur die Tests in den jeweils gleichen Abständen wie die beiden Experimentalgruppen bearbeitete. Alle Gruppen wiesen in den erfassten Kontrollvariablen (Grundintelligenz, Lesefähigkeit, Inhibition und Problemlösen) keine signifikanten Unterschiede auf. Der Unterricht wurde ausschließlich von fortgebildeten Lehrpersonen gegeben. Dabei unterrichtete eine Lehrperson jeweils die EG I und die EG II hintereinander. Die Reihenfolge, in der die Lehrperson die beiden Experimentalgruppen unterrichtete, wurde variiert.

Das Vorwissen im Bereich des Verständnisses der Variablenkontrolle wurde durch ein selbst entwickeltes und bereits pilotiertes Instrument zwei bis vier Wochen vor der Intervention erfasst (Bohrmann/ Todorova/ Möller 2016). Dieses wurde ebenfalls als Post- (einen Tag nach der Intervention) und Follow-up-Test (sechs Wochen nach der Intervention) verwendet. Zudem fand ein videographiertes Interview statt. Darüber hinaus wurde sowohl beim Post- als auch beim Follow-up-Test die Transferfähigkeit der Schüler/innen mit Hilfe bekannter Experimentier-Aufgaben (z.B. der Flugzeug-Aufgabe von Bullock/ Ziegler 1999) erfasst.

3.2 Die Intervention

Die Präsentation des Ausgangsphänomens (die Wirkung zweier verschieden großer Magneten, wobei, anders als die Schüler/innen erwarteten, der kleinere Magnet stärker war als der größere), die Phase der eigenständigen Planung und Durchführung von Experimenten zum Vergleich zweier Magneten bzgl. ihrer Stärke sowie deren Präsentation und Auswertung fanden in beiden

Gruppen gleich statt. Lediglich die Phasen, in denen in der EG I das implizite (Durchführen kontrollierter Experimente) und explizite *Modeling* (Erarbeitung von Kriterien kontrollierter Experimente) durchgeführt wurden, variierten und waren somit spezifisch für die jeweilige Unterrichtsform (mit *Modeling* vs. offen angelegt). So führten die Schüler/innen der EG I zunächst kontrollierte Experimente mit Hilfe von Versuchskarten durch (implizites *Modeling*). Anschließend wurden basierend auf diesen Erfahrungen gemeinsam mit der Lehrkraft Kriterien für kontrollierte Experimente erarbeitet. Dazu wurden verschiedene Experimente von der Lehrkraft demonstriert und die Schüler/innen erarbeiteten nach dem Vorführen verschiedener nicht kontrollierter Experimente die Kriterien für kontrollierte Experimente (explizites *Modeling*). In der EG II hatten die Schüler/innen nach der Präsentation des Ausgangsphänomens Zeit zur Exploration anhand von zur Verfügung gestelltem Material. Die Explorationsphase wurde anschließend gemeinsam reflektiert, und den Schüler/innen wurde erläutert, was ein kontrolliertes Experiment ist, um ihnen die Möglichkeit zu geben, basierend auf ihren Erfahrungen in der Explorationsphase und unter Berücksichtigung der Erklärung im folgenden Unterrichtsverlauf selbst kontrollierte Experimente zu entwickeln. Beide Gruppen präsentierten abschließend ihre entwickelten Experimente, wobei sie von geschulten Versuchsleitenden mit Hilfe eines Leitfadens und den benötigten Materialien zu ihren Experimenten befragt wurden.

3.3 Auswertungsverfahren

Die Antworten der Schüler/innen in den Interviews wurden mit den gleichen Auswertungskategorien ausgewertet wie die Antworten im Paper-Pencil-Test. Sie wurden durch geschulte Kodierer/innen mit Hilfe des Programms Videograph vier möglichen Levels zugeordnet. Dem Level 0 wurden keine Antworten oder Aussagen wie „ich weiß es nicht" zugeordnet, dem Level 1 naive Antworten (z.B. dass ein Experiment dann fair ist, wenn man nicht schummelt – ohne eine genauere Beschreibung dessen, was mit „schummeln" gemeint ist), dem Level 2 Zwischenvorstellungen (z.B. der Vorschlag eines kontrastiven Tests, bei dem die fokale Variable variiert wird, die anderen relevanten Variablen jedoch nicht konstant gehalten werden) und dem Level 3 wissenschaftlich adäquate Antworten (z.B. dass man bei dem Experiment darauf achten muss, dass immer genau gleich viele Materialien angezogen werden sollen, da die Last für beide Magneten gleich schwer sein muss). Die Interrater-Reliabilität wurde anhand einer Substichprobe (gebildet aus beiden Experimentalgruppen) von N = 33 Kindern überprüft und ist mit einem Spearman´s ρ von 0,803 zufriedenstellend.

Zur Beantwortung der Frage nach den Unterschieden zwischen den beiden Gruppen bzgl. des Verständnisses der Variablenkontrolle – erfasst durch den Paper-Pencil-Test – wurden einfaktorielle Varianzanalysen mit Messwiederholung durchgeführt. Die Unterschiede zwischen den beiden Experimentalgruppen, die sich im Interview zeigten, wurden mit Hilfe von *t*-Tests bei unabhängigen Stichproben untersucht. Die Entwicklung der einzelnen Gruppen im Hinblick auf die Transferfragen wurde getrennt für die Gruppen mit Hilfe von *t*-Tests für verbundene Stichproben analysiert.

4 Ergebnisse

Der Vergleich der Testwerte vor und nach der Intervention zeigt, dass die Kinder nach der Intervention (Post- bzw. Follow-up-Test) signifikant höhere Werte in Bezug auf das Verständnis der Variablenkontrolle aufweisen als vor der Intervention ($p < 0{,}001$). Cohen`s *d* weist auf einen starken Effekt hin. Auch in der Baseline ist der Unterschied von Prä- zu Post- bzw. Follow-up-Test signifikant höher ($p < 0{,}001$). Die einfaktorielle Varianzanalyse mit Messwiederholung zeigt allerdings, dass der Interaktionseffekt zwischen den Faktoren Zeit und Gruppe nicht signifikant ist.
Im Hinblick auf die Interview-Ergebnisse zeigt der *t*-Test für unabhängige Stichproben, dass die Kinder der EG I im Interview im Durchschnitt signifikant mehr Punkte erreichen als die Kinder der EG II ($p < 0{,}05$). Cohen's *d* weist auf einen kleinen Effekt hin. Bei genauerer Betrachtung der einzelnen Fragen, die sich auf die Bewertung und Durchführung des selbst entwickelten Experiments beziehen, zeigt sich im Mittelwert ein signifikanter Unterschied zwischen den beiden Experimentalgruppen – zugunsten der EG I – mit einem kleinen Effekt. Die Einschätzung der von den Schüler/innen präsentierten Experimente bezüglich des Verständnisses der Variablenkontrolle durch die Codierenden zeigt, dass Schüler/innen der EG I signifikant häufiger Experimente auf dem Niveau einer Zwischenvorstellung entwickeln als Schüler/innen der EG II und somit der EG II darin überlegen sind.
Bei den Transferaufgaben, die nur als Post- und Follow-up-Test eingesetzt wurden, zeigen die Analysen zum Posttest, dass die Schüler/innen der beiden Experimentalgruppen signifikant höhere Werte im Bereich der Transferaufgaben erzielen als die Kinder der Baseline ($p < 0{,}05$). Der im Bereich der Transferaufgaben erzielte Punktwert sinkt bei der EG II und der Baseline signifikant von Post zu Follow-up ($p < 0{,}05$); der entsprechende Abfall in der EG I ist dagegen nicht signifikant.

5 Zusammenfassung und Diskussion der Ergebnisse

Die Hypothese, dass die EG I in Bezug auf das Verständnis der Variablenkontrolle überlegen ist, wird durch die Befunde zu den Interviews und Transferaufgaben bestätigt. Allerdings konnten auf Basis des Prä-Post-Follow-Up-Tests keine signifikanten Unterschiede zwischen den Gruppen (EG I, EG II und Baseline) bzgl. der Entwicklung des Verständnisses der Variablenkontrolle über die Zeit festgestellt werden. Die Interview-Ergebnisse zeigten allerdings, dass es im Hinblick auf die Bewertung und die Durchführung des selbst entwickelten Experiments signifikante Unterschiede bzgl. des Verständnisses der Variablenkontrolle zwischen der EG I und der EG II gab – zugunsten der EG I. Somit scheint die Hypothese, dass die EG I in Bezug auf das Verständnis des Experimentierens der EG II überlegen ist, durch die Interview-Ergebnisse belegt werden zu können. Hinsichtlich der Transferaufgaben zeigte sich ein signifikanter Rückgang von Post zu Follow-up in EG II und in der Baseline, aber nicht in der EG I. Dies könnte ein Hinweis darauf sein, dass das Verständnis der Variablenkontrolle – gemessen durch die Transferfragen – in der EG I langfristiger abrufbar und besser integriert zu sein scheint als in der EG II und der Baseline.

Aufgrund der Ergebnisse des Paper-Pencil-Tests zur Erfassung des Verständnisses der Variablenkontrolle, der als Prä-, Post- und Follow-up-Test eingesetzt wurde, kann angenommen werden, dass alle drei Gruppen in ihren Entwicklungen vergleichbar sind. Da sich auch die Baseline von Prä zu Post und von Post zu Follow-up signifikant im Test verbessert, scheint ein Testwiederholungseffekt vorzuliegen. Der Test scheint die eventuell durch die Intervention ablaufende Entwicklung aufgrund dieses Testwiederholungseffekts nicht erfassen zu können. Es könnte zudem sein, dass der Test nicht geeignet ist, die Wirkung einer sehr kurzen Intervention (insgesamt fünf 45-minütige Schulstunden, wobei sich nur ca. 90 Minuten der beiden Interventionen unterschieden) in einer Prä-Post-Follow-up-Messung zu erfassen, und sich Unterschiede zwischen den Treatmentwirkungen eventuell erst bei einer längeren Intervention im Vergleich zu einer Baseline zeigen würden.

Im Interview hingegen zeigten sich signifikante Unterschiede zwischen den beiden Experimentalgruppen – zugunsten der EG I. Gleiches gilt für die Transferaufgaben. Auch hier zeigte sich selbst nach dieser kurzen Intervention ein signifikanter Unterschied im Abschneiden in den Interviews und in der Entwicklung der einzelnen Gruppen zugunsten der EG I. Dies kann als Hinweis darauf gedeutet werden, dass das Interview und die Transferaufgaben zur Untersuchung der Gruppenunterschiede in Bezug auf das Verständnis der Variablenkontrolle in diesem Fall geeigneter und sensitiver zu sein scheinen.

Unter Berücksichtigung dieser Einschränkungen legen die Ergebnisse nahe, dass eine Förderung des Verständnisses durch implizites und explizites *Modeling* auf das eigenständige Bewerten und Entwickeln von Experimenten bei Schüler/innen in dritten Klassen einen stärkeren Effekt hatte als der offen angelegte Unterricht.

Literatur

Bohrmann, M.; Todorova, M.; Möller, K. (2016): Welchen Einfluss hat der bereichsspezifische Aus- und Fortbildungshintergrund von Sachunterrichtslehrkräften auf die Bewertung und Entwicklung von Experimenten bei Grundschulkindern? In: Giest, H.; Goll, T.; Hartinger, A. (Hrsg.): Sachunterricht – zwischen Kompetenzorientierung, Persönlichkeitsentwicklung, Lebenswelt und Fachbezug. Bad Heilbrunn, S. 99-106.

Braun, T. (2009): Offene Experimente in der Lehramtsausbildung. Dissertation an der Universität Duisburg-Essen. URL: http://duepublico.uni-duisburg-essen.de/servlets/DocumentServlet?id=20589 [15.09.2015].

Bullock, M.; Ziegler, A. (1999): Scientific Reasoning: Developmental and Individual Differences. In: Weinert; F.E.; Schneider, W. (Hrsg.): Individual Development from 3 to 12. Findings from the Munich Longitudinal Study. Cambridge, pp. 38-60.

Colburn, A. (2000): An Inquiry Primer. Science Scope, 23, 6, pp. 42-44.

Duit, R.; Häußler, P.; Prenzel, M. (2001): Schulleistungen im Bereich der naturwissenschaftlichen Bildung. In: Weinert, F.E. (Hrsg.): Leistungsmessungen in Schulen. Weinheim, S. 169-185.

Einsiedler, W.; Hardy, I. (2010): Kognitive Strukturierung im Unterricht: Einführung und Begriffsklärung. In: Unterrichtswissenschaft, 38, 3, S. 194-209.

Furtak, E.M. (2006): The Problem with Answers: An Exploration of Guided Scientific Inquiry Teaching Science Education, 66, pp. 625-633.

Grygier, P. (2008): Wissenschaftsverständnis von Grundschülern im Sachunterricht. Bad Heilbrunn.

Hardy, I.; Jonen, A.; Möller, K.; Stern, E. (2004): Die Integration von Repräsentationsformen in den Sachunterricht der Grundschule. In: Doll, J.; Prenzel, M. (Hrsg.): Bildungsqualität von Schule: Lehrerprofessionalisierung, Unterrichtsentwicklung und Schülerförderung als Strategien der Qualitätsverbesserung. Münster, S. 267-283.

Khisfe, R.; Abd-El-Khalick, F. (2002): Influence of Explicit and Reflective Views versus Implicit Inquiry Orientated Instruction on Sixth Graders Views of the Nature of Science. In: Journal of Research in Science Teaching, 39, 7, pp. 551-578.

Klahr, D. (2000): Exploring Science: The Cognition and Development of Discovery Processes. Massachusetts.

Lave, J.; Wenger, E. (1991): Situated Learning: Legitimate Peripheral Participation. Cambridge.

Lederman, J.S.; Lederman, N.G.; Bartos, S.A.; Bartels, S.L.; Meyer, A.A.; Schwartz, R.S. (2014): Meaningful Assessment of Learners' Understandings about Scientific Inquiry – the Views about Scientific Inquiry (VASI) Questionaire. In: Journal of Research in Science Teaching, 51, 1, pp. 65-83.

Mayer, J.; Ziemek, H.-P. (2006): Offenes Experimentieren. Forschendes Lernen im Biologieunterricht. Unterricht Biologie, 30, 317, S. 4-12.

Minstrell, J. (2000): Implications for Teaching and Learning Inquiry: A Summary. In: Minstrell, J; van Zee, E. (Eds.): Inquiring into Inquiry Learning and Teaching in Science. Washington, D.C, pp. 471-496.
OECD (2007): PISA 2006. Science Competencies for Tomorrow´s World. Volume 1: Analysis. Paris.
Rogoff, B. (1990): Apprenticeship in Thinking: Cognitive Development in Social Context. New York.

Marcel Bullinger und Erich Starauschek

Fördern instrumentelle Handlungen und instruierte Selbsterklärungen die Entwicklung intendierter mentaler Repräsentationen beim Lernen von Physik? – Ergebnisse einer Pilotstudie

On one hand, there is no final empirical evidence for a general impact of hands-on activities on physics learning, especially in primary science education. On the other hand, there is evidence that cognitive processes have to fit to hands-on activities. Thus we investigate, if elicited self-explanations focusing on the content aspects of hands-on activities support the intended knowledge acquisition. The analogue and propositional knowledge acquisition of the topic pinhole camera is measured with repeated measures testing (pre-, post- and follow up-test). Four treatments will be compared with a 2x2-design: learning with pictures without self-explanations, learning with hands-on activities without self-explanations, learning with pictures with eliciting self-explanations and learning with hands-on activities with eliciting self-explanations. The randomized sample consists of 54 fourth-graders. The results show two general numerical differences: Hands-on activities and elicited self-explanations foster propositional knowledge acquisition. However, there are no differences in analogous knowledge acquisition.

1 Stand der Forschung, Forschungsfragen und Hypothesen

Handlungsorientierung als normatives Ideal eines naturwissenschaftlichen Sachunterrichts kann exemplarisch als „Lernen durch instrumentelles Handeln", d.h. als eine zielgerichtete Manipulation von realen Objekten, definiert werden (vgl. Möller 2015, Wöll 2011). Ob indes eine solche Handlungsorientierung das naturwissenschaftliche Lernen in der Primarstufe unterstützt, ist noch unklar (Möller 2015). Der Begriff des instrumentellen Handelns wird in der einschlägigen Literatur bislang wenig verwendet. Jedoch können auch Teile des „Schülerexperiments" oder des „Laboratory Work" als instrumentelles Handeln bezeichnet werden. Generell zeigen sich ein kleiner Einfluss

von Schülerexperimenten im weitesten Sinn und damit auch ein kleiner Einfluss des instrumentellen Handelns auf das Lernen (z.B. Gitomer/ Zisk 2015). Wird in deklarativen und prozeduralen Wissenserwerb unterschieden und auf die Primarstufe fokussiert, haben instrumentelle Handlungen nur einen kleinen Effekt auf den deklarativen Wissenserwerb und einen mittleren Effekt auf den prozeduralen (z.B. Bredderman 1985). Dies lässt sich darauf zurückführen, dass Lernende die intendierten Handlungen angemessen ausführen, dabei jedoch naturwissenschaftliche Zusammenhänge nicht erschließen (Abrahams/ Reiss 2012). Kognitionspsychologische Studien bei einfacheren Lernaufgaben zeigen außerdem, dass Handlungen wirkungsvoller als Bilder hinsichtlich der Behaltensleistung sind. Es kann damit zumindest angenommen werden, dass Handlungen im Vergleich zu Bildern zusätzliche nonverbale mentale Repräsentationen aktivieren (vgl. u.a. Engelkamp/ Zimmer 2006, S. 295ff.). Für das Physiklernen in der Primarstufe mit definiertem „Handlungsraum" konnte dies bisher nicht gezeigt werden. Als Referenz wurde dabei mit Bildern als nicht handlungsorientiertem Medium gelernt (Bullinger/ Starauschek 2016). Es besteht daher weiter folgende Forschungsfrage: Unterscheidet sich der Wissenserwerb in Lernumgebungen mit Bildern vom Wissenserwerb in den gleichen Lernumgebungen mit instrumentellen Handlungen an realen Objekten?
Für den Aufbau von mentalen Repräsentationen ist die kognitive Aktivität der Schüler/innen notwendig (Einsiedler 2009), auch beim instrumentellen Handeln. Für die Primarstufe zeigt sich außerdem, dass eine stärkere äußere Strukturierung der Lernprozesse wirkungsvoll ist (u.a. Kleickmann/ Hardy/ Jonen/ Blumberg/ Möller 2007). Der deklarative Wissenserwerb an instrumentellen Handlungen könnte daher mit kognitiv aktivierenden Methoden unterstützt werden, die auf den Lerninhalt fokussieren und damit strukturieren. Eine Möglichkeit hierzu sind instruierte Selbsterklärungen (u.a. Fonseca/ Chi 2011). In der Primarstufe ist der Forschungsstand zur Wirkung von Selbsterklärungen nicht eindeutig (u.a. Rittle-Johnson 2006, Kuhn/ Katz 2009). Gleichzeitig gibt es Hinweise, dass instruierte Selbsterklärungen an Bildern in der Primarstufe wirkungsvoll sind (Starauschek/ Dockhorn 2009, Bullinger/ Starauschek 2016). Ob dies auch bei instrumentellen Handlungen der Fall ist, ist noch offen. Damit lässt sich eine zweite Forschungsfrage für die Primarstufe stellen: Unterscheidet sich der Wissenserwerb in Lernumgebungen ohne instruierte Selbsterklärung vom Wissenserwerb in den gleichen Lernumgebungen mit instruierter Selbsterklärung?
Instrumentelles Handeln und instruierte Selbsterklärung führen nach dem kognitionspsychologisches Modell von Engelkamp/ Zimmer (2006, S. 196ff. und S. 291ff.) zu modalitätsspezifischen und daher unterschiedlichen Infor-

mationsverarbeitungsprozessen. Aus diesem Modell lässt sich ableiten, dass instrumentelles Handeln im Vergleich zum Lernen mit Bildern die Verarbeitung analoger Repräsentationen (im Folgenden als „analoges Wissen" bezeichnet) unterstützen sollte. Instruierte Selbsterklärungen sollten hingegen die Verarbeitung analoger und propositionaler Repräsentationen unterstützen (im Folgenden „propositionales Wissen").

2 Methoden

Eine experimentelle Laborstudie mit 54 Proband/innen (davon 30 Mädchen, Stichprobe ist randomisiert) aus vierten Klassen der Primarstufe (Alter: $M = 10{,}0$, $SD = 0{,}5$) soll die Forschungsfragen weiter klären. Der Wissenserwerb wird am Beispiel des deklarativen Wissens zur optischen Abbildung an der Lochkamera untersucht. Abhängige Variablen sind das analoge und propositionale Wissen in Pre-, Post- und Follow Up-Test. Dabei wird das analoge Wissen durch 14 bildgestützte Items operationalisiert. Abbildung 1 zeigt ein Beispielitem der Skala:

Verbinde bitte die passenden Bilder.
Welche Größe der Blende passt am ehesten zu welchem Bild auf der Mattscheibe?

Abbildung 1: Beispielitem zur Subskala des analogen Wissens.

Das propositionale Wissen wird entsprechend durch 15 ausschließlich textbasierte Items operationalisiert (Beispielitem mit offenem Antwortformat: *„Wie ist eine Lochkamera aufgebaut?"*). Neben den abhängigen Variablen werden verschiedene Kontrollvariablen wie Intelligenz und die Bearbeitungszeit der Treatments erhoben.
Die Reliabilität der Skala zum analogen Wissen ist befriedigend: ($\alpha_{Pretest} = 0{,}70$; $\alpha_{Posttest} = 0{,}62$; $\alpha_{FollowUp} = 0{,}66$), die mittleren Lösungswahrscheinlichkeiten sind in einem guten Bereich ($p_{Pretest} = 0{,}20$; $p_{Posttest} = 0{,}55$; $p_{FollowUp} = 0{,}53$). Die Trenn-

schärfen sind im Mittel niedrig ($r_{it\ Pretest} = 0{,}30$; $r_{it\ Posttest} = 0{,}26$; $r_{itFollowUp} = 0{,}28$). Es liegt eine hohe Retestreliabilität von Post- zu Follow Up-Test vor ($r(54) = 0{,}61$; $p < 0{,}001$). Ähnliche psychometrische Maße hat die Skala zum propositionalen Wissen: Reliabilität $\alpha_{Pretest} = 0{,}40$; $\alpha_{Posttest} = 0{,}75$; $\alpha_{FollowUp} = 0{,}75$; mittlere Lösungswahrscheinlichkeit $p_{Pretest} = 0{,}09$; $p_{Posttest} = 0{,}60$; $p_{FollowUp} = 0{,}55$; mittlere Trennschärfe $r_{itPretest} = 0{,}09$; $r_{itPosttest} = 0{,}35$; $r_{itFollowUp} = 0{,}34$; Retestreliabilität $r(54) = 0{,}67$; $p < 0{,}001$.

Der Wissenserwerb soll hinsichtlich der unabhängigen Variablen „Handlungsorientierung“ (Merkmalsausprägungen „Lernen mit Bildern“ und „Lernen mit Handlungen“) und Selbsterklärung (Merkmalsausprägungen „Lernen ohne Selbsterklärung“ und „Lernen mit Selbsterklärung“) untersucht werden. Damit ergibt sich ein 2x2-Design:

Tabelle 1: 2x2-Design mit Teilstichprobengrößen

Unabhängige Variable Selbsterklärung	Unabhängige Variable Handlungsorientierung	
	Lernen mit Bildern	Lernen mit Handlungen
Ohne Selbsterklärung	Bilder ohne Selbsterklärung ($N = 15$)	Handlungen ohne Selbsterklärung ($N = 13$)
Mit Selbsterklärung	Bilder mit Selbsterklärung ($N = 13$)	Handlungen mit Selbsterklärung ($N = 13$)

Alle vier Treatments werden in Einzelinterventionen durchgeführt. Dabei bearbeitet jede/r Proband/in im Beisein des Versuchsleiters einzeln ein computergestütztes Lernprogramm zum Thema der optischen Abbildung mit der Lochkamera. Die Lernprogramme sind wie folgt adaptiert: Das Lernprogramm im Treatment „Bilder ohne Selbsterklärung“ ist ein Bilderhörbuch mit neun inhaltlichen Sequenzen. Jede Sequenz enthält ein Bild, zu dem anschließend ein Informationstext wiedergegeben wird (vgl. Abbildung 2).

Abbildung 2: Beispielsequenz des Lernprogramms im Treatment „Bilder ohne Selbsterklärung“
Anmerkung: im Original ohne Nummerierung und mit Navigationsmenü.

Im Lernprogramm des Treatments „Bilder mit Selbsterklärung“ wird nach jedem Bild und nach jedem Informationstext zur Selbsterklärung aufgefordert (z.B. *„Sage jetzt bitte laut in deinen eigenen Worten, was du gerade siehst.“*). Im Lernprogramm des Treatments „Handlungen ohne Selbsterklärung“ wird hingegen jedes Bild durch eine passende Handlungsinstruktion an einer realen Lochkamera ersetzt (z.B. entsprechend zur Sequenz in Abbildung 2: *„Schaue dir die Lochkamera an. Du kannst sie auch in die Hand nehmen und öffnen.“*). Die Handlungsinstruktionen sollen dabei die gleichen Informationen wie an den Bildern zugänglich machen. Im Lernprogramm des Treatments „Handlungen mit Selbsterklärung“ werden die Probanden außerdem nach jeder Handlung und nach jedem Informationstext zur Selbsterklärung aufgefordert (z.B. *„Sage jetzt bitte laut in deinen eigenen Worten, was du gerade gesehen hast.“*).

Die Teilstichproben der Treatments unterscheiden sich nicht hinsichtlich der erhobenen Kontrollvariablen, mit Ausnahme der Bearbeitungszeit (zweifaktorielle ANOVAs). Hier finden sich zwei Haupteffekte: Handlungsorientierung $F(1) = 96{,}45$; $p < 0{,}001$; partielles $\eta^2 = 0{,}659$; Selbsterklärung $F(1) = 79{,}95$; $p < 0{,}001$; partielles $\eta^2 = 0{,}615$. Handlungen benötigen mehr Bearbeitungszeit, wie auch die induzierten Selbsterklärungen (Zeit angegeben in *mm:ss*): Bilder ohne Selbsterklärung M = 04:43, SD = 00:30; Handlungen ohne Selbsterklärung M = 12:54, SD = 03:01; Bilder mit Selbsterklärung M = 12:10, SD = 02:53; Handlungen mit Selbsterklärung M = 20:26, SD = 04:38. Die Bearbeitungszeit wird in den weiteren Analysen berücksichtigt.

3 Ergebnisse

Folgende Tabelle zeigt die deskriptive Statistik der abhängigen Variablen:

Tabelle 2: Mittelwerte und Standardabweichungen der abhängigen Variablen in den vier Treatments mit und ohne Selbsterklärung (SE). *Anmerkung:* Range analoges Wissen 0-14, Range propositionales Wissen 0-15.

Messzeitpunkte und abhängige Variablen	Bilder ohne SE	Handlungen ohne SE	Bilder mit SE	Handlungen mit SE
Pretest				
Analoges Wissen	2,93 (1,94)	2,31 (2,66)	3,54 (3,38)	2,46 (1,66)
Propositionales Wissen	0,93 (1,03)	1,23 (1,48)	1,77 (1,48)	1,54 (1,13)
Posttest				
Analoges Wissen	7,40 (2,50)	7,54 (2,60)	8,69 (3,28)	7,23 (2,13)
Propositionales Wissen	7,27 (2,94)	8,77 (3,09)	9,69 (3,97)	9,85 (2,38)
Follow Up				
Analoges Wissen	6,67 (2,80)	7,46 (2,88)	7,77 (2,80)	8,15 (2,27)
Propositionale Wissen	6,40 (3,18)	8,92 (1,89)	8,46 (4,05)	8,85 (2,30)

In der deskriptiven Statistik des Posttests unterscheiden sich die Treatments beim analogen Wissen nicht hinsichtlich möglicher Haupteffekte der unabhängigen Variablen. Beim propositionalen Wissen liegen hingegen sowohl Unterschiede zwischen dem Lernen mit Bildern und Handlungen als auch zwischen dem Lernen mit und ohne Selbsterklärung vor. Diese deskriptiven Tendenzen werden mit zweifaktoriellen univariaten Kovarianzanalysen jeweils zu den abhängigen Variablen analoges und propositionales Wissen überprüft (unabhängige Variablen Handlungsorientierung und Selbsterklärung; Kovariaten analoges und propositionales Vorwissen sowie Bearbeitungszeit). Die Varianzanalysen zeigen für den Posttest keine Unterschiede ($p > 0,134$).

In den deskriptiven Ergebnissen des Follow Up-Tests ist das analoge Wissen sowohl nach Handlungen als auch nach Selbsterklärungen größer. Entsprechendes findet sich auch beim propositionalen Wissen. Die Unterschiede sind insgesamt kleiner als im Posttest. Die Treatments unterscheiden sich in zweifaktoriellen univariaten Kovarianzanalysen (gleiche ANCOVAs wie im Posttest, nur mit den abhängigen Variablen im Follow Up) jedoch nicht signifikant ($p > 0{,}546$).

4 Diskussion

Die Skalen für die abhängigen Variablen analoges und propositionales Wissen weisen für varianzanalytische Analysen befriedigende psychometrische Maße auf. Insgesamt ist ein beträchtlicher Wissenszuwachs in beiden Subskalen zu beobachten. Die Ziele der Pilotstudie sind damit erreicht.

Im Posttest und Follow Up finden sich keine statistisch abgesicherten Effekte zwischen den Treatments. Die Hypothesen, dass instrumentelle Handlungen zu einem größeren analogen Wissen und instruierte Selbsterklärungen zu einem größeren analogen und propositionalen Wissen führen, müssen damit verworfen werden. Jedoch haben in den deskriptiven Statistiken instrumentelle Handlungen und instruierte Selbsterklärungen sowohl im Posttest als auch im Follow Up eine positive Wirkung auf das propositionale Wissen. Die stabilen numerischen Tendenzen werden durch die hohe Retestreliabilität der Subskalen untermauert. Es lässt sich damit auf eine zu kleine Stichprobe für die statistische Absicherung dieser deskriptiven Tendenzen schließen.

Orientiert man sich an der deskriptiven Statistik, so tritt der zu erwartende Effekt instrumenteller Handlungen auf das analoge Wissen nicht auf. Dafür haben Handlungen eine positive Wirkung auf das propositionale Wissen. Eine mögliche Ursache hierfür sind die verbalen Handlungsinstruktionen, die die Verarbeitung propositionaler Repräsentationen unterstützen könnten. Dies gilt es in der Hauptstudie mit größerer Stichprobe zu überprüfen.

Die numerischen Tendenzen der Selbsterklärung beim Wissenserwerb entsprechen dem Stand der Forschung. Instruierte Selbsterklärungen unterstützen damit den Wissenserwerb sowohl an Bildern als auch an Handlungen. Dies ist vor allem auf die Verarbeitung propositionaler Repräsentationen zurückzuführen.

Die Ergebnisse der Studie geben damit erste Hinweise auf den modalitätsspezifischen Erwerb von Wissen durch instrumentelle Handlungen und instruierte Selbsterklärungen.

Danksagung: Das Forschungsprojekt wird unterstützt von der Forschungsförderung der Pädagogischen Hochschule Ludwigsburg.

Literatur

Abrahams, I.; Reiss, M.J. (2012): Practical Work: Its Effectiveness in Primary and Secondary Schools in England. In: Journal of Research in Science Teaching, 49, 8, pp. 1035-1055.

Bredderman, T. (1985): Laboratory Programs for Elementary School Science: A Meta-Analysis of Effects on Learning. In: Science Education, 69, 4, pp. 577-591.

Bullinger, M.; Starauschek, E. (2016): Der Einfluss von instrumentellen Handlungen und induzierten Selbsterklärungen auf den physikalischen Wissenserwerb in der Primarstufe. In: Phy Did A – Physik und Didaktik in Schule und Hochschule, 15, 1, S. 14-25.

Einsiedler, W. (2009): Befunde der Unterrichtsforschung und der psychologischen Forschung als Grundlagen der Didaktik des Sachunterrichts. URL: http://www.wolfgang-einsiedler.de/ pdf/ Sachunterricht_2009.pdf [19.07.2016].

Engelkamp, J.; Zimmer, H.D. (2006): Lehrbuch der kognitiven Psychologie. Göttingen.

Fonseca, B.A.; Chi, M.T.H. (2011): Instruction Based on Self-Explanation. In: Mayer, R.E.; Alexander, P.A. (Eds.): Handbook of Research on Learning and Instruction. New York, pp. 296-321.

Gitomer, D.; Zisk, R. (2015): Laboratory Work: Learning and Assessment. In: Gunstone, R. (Ed.): Encyclopedia of Science Education. Vol. 2, L-Z. Dordrecht, pp. 566-569.

Kleickmann, T.; Hardy, I.; Jonen, A.; Blumberg, E.; Möller, K. (2007): Learning Environments in Primary School Science: Scaffolding Students' and Teachers' Processes of Conceptual Development. In: Prenzel, M. (Hrsg.): Studies on the Educational Quality of Schools: The Final Report on the DFG Priority Programme. Münster, pp. 137-156.

Kuhn, D.; Katz, J. (2009): Are Self-Explanations Always Beneficial? In: Journal of Experimental Child Psychology, 103, 3, pp. 386-394.

Möller, K. (2015): Handlungsorientierung im Sachunterricht. In: Kahlert, J.; Fölling-Albers, M.; Götz, M.; Hartinger, A. ; Miller, S.; Wittkowske, S. (Hrsg.): Handbuch Didaktik des Sachunterrichts. 2. Aufl. Bad Heilbrunn, S. 403-407.

Rittle-Johnson, B. (2006): Promoting Transfer: Effects of Self-Explanation and Direct Instruction. In: Child Development, 77, 1, pp. 1-15.

Starauschek, E.; Dockhorn, J. (2009): Physiklernen in der Primarstufe durch Selbsterklärungen mit Bildern. In: Höttecke, D. (Hrsg.): Chemie und Physikdidaktik für die Lehrerausbildung. Gesellschaft für Didaktik der Chemie und Physik. Jahrestagung in Schwäbisch Gmünd 2008. Berlin, S. 110-112.

Wöll, G. (2011): Handeln: Lernen durch Erfahrung. Handlungsorientierung und Projektunterricht. Baltmannsweiler.

Sarah Gogolin, Moritz Krell, Kim Lange-Schubert, Andreas Hartinger, Annette Upmeier zu Belzen und Dirk Krüger

Erfassung von Modellkompetenz bei Grundschüler/innen

Models enable students to discover natural phenomena and reenact the work of scientists. Thus, the promotion of model competence is one of the aims of science education. This paper discusses the evaluation of closed-ended assessment tasks which were developed to investigate primary students' understanding of models. Drawing upon findings from the empirical evaluation of the tasks, there was a number of problems of understanding. The study shows that primary students hold perspectives on models worthy to be considered in the science classroom.

1 Theoretische Grundlagen

Modelle sind zentrale Wissensformen in den (Natur-)Wissenschaften; sie repräsentieren den aktuellen Stand des Wissens, der stets vorläufig und hypothetisch ist (Erduran/ Dagher 2014). Als hypothetische Konstrukte können Modelle experimentelle Untersuchungen sowie Beobachtungen motivieren (Passmore et al. 2014). Das Modellieren, verstanden als Entwicklung, Überprüfung und Optimierung eines Modells, ist daher wesentlicher Bestandteil naturwissenschaftlicher Erkenntnisgewinnung (Giere et al. 2006).
Das Ziel des naturwissenschaftlichen Unterrichts in Deutschland orientiert sich am Leitbild der *Scientific Literacy* (z.B. GDSU 2013, KMK 2005) und beinhaltet u.a. das Verständnis grundlegender Charakteristika naturwissenschaftlichen Wissens ebenso wie die Ausbildung von Fähigkeiten der Erkenntnisgewinnung. Bezogen auf Modelle sollen die Schüler/innen im Unterricht daher sowohl ein Verständnis über Modelle und den Modellierungsprozess (Modellverstehen bzw. *meta-modelling knowledge*; vgl. Krell 2013, Schwarz/ White 2005) als auch Fähigkeiten des Modellierens erwerben – eine Forderung, die auch schon für die Grundschule gilt (Forbes et al. 2015).

Deklarative und prozedurale Anteile sind konstitutive Elemente von Modellkompetenz (Nicolaou/ Constantinou 2014, Upmeier zu Belzen/ Krüger 2010). Neben der normativen Verankerung der wissenschaftlichen Denk- und Arbeitsweise des Modellierens als Bildungsziel in relevanten Steuerungsdokumenten (z.B. GDSU 2013, KMK 2005) wird angenommen, dass sich die Entwicklung von Modellkompetenz positiv auf das Wissenschaftsverständnis sowie auf die Fähigkeit, fachliche Zusammenhänge zu verstehen, auswirkt (z.B. Schwarz/ White 2005).
Zur Operationalisierung von Modellkompetenz wurde von Upmeier zu Belzen/ Krüger (2010) theoriegeleitet ein Kompetenzmodell erarbeitet und in mehreren Studien empirisch untersucht (vgl. Krell et al. in Druck). In diesem werden fünf Teilkompetenzen beschrieben (Kurzbezeichnung: *Eigenschaften von Modellen, Alternative Modelle, Zweck von Modellen, Testen von Modellen, Ändern von Modellen*) und jeweils drei Niveaus unterschieden. Befunde legen nahe, dass Schüler/innen der Sekundarstufe Modelle primär als Repräsentationen eines Originals verstehen, die medial zur Veranschaulichung und Erklärung eingesetzt werden (Niveaus I und II). Der oben skizzierte hypothetische Charakter von Modellen und ihr Einsatz als Werkzeuge zur Erkenntnisgewinnung (Niveau III) werden hingegen nur selten erkannt (z.B. Grünkorn et al. 2014). Auch viele Lehrkräfte der Sekundarstufe scheinen eine eher naiv-lebensweltliche Sicht auf Modelle zu haben (Krell et al. in Druck). Modelle werden im naturwissenschaftlichen Unterricht folglich vor allem als Medien zur Veranschaulichung und Erklärung von Fachwissen, aber nur selten als Werkzeuge zur Erkenntnisgewinnung eingesetzt und reflektiert (Campbell et al. 2015, Krell/ Krüger 2013).
Obwohl die Förderung von Modellkompetenz auch als Ziel des Sachunterrichts in der Grundschule formuliert ist (Conrads 2011, GDSU 2013), fehlen im deutschsprachigen Raum Studien zur Erfassung von Kompetenzständen, Entwicklungsverläufen und Bedingungsfaktoren der Kompetenzentwicklung für den Primarbereich bislang weitgehend. Dieses Desiderat soll im hier beschriebenen Projekt aufgegriffen werden.

2 Ziel der Studie und Forschungsfragen

Das Ziel dieser Studie ist die Adaption eines für den Sekundarbereich entwickelten und evaluierten Testinstruments zur Erfassung von Modellverstehen (Gogolin/ Krüger 2015, Krell 2013) für Schüler/innen des Primar- und frühen Sekundarbereichs. Eine elementare Voraussetzung für eine valide Ergebnisinterpretation ist, dass die Aufgaben von Schüler/innen wie intendiert ver-

standen werden (AERA et al. 2014). Daraus ergeben sich die zwei Forschungsfragen der vorliegenden Studie:
F1: Inwiefern interpretieren Schüler/innen die Aufgaben entsprechend des theoretisch intendierten Niveaus nach dem Kompetenzmodell der Modellkompetenz?
F2: Welche Verstehensprobleme zeigen sich in den Interpretationen der Aufgaben durch Schüler/innen?

3 Methode

Es wurden jeweils neun Aufgaben aus verschiedenen Kontexten (z.B. Wasserkreislauf, Neandertaler) zu den Teilkompetenzen *Eigenschaften von Modellen, Zweck von Modellen, Testen von Modellen* und *Ändern von Modellen* entwickelt. Die Aufgaben bestehen aus einem standardisierten Aufgabenstamm mit einer Abbildung des Modells und drei kontextspezifischen, zufällig angeordneten Antwortalternativen. Die drei Antwortalternativen repräsentieren die drei Niveaus der entsprechenden Teilkompetenz (vgl. Gogolin/ Krüger 2015, Krell 2013).
Für die empirische Überprüfung der Aufgaben (F1) wurden ein quantitativer und ein qualitativer Ansatz kombiniert: Im quantitativen Ansatz bewerteten Schüler/innen (N = 107, 3. und 6. Jahrgangsstufe) auf einer fünfstufigen Rating-Skala (*gar nicht, wenig, teils-teils, annähernd, völlig*), wie sehr die einzelnen Antwortalternativen ihrer eigenen Meinung entsprechen. Im qualitativen Ansatz wurden mit denselben Schüler/innen Interviews geführt, in denen sie ihre Bewertungen auf der Rating-Skala direkt nach der Bearbeitung begründen sollten. Die Schülerantworten wurden wortgetreu transkribiert und mittels evaluativer qualitativer Inhaltanalyse (Kuckartz 2012) in die Kategorien „intendiertes Niveau verstanden" oder „intendiertes Niveau nicht verstanden" beziehungsweise in die Restkategorie „Antwort nicht aussagekräftig" kodiert. Es erfolgte eine konsensuelle Kodierung durch drei Kodierer/innen.
Zur Untersuchung von F2 wurden auf der Basis der als „nicht verstanden" kodierten Schülerantworten von zwei unabhängigen Kodierer/innen Verständnisprobleme für jede Teilkompetenz als Kategorien herausgearbeitet.

4 Ergebnisse

Die Kodierungen lassen den Schluss zu, dass die Antwortalternativen oftmals nicht wie theoretisch intendiert verstanden werden (Tabelle 1). Dabei nimmt das theoriekonforme Verstehen der Antwortalternativen aller Teilkompetenzen und beider Klassenstufen mit höherem Niveau ab (M_{NI} = 60%, M_{NII} = 51%, M_{NIII} = 26%; $\chi^2(2) = 52$, $p < 0{,}001$) und mit höherer Jahrgangsstufe über alle Teilkompetenzen hinweg zu ($M_{Jgstf.\ 3}$ = 28%, $M_{Jgstf.\ 6}$ = 63%; $\chi^2(1) = 143$, $p < 0{,}001$).

Tabelle 1: Häufigkeiten [%], mit der die Antworten in die entsprechenden Kategorien kodiert wurden (N: Niveau).

	Eigenschaften			Zweck			Testen			Ändern		
Jgstf. 3 – alle Modelle (*N*=49)	**I**	**II**	**III**	**I**	**II**	**III**	**I**	**II**	**III**	**I**	**II**	**III**
intendiertes N. verstanden	46	23	15	51	38	11	53	56	11	13	13	6
intendiertes N. nicht verstanden	18	40	60	9	13	32	28	14	42	32	19	19
Antwort nicht aussagekräftig	36	37	25	40	49	57	19	30	47	55	68	75
Jgstf. 6 – alle Modelle (*N*=58)	**I**	**II**	**III**	**I**	**II**	**III**	**I**	**II**	**III**	**I**	**II**	**III**
intendiertes N. verstanden	97	74	44	87	57	57	77	88	46	57	59	18
intendiertes N. nicht verstanden	0	5	28	2	9	11	15	7	47	18	16	29
Antwort nicht aussagekräftig	3	21	28	11	34	32	8	5	7	25	25	53

Zudem gibt es Unterschiede im Verstehen zwischen den verschiedenen Kontexten. So werden beispielsweise in der Teilkompetenz *Eigenschaften von Modellen* die Antwortalternativen zum Neandertaler am häufigsten wie theoretisch intendiert verstanden (M_{NI} = 100%, M_{NII} = 91%, M_{NIII} = 64%), deutlich seltener dagegen die Antwortalternativen bei anderen Kontexten vor allem im Niveau II und III (z.B. Aggregatzustände; M_{NI} = 82%, M_{NII} = 33%, M_{NIII} = 0%).

Mit Blick auf F2 zeigt sich, dass sich die Verstehensprobleme u.a. dadurch ergeben, dass Schüler/innen ihre eigenen Vermutungen bzw. ihre Vorstellungen über das Original mit dem gegebenen Modell vergleichen, anstatt die Antwortalternativen im Kontext des Modells zu bewerten (Tabelle 2). Die Möglichkeit, aus Modellen Vermutungen abzuleiten, deren Überprüfung dann zu einer Änderung des Modells führen könnte, war für sie nur selten präsent.

Tabelle 2: Verstehensprobleme der Schüler/innen pro Teilkompetenz. Angegeben ist die interpretative Bezeichnung der Kategorie und je ein Beispiel mit einer Antwortalternative und der dazugehörigen Begründung eines/r Schüler/in (kursiv).

Eigenschaften von Modellen

- Passung mit eigener Vorstellung wird kommentiert

Bsp.: Das Modell des Sonnensystems bildet Vermutungen darüber ab, wie die Planeten im Sonnensystem vielleicht angeordnet sein könnten. S: *Sie stehen ja eigentlich ganz anders.*

Zweck von Modellen

- Passung mit eigener Vorstellung wird kommentiert

Bsp.: Das Modell des Neandertalers hat den Zweck zu zeigen, wie das Gesicht des Neandertalers aussah. S: *Weil ich habe ihn schon einmal anders gesehen. Der hat anders ausgeguckt.*

- Modell in der Aufgabe ist nicht für angegebenen Zweck geeignet

Bsp.: Das Modell des Wasserkreislaufs hat den Zweck, zu erklären, dass im Wasserkreislauf kein Wasser verloren geht. S: *Das macht es nur wenig, weil hier geht ja sogar ein bisschen Wasser verloren* [zeigt auf Modell].

Testen von Modellen

- Passung mit eigener Vorstellung wird getestet

Bsp.: Das Modell des Neandertalers wird getestet, indem man das Modell nutzt, um Vermutungen über das Aussehen des Neandertalers aufzustellen und zu überprüfen. S: *Wir hatten auch diesen Schädel vom Neandertaler in Geschichte und da hat man gesehen, dass es hier breiter war und da etwas länger.*

- Hypothese wird nicht aus Modell abgeleitet, sondern im Modell gesucht

Bsp.: Das Modell des Wasserkreislaufs wird getestet, indem man aus dem Modell Vermutungen über die Auswirkungen einer Verschmutzung im Meer auf das Wasser in den Flüssen ableitet und überprüft. S: *Ich finde nicht, dass man die Verschmutzung auf dem Bild sieht.*

- Modell in der Aufgabe ist nicht für angegebenen Test geeignet

Bsp.: Das Modell des Arms wird getestet, indem man aus dem Modell Vermutungen über die Folgen einer Verletzung von Muskeln im Arm aufstellt und überprüft. S: *Man kann den Roboterarm eigentlich nicht so gut verletzen.*

Ändern von Modellen

- Ändern bei mangelnder Passung mit eigener Vorstellung

Bsp.: Das Modell des Grundwassers wird geändert, wenn man mit dem Modell vermutet, dass im Sand doppelt so viel Wasser zurückbleibt wie im Kies und sich das als falsch herausstellt. S: *Weil ich vermute, dass bei Sand nicht doppelt so viel Wasser zurück bleibt wie im Kies, sondern nur ein bisschen.*

- Modell passt zu einem anderen Original als dem beschriebenen

Bsp.: Das Modell des Neandertalers wird geändert, wenn man mit dem Modell die Gesichtsform vermutet und es sich als falsch herausstellt, dass der Neandertaler so ausgesehen hat. S: *Wenn die Gesichtsform wie ein Jetztmensch aussieht, dann ist es kein Neandertaler und dann muss es ausgetauscht werden.*

- Möglichkeit, Hypothesen aus dem Modell abzuleiten, um das Modell zu testen und ggf. zu falsifizieren, wird nicht wahrgenommen

Bsp.: Das Modell des Wasserkreislaufs wird geändert, wenn man mit dem Modell vermutet, dass sich eine Verschmutzung im Meer auf das Wasser in den Flüssen auswirkt und sich das als falsch herausstellt. S: *Wenn eine Verschmutzung vermutet wird, müssen die gucken, ist dort wirklich eine Verschmutzung und wenn ja, dann müssen die das absperren.*

5 Diskussion

Zunächst zeigt die Auswertung der Interviews, dass die Aufgaben häufig nicht wie intendiert verstanden wurden und damit die Befunde des Fragebogens nicht valide als Indikatoren für Modellverstehen interpretiert werden können. Besonders deutlich ist die mangelnde Passung zwischen Intention und Interpretation bei Antwortalternativen auf Niveau III. Die Befunde geben jedoch Hinweise zur Optimierung des Fragebogens: Da Aufgaben zu bestimmten Kontexten häufiger wie intendiert verstanden werden als zu anderen (vgl. Krell et al. 2014), muss berücksichtigt werden, dass die Sicht auf das Modell bei hohen fachlichen Anforderungen durch den Fachinhalt überlagert werden kann (Fleige et al. 2012). Der bestehende Aufgabenpool sollte dahingehend optimiert werden, dass nur Aufgabenkontexte beibehalten oder ausgewählt werden, die keine zu hohen fachlichen Anforderungen an die Schüler/innen stellen (vgl. Fleige et al. a.a.O.). In allen Teilkompetenzen ergeben sich Verstehensprobleme dadurch, dass Schüler/innen ihre eigenen Vorstellungen über das Original mit dem gegebenen Modell vergleichen (Tabelle 2). Diese Probleme könnten vermutlich verhindert werden, wenn auf die Abbildung eines konkreten Modells verzichtet und stattdessen das Modell in einer Textsituation vorgestellt wird. Dies kann auch helfen, dass das Modell deutlicher in der Wissenschaft verortet wird. Die Verstehensprobleme, die durch die Fokussierung der Schüler/innen auf ihre eigenen Vorstellungen entstehen, könnten durch den Unterricht provoziert worden sein. Hier werden Modelle zumeist als fachlich korrekte Referenzobjekte präsentiert (Campbell

et al. 2015, Krell/ Krüger 2013). Bei jüngeren Schüler/innen kann diese Perspektive durch ein großes Vertrauen in die Wissenschaft noch verstärkt werden (Grünkorn et al. 2014). Möglicherweise führt dieses Vertrauen auch dazu, dass die Teilkompetenzen *Testen von Modellen* und *Ändern von Modellen* für Grundschüler/innen wenig Relevanz beim Reflektieren über Modelle haben. Diese Vermutung wird durch eine Interviewstudie gestützt, in der Grundschüler/innen „auf alle Fragen vorrangig Vorstellungen äußern, die sich in die Teilbereiche Eigenschaften von Modellen und Zweck von Modellen einordnen lassen" (Trier 2013, S. 13). Bei der weiteren Optimierung der Aufgaben werden daher die Teilkompetenzen *Testen von Modellen* und *Ändern von Modellen* zunächst ausgeklammert.
Die Befunde verstärken die Forderung, Modellverstehen angemessen bereits im Sachunterricht der Grundschule aufzugreifen (Conrads 2011). In Beiträgen aus dem Sekundarbereich wird argumentiert, dass Verstehensprobleme durch Erfahrungen von Schüler/innen mit Modellen in der Schule hervorgerufen werden (z.B. Krell 2013). Da Modelle im naturwissenschaftlichen Unterricht selten als Forschungswerkzeuge eingesetzt und reflektiert werden (Campbell et al. 2015, Krell/ Krüger 2013), ist es nicht verwunderlich, dass Schüler/innen den Inhalt von Antwortalternativen, die die epistemologische Bedeutung von Modellen ausdrücken (Niveau III), nicht verstehen. Ansätze zur Förderung finden sich in Studien aus den USA, die andeuten, dass Grundschüler/innen in der Lage sind, die Prozesse des Modellierens zu durchlaufen, wenn diese Prozesse im Unterricht unterstützt durch die Lehrkraft angewandt und reflektiert werden (z.B. Forbes et al. 2015). Zusammenfassend deuten die Ergebnisse darauf hin, dass Schüler/innen in der Primarstufe individuelle Vorstellungen zu Modellen haben. Diese sollten für den Sachunterricht erfasst und nutzbar gemacht werden.

Literatur

AERA, APA & NCME [American Educational Research Association, American Psychological Association & National Council on Measurement in Education] (Hrsg.) (2014): Standards for Educational and Psychological Testing. Washington, DC.

Campbell, T.; Oh, P.; Maughn, M.; Kiriazis, N.; Zuwallack, R. (2015): A Review of Modeling Pedagogies. In: Eurasia Journal of Mathematics, Science & Technology Education, 11, pp. 159-176.

Conrads, N. (2011): Erwerb von Modellkompetenz als Bildungsziel des Sachunterrichts. Widerstreit Sachunterricht, 17, S. 1-7. URL: http://www.widerstreit-sachunterricht.de/ebeneI/ superworte/wissenschaftsor/conrads.pdf [25.11.2016].

Erduran, S.; Dagher, Z. (2014): Reconceptualizing the Nature of Science for Science Education. Dordrecht.

Fleige, J.; Seegers, A.; Upmeier zu Belzen, A.; Krüger, D. (Hrsg.) (2012): Modellkompetenz im Biologieunterricht 7-10. Donauwörth.

Forbes, C.; Vo, T.; Zangori, L.; Schwarz, C. (2015): Supporting Students' Scientific Modeling when Learning about the Water Cycle. In: Science and Children, 53, pp. 42-49.

GDSU [Gesellschaft für Didaktik des Sachunterrichts] (2013): Perspektivrahmen Sachunterricht. (Vollständig überarbeitete und erweiterte Ausgabe). Bad Heilbrunn.

Giere, R.; Bickle, J.; Mauldin, R. (2006): Understanding Scientific Reasoning. London.

Gogolin, S.; Krüger, D. (2015): Nature of Models. In: Hammann, M.; Mayer, J.; Wellnitz, N. (Hrsg.): Lehr- und Lernforschung in der Biologiedidaktik. Innsbruck, S. 27-41.

Grünkorn, J.; Upmeier zu Belzen, A.; Krüger, D. (2014): Assessing Students' Understandings of Biological Models and Their Use in Science to Evaluate a Theoretical Framework. In: International Journal of Science Education, 36, pp. 1651-1684.

KMK [Sekretariat der Ständigen Konferenz der Kultusminister der Länder in der BRD] (Hrsg.) (2005): Bildungsstandards im Fach Biologie für den Mittleren Schulabschluss. München & Neuwied.

Krell, M. (2013): Wie Schülerinnen und Schüler biologische Modelle verstehen. Berlin.

Krell, M.; Krüger, D. (2013): Wie werden Modelle im Biologieunterricht eingesetzt? Ergebnisse einer Fragebogenstudie. In: Erkenntnisweg Biologiedidaktik, 12, S. 9-26.

Krell, M.; Upmeier zu Belzen, A.; Krüger, D. (2014): Context-specificities in Students' Understanding of Models and Modelling. In: Constantinou, C.; Papadouris, N.; Hadjigeorgiou, A. (Eds.): E-Book Proceedings of the ESERA 2013 Conference. Nicosia, pp. 41-52.

Krell, M.; Upmeier zu Belzen, A.; Krüger, D. (im Druck): Modellkompetenz im Biologieunterricht. In: Sandmann, A.; Schmiemann, P. (Hrsg.): Biologie lernen und lehren. Berlin.

Kuckartz, U. (2012): Qualitative Inhaltsanalyse. Weinheim.

Nicolaou, C.; Constantinou, C. (2014): Assessment of the Modeling Competence. In: Educational Research Review, 13, pp. 52-73.

Passmore, C.; Gouvea, J.; Giere, R. (2014): Models in Science and in Learning Science. In: Matthews, M. (Ed.): International Handbook of Research in History, Philosophy and Science Teaching. Dordrecht, pp. 1171-1202.

Schwarz, C.; White, B. (2005): Metamodeling Knowledge. In: Cognition and Instruction, 23, pp. 165-205.

Trier, U. (2013): „Modelle sind künstlich". In: Grundschule, 45, S. 12-14.

Upmeier zu Belzen, A.; Krüger, D. (2010): Modellkompetenz im Biologieunterricht. In: Zeitschrift für Didaktik der Naturwissenschaften, 16, S. 41-57.

Thorsten Kosler

Neue philosophische Ansätze zur Charakterisierung der naturwissenschaftlichen Perspektive in ihrer Relevanz für den Sachunterricht

As a consequence of the "procedural turn" in philosophy of science a new perspective on the nature of science has been established. This article contrasts this perspective with more standard ways of conceptualizing scientific thinking, working and acting, contributing to the debate about the scientific perspective in primary school education. The article argues how the conceptualization of scientific thinking, working and acting can be improved by adopting the "procedural turn".

1 Naturwissenschaftliche Denk-, Arbeits- und Handlungsweisen in der Sachunterrichtsdidaktik

Ein spezifisch naturwissenschaftliches Denken, Arbeiten und Handeln ist in der Sachunterrichtsdidaktik wie auch im Rahmen der naturwissenschaftlichen Didaktiken bisher insbesondere in Anlehnung an die US-amerikanische Curriculumsdebatte („Science as Process", „Scientific Inquiry" und zuletzt „Scientific Practices") formuliert worden. Die frühen US-Curricula der 1960er Jahre folgen dabei einem induktiven Verständnis naturwissenschaftlicher Erkenntnisgewinnung (Löffler 2001), das sich auf das Wissenschaftsverständnis des logischen Empirismus zurückführen lässt (Matthews 2004).
Viele Vertreter/innen der Sachunterrichtsdidaktik orientieren sich gegenwärtig am Konzept der „Scientific Literacy" (Möller et al. 2014, Lange/ Ewerhardy 2014). Möller et al. (2014) unterscheiden dabei drei Elemente, die eine am Konzept der „Scientific Literacy" orientierte naturwissenschaftliche Grundbildung beinhalten sollte: naturwissenschaftliches Wissen, Wissen über Naturwissenschaften und motivationale Orientierungen. Ein Element des Wissens über Naturwissenschaften ist ihnen zufolge die „Einsicht in den Prozess der Konstruktion naturwissenschaftlichen Wissens" (a.a.O., S. 529). Diesen Prozess interpretieren sie so, dass dazu „das Entwickeln von Theo-

rien, die Ableitung und Prüfung von Hypothesen, die Interpretation von Daten und die Revision und Weiterentwicklung von Theorien“ (ebd.) gehören. Im Hinblick auf Kinder in der Grundschule leiten sie daraus ab, Kinder sollten lernen, „Fragen zu stellen, begründete Vermutungen einzusehen, zwischen Evidenz und Annahmen zu unterscheiden, einfache Forschungen zu planen und durchzuführen, Vermutungen mit Evidenzen argumentativ zu stützen bzw. aufgrund von Überprüfungen zu revidieren und sich über ihre Untersuchungen und Erklärungen auszutauschen“ (ebd.).

Für die Gestaltung von Bildungsprozessen wird für die Förderung naturwissenschaftlichen Denkens und Arbeitens häufig ein Vorgehen im Sinne von „Scientific Inquiry“ vorgeschlagen. Entsprechend werden im „Spiralcurriculum Magnetismus: Naturwissenschaftlich arbeiten und denken lernen“ folgende zwölf Arbeits- und Denkweisen unterschieden: 1. Fragen stellen, 2. Vermutungen/Hypothesen bilden, 3. Begründen und Argumentieren, 4. eine Untersuchung planen, 5. einen Versuch/ein Experiment aufbauen/durchführen, 6. Beobachten, 7. Messen, 8. Dokumentieren/Protokollieren/Daten aufbereiten, 9. Ordnen/Vergleichen/Systematisieren, 10. Interpretieren/ Schlussfolgern/Generalisieren, 11. Modellieren und 12. Arbeitsprozesse und -ergebnisse bewerten (vgl. Möller et al. 2013, S. 12). Im Projekt „Prima(r)forscher“ (Marquardt-Mau 2011) soll die naturwissenschaftliche Methode für Kinder in Form eines „Forschungskreislaufes“ sichtbar werden. Dieser beinhaltet: 1. Fragestellung, 2. Ideen/Vermutungen, 3. Versuch/ Durchführung, 4. Teamarbeit, 5. genau beobachten, 6. alles aufschreiben, 7. Ergebnisse festhalten und 8. Ergebnisse erörtern (vgl. S. 37). Solche Heuristiken naturwissenschaftlichen Arbeitens lassen sich nicht mehr als induktives Vorgehen deuten. Sie orientieren sich offensichtlich an Poppers Idee, aus der „Logik der Forschung“, das Vorgehen in der Naturwissenschaft im Wesentlichen als Hypothesenprüfung zu deuten (Popper 1935/1969).

2 Wissenschaftsphilosophie nach dem „Procedural Turn“

Ob das Vorgehen in der Naturwissenschaft angemessen als Hypothesenprüfung beschrieben werden kann, wurde insbesondere von Duhem (1908/1978) und Quine (1951/1980) bezweifelt. Die sogenannte Duhem-Quine-These besagt, dass naturwissenschaftliche Theorien als ein holistisches Ganzes zu betrachten sind und daher im Experiment nicht einzelne Sätze oder Gruppen von Sätzen geprüft werden, sondern alle Sätze der Wissenschaft im Ganzen. Jede Aussage könne letztlich auch bei widersprechender Evidenz dadurch gerettet werden, dass an anderer Stelle ein Satz revidiert wird. Die Abhängigkeitsverhältnisse der Sätze untereinander seien so komplex, dass es keine

logischen Argumente geben könne, aus denen sich bestimmen ließe, welche Sätze revidiert werden müssen (vgl. Schäfer 1974). Diese Sichtweise hat Kuhn (1970/1976) aufgegriffen. Er unterscheidet zwei Phasen des Wandels naturwissenschaftlicher Erkenntnis. In Phasen der Normalwissenschaft besteht der Wandel darin, neue Gesetze zu entdecken, die das bestehende Wissensgebäude um einen weiteren Baustein ergänzen, ohne dass es dabei zu Veränderungen von Grundbegriffen oder der Art und Weise kommt, wie die Welt betrachtet wird. Kuhn spricht daher auch von einem „kumulativen Hinzufügen von Einzelerkenntnissen" (Kuhn 1981, S. 6). Phasen wissenschaftlicher Revolutionen unterscheiden sich Kuhn zufolge von normalwissenschaftlichen Phasen, da sie Entdeckungen einschließen, die mit den traditionellen Begriffen gerade nicht in Einklang zu bringen seien (a.a.O., S. 7).
Kuhn gibt drei Charakteristika an, die revolutionäre Veränderungen in seinem Sinne miteinander gemein haben. Zum einen haben sie eine systemische Struktur (Kuhn selbst spricht von „ganzheitlicher Struktur"; a.a.O., S. 32), insofern sie nicht etappenweise, Schritt für Schritt, vollzogen werden können, da eine Anzahl untereinander verbundener Gesetzmäßigkeiten revidiert werden. Das zweite Charakteristikum besteht darin, dass sich ein Bedeutungswandel („Meaning Change"; a.a.O.) vollzieht, insofern die „Art und Weise, wie Worte und Sätze mit den Naturphänomenen verbunden sind" (S. 34), sich verändert. Das dritte Charakteristikum revolutionärer Veränderungen ist nach Kuhn ein „grundlegender Wandel des Modells, der Metapher oder der Analogie" (S. 36). Bezogen auf die Subjekte, die einen solchen Wandel vollziehen, deutet er dies so, dass sich das „Gefühl dafür, was einander ähnlich und was voneinander verschieden ist" (ebd.) ändert. So sei bei Aristoteles der fallende Stein, die wachsende Eiche und der gesund werdende Mensch als ähnlich betrachtet und entsprechend als verschiedene Varianten derselben Form von Veränderung auch gemeinsam behandelt worden. Dieses Muster der Ähnlichkeiten sei dann in der Newtonschen Physik ersetzt worden. Das Erkennen, welche Objekte und Situationen als ähnlich zu betrachten sind, ist für Kuhn damit das zentrale Element des Erlernens von Naturwissenschaft.
Wie Hacking (1983/1996) herausgearbeitet hat, stimmt Kuhn in einer Hinsicht mit den wissenschaftsphilosophischen Ansätzen des Wiener Kreises und Poppers überein: der starken Orientierung an der Theorie im Versuch, naturwissenschaftliche Erkenntnisgewinnung zu verstehen. Denn was sich bei Kuhn im Zuge eines Paradigmenwechsels ändert, sind Ähnlichkeitsbeziehungen, Begriffe und Gesetze. Dem stellt Hacking die These entgegen, dass wissenschaftliche Forschung in Praktiken des Repräsentierens und des Eingreifens besteht. Zentral ist für Hacking dabei, dass die Experimentiertätigkeit ein Eigenleben habe und damit auch Gegenstand der Analyse sein müsse,

wenn man naturwissenschaftliche Erkenntnisgewinnung verstehen wolle (Hacking 1983/1996, S. 250).
In der Wissenschaftsgeschichte hat Gooding (1990) die Entstehung der Elektrodynamik bei Michael Faraday und seinen Kollegen untersucht, um zu zeigen, wie aus den Handlungen, die die Forscher in ihren Laboratorien jeweils individuell vollziehen, ein Diskurs über geteilte Erfahrungen wird, in dem Verallgemeinerungen, Argumente und Kritik möglich sind (a.a.O., xiii). Im Mittelpunkt steht bei ihm die Entstehung neuer Repräsentationsweisen, die es den Forschern erst ermöglichten, über die neuen Phänomene des Elektromagnetismus miteinander zu kommunizieren und zu neuen reproduzierbaren und auch kommunizierbaren experimentellen Resultaten zu kommen, die damit auch die Grundlage für die Theoriebildung wurden. Gooding deutet seine Arbeit als Teil eines „Procedural Turn“ in der Wissenschaftsphilosophie (a.a.O., xv).
Dieses Beispiel illustriert, dass experimentelle Praktiken gemeinsam mit Begriffen und Repräsentationsweisen in einem Wechselspiel entstehen, in dem diese Elemente so lange variiert werden, bis Experiment und Theorie zusammenpassen und sich gegenseitig stabilisieren. Experimente sind damit nicht als Verfahren der Gewinnung von vortheoretischen Daten zu deuten und auch nicht im Sinne bloßer Hypothesenprüfung zu verstehen. Die Nutzung der in Kapitel 1 aufgeführten Heuristiken kann erst sinnvoll beginnen, wenn die Person, die eine dieser Heuristiken nutzt, bereits weiß, welche Phänomene als ähnlich aufzufassen sind, über die geeigneten Begriffe zur Identifikation charakteristischer Merkmale und spezifische Repräsentationsmittel verfügt und mit geeigneten experimentellen Praktiken bereits vertraut ist. Im Erwerb der hier aufgeführten Elemente naturwissenschaftlichen Denkens spielen diese Heuristiken dagegen kaum eine Rolle.
Eine genauere Bestimmung, was naturwissenschaftliches Denken ausmacht, ist daher ein Desiderat sachunterrichtsdidaktischer Forschung. Die Schwierigkeit besteht dabei darin, dass in den genannten Disziplinen, die die naturwissenschaftliche Erkenntnisgewinnung erforschen, zwar für eine Vielzahl von historischen Beispielen die jeweils spezifischen theoretischen und praktischen Hilfsmittel untersucht wurden, damit aber insbesondere die Heterogenität des Vorgehens sichtbar wird. Die Einsicht, dass es in dem Sinne, wie Carnap (1928/1998) und Popper es sich vorgestellt haben, keine einheitliche naturwissenschaftliche Methode gibt, wird in der Regel gerade als ein zentrales Ergebnis der Historisierung der Analyse naturwissenschaftlicher Erkenntnisgewinnung betrachtet (Hacking 1983/1996, S. 22; Rheinberger 2007, S. 93f.).

3 Neufassung naturwissenschaftlichen Denkens

In Kosler (2016) wurde der Versuch unternommen, naturwissenschaftliches Denken vor dem Hintergrund der in Kapitel 2 aufgeführten wissenschaftsphilosophischen Literatur neu zu bestimmen. Dafür bin ich von einer Analogie ausgegangen. In der Naturwissenschaft kommen jeweils unterschiedliche Strukturen bei der Untersuchung der Welt in den Blick, je nachdem, ob man den Querschnitt eines Laubblattes unter einem Mikroskop oder mit Hilfe eines Satelliten die Erde im Ganzen in den Blick nimmt. Ich deute die jüngere Wissenschaftsforschung so, dass hier historische Episoden der Wissenschaftsgeschichte in mikroskopischer Genauigkeit untersucht werden. Für die Frage, was naturwissenschaftliches Denken ausmacht, müsste dagegen eine Betrachtungsweise gefunden werden, die es erlaubt, die Naturwissenschaft im Ganzen in den Blick zu nehmen.
Dafür bin ich von den kulturvergleichenden philosophischen Analysen Julliens (etwa 2004) ausgegangen, der die Grundannahmen des Denkens in Europa und China vergleicht.
Unter den von Jullien herausgearbeiteten Grundannahmen europäischen Denkens lassen sich zwei identifizieren, die in der Naturwissenschaft entfaltet wurden: die Orientierung des Denkens am Modell nach dem Vorbild der euklidischen Geometrie und die Idee, Veränderung in der Natur nach dem Vorbild der Bewegung eines Körpers von einem Anfangspunkt bis zu einem Endpunkt zu betrachten (vgl. Kosler a.a.O.). Beide Grundannahmen wurden unter Rekurs auf die jüngere Wissenschaftsforschung näher untersucht und expliziert.
Unter Rekurs auf Netz (1999) konnte gezeigt werden, dass das Charakteristische an der euklidischen Geometrie in der Verwendung von Diagrammen besteht. Die Verwendung dieser Diagramme bringt zwei besondere Vorteile mit sich. Zum einen reduziert die Nutzung der Diagramme den Gegenstandsbereich, über den im Zuge der Beweisführung gesprochen wird. Dies geschieht dadurch, dass in den Diagrammen jeweils wenige Punkte durch Buchstaben bezeichnet werden. In der Beweisführung wird nur auf eine kleine Anzahl geometrischer Objekte wie Punkte, Linien oder Flächen Bezug genommen. Sie alle können über die ins Diagramm eingezeichneten Buchstaben bezeichnet werden. Zum zweiten steht das jeweilige Diagramm für eine beliebig große Zahl ähnlicher geometrischer Objekte, die mit dem im Diagramm repräsentierten Objekt diejenigen Eigenschaften teilen, die im Rahmen der Beweisführung angenommen werden. Dies ermöglicht es am Ende der Beweisführung der Leserin und dem Leser, sich davon zu überzeugen, dass der am jeweiligen Diagramm geführte Beweis unverändert auch für

all diese geometrischen Objekte, für die das Diagramm als Stellvertreterobjekt fungiert, geführt werden könnte, und so der Beweis allgemeingültig ist. Die Verwendung der Diagramme ermöglicht es damit, den Gegenstandsbereich für die Zwecke der Beweisführung zunächst auf sehr wenige Objekte zu reduzieren und dennoch am Ende allgemeingültige Aussagen zu erhalten.
Jullien (2004) zufolge entfaltete sich die Orientierung des Denkens am Modell nach dem Vorbild der Geometrie in der neuzeitlichen Naturwissenschaft, indem Galilei einen Weg fand, Naturwissenschaft nach diesem Vorbild zu betreiben.
Die Idee, Veränderung in der Natur nach dem Vorbild der Bewegung eines Körpers zu betrachten, lokalisiert Jullien bereits in der Physik des Aristoteles. Unter Heranziehung einschlägiger Arbeiten der jüngeren Wissenschaftsphilosophie und -geschichte wurde untersucht, wie Galilei diese beiden Grundannahmen des Denkens aufnahm. Es zeigt sich, dass Galilei gerade den Aristotelischen Begriff der Veränderung am Beispiel der Bewegung eines Körpers weiterentwickeln musste, um die Arbeit mit Diagrammen aus der euklidischen Geometrie in die Naturwissenschaft überführen zu können. Nach Aristoteles lassen sich Veränderungen stets durch die Angabe eines Anfangszustandes, eines Endzustandes und des Objektes, an dem sich die Veränderung vollzieht, charakterisieren (Ackrill 1985). Entsprechend lässt sich das Herunterfallen eines Körpers durch Angabe des Ortes, an dem der Körper losgelassen wird, des Ortes, an dem der Körper am Boden ankommt, und des Körpers selbst charakterisieren. Galilei weicht nun von diesem Veränderungsverständnis ab, indem er den Begriff des Geschwindigkeitsmomentes einführt. Damit lässt sich das Fallen eines Körpers auch in einem Moment charakterisieren. Es ist damit nicht mehr notwendig, einen Anfangs- und einen Endzustand anzugeben. Damit lassen sich nun Veränderungen nicht mehr nur als endliche Bewegungen auffassen, sondern als Bewegungszustände. Und dieser Begriff des Geschwindigkeitsmomentes erlaubt es Galilei, ein euklidisches Diagramm zu zeichnen, um das Fallen eines Körpers zu repräsentieren (Galilei 1638/2007, S. 158f.; vgl. Kosler 2016). Dazu zeichnet Galilei eine senkrechte Linie, die die Zeit repräsentiert, die der Körper fällt. Senkrecht dazu zeichnet Galilei Linien ein, die das Geschwindigkeitsmoment des fallenden Körpers zum jeweiligen Zeitpunkt repräsentieren. Zusätzlich zeichnet Galilei dann noch eine Bewegung mit konstanter Geschwindigkeit ins Diagramm ein und kann so Beziehungen zwischen diesen beiden Bewegungen herstellen und sein zweites Fallgesetz ableiten.
Ein Grundproblem bei der Verwendung von Diagrammen in der Naturwissenschaft bestand zunächst darin, dass Naturwissenschaft seit Aristoteles als Analyse der Bewegung von Körpern aufgefasst wurde, sich in den Diagram-

men der euklidischen Geometrie jedoch nichts bewegt. Galileis Trick besteht insofern also darin, mit der Zeit und dem Geschwindigkeitsmoment Begriffe heranzuziehen, mit denen sich Bewegung als Aufeinanderfolge von Zuständen beschreiben lässt und dann Diagramme zu finden, deren Elemente einzelne Bewegungszustände repräsentieren.
Naturwissenschaftliches Denken lässt sich nach dieser Analyse als ein Denken charakterisieren, in dem Naturveränderungen nach dem Vorbild der Bewegung von Körpern betrachtet werden und Veränderungsbegriffe verwendet werden, die es erlauben, Veränderungen im Moment und damit auch als Zustand aufzufassen. Damit wird es möglich, endliche Bewegungen als Abfolge von Zuständen aufzufassen und solche Zustände innerhalb einer Bewegung oder zwischen verschiedenen Bewegungen mit Hilfe von Diagrammen zueinander ins Verhältnis zu setzen und so unbekannte Verhältnisse aus bekannten abzuleiten.

4 Empirische Hinweise zur Förderbarkeit naturwissenschaftlichen Denkens im Sachunterricht

Damit stellt sich die Frage, ob und wie sich ein solches Denken im Sachunterricht fördern lässt. Dazu wurden Unterrichtsbeispiele aus dem Bereich des „Design based Research" reanalysiert. Die Arbeitsgruppe um Lehrer und Schauble arbeitet seit über 15 Jahren in der Unterrichtsforschung mit Konstruktionsaufgaben und geht von der Annahme aus, dass die Verwendung visueller Repräsentationen im Unterricht ein geeignetes didaktisches Hilfsmittel darstellt, um die argumentative Auseinandersetzung mit der Sache zu unterstützen (Lehrer et al. 2000, S. 326). Ein Beispiel für ein solches Vorgehen stellt die Arbeit einer dritten Klasse und ihrer Lehrerin zum Wachstum von Pflanzen dar. Jede Schülerin und jeder Schüler pflegte dabei eine schnell wachsende Pflanze mit einem Wachstumszyklus von 35 bis 40 Tagen. Die Verwendung von Graphen in Koordinatensystemen wurde von derselben Lehrerin zuvor schon im Mathematikunterricht eingeführt. Die Schüler/innen wurden zu Beginn aufgefordert, sich jeweils Fragen im Hinblick auf das Wachstum ihrer Pflanze zu überlegen, die sie verfolgen wollen. Zusätzlich wurde das Höhenwachstum der eigenen Pflanze von allen täglich in einem Wachstumsgraphen im Koordinatensystem festgehalten. Die dokumentierten Gesprächssequenzen belegen, dass die Schüler/innen mit minimalen Hilfestellungen die Steilheit des Graphen als Wachstumsrate interpretieren konnten. Die detaillierte Reanalyse (Kosler 2016) zeigt zudem, dass die Einführung des Graphen und die Entwicklung des Begriffes der Wachstumsrate zu neuen Fragestellungen geführt hat, die dann wiederum mit Hilfe dieser Instrumente (Graph und Begriff der Wachstumsrate) näher untersucht und beantwortet werden konnten. Insbesondere entwickelte die Klasse gemeinsam Repräsentationen für das Wachstum der gesamten untersuchten Population und war damit in der Lage, das Wachstum verschiedener Populationen miteinander zu vergleichen.

Dass Kinder in der vierten Klasse mit Graphen und anderen Repräsentationen arbeiten können, um proportionale Zusammenhäng zu verstehen, hat im deutschsprachigen Raum Koerber (2003) gezeigt. Ich betrachte es als Aufgabe für die Sachunterrichtsdidaktik, Unterrichtsbeispiele, wie sie von Lehrer et al. (2000) entwickelt wurden, im deutschsprachigen Raum zu adaptieren und weitere Beispiele zu entwickeln, in denen ein solches Wechselspiel zwischen Begriffsbildung und Repräsentation im Sinne einer Heranführung an naturwissenschaftliches Denken angeregt wird.

5 Resümee und Ausblick

Die Kapitel 2 und 3 legen es nahe, naturwissenschaftliches Denken als kulturelle Errungenschaft zu verstehen, die sich historisch als schrittweise Erschließung neuer Hilfsmittel des Denkens deuten lässt, mit denen neue Erkenntnisse erschlossen werden konnten. Zentral ist dabei, dass neue Praktiken der Repräsentation von Naturveränderungen entwickelt und damit neue Schlussfolgerungen möglich wurden. Möglich wird dies dadurch, dass Naturveränderungen nicht mehr nur als endliche Veränderungen, sondern auch als Zustände, die sich in einem Moment charakterisieren lassen, verstanden werden.

Wenn der Sachunterricht Schüler/innen an naturwissenschaftliche Denk-, Arbeits- und Handlungsweisen heranführen soll, dann müsste das Ziel des Unterrichts darin bestehen, an ein solches Verständnis von Naturveränderungen und solche Repräsentationspraktiken heranzuführen.

Für die Sachunterrichtsdidaktik bedeutet dies, dass an die Stelle der Orientierung an den in Kapitel 1 erwähnten Heuristiken, eine Orientierung an den spezifischen Repräsentationspraktiken der Naturwissenschaft sowie an deren begriffliche und erkenntnistheoretische Voraussetzungen treten müsste.

Es liegt nahe, im Sachunterricht solche Phänomene zum Gegenstand des Denkens zu machen, die Galilei bereits diskutiert hat: das Fallen, Rutschen, Rollen und Pendeln von Objekten. Zum einen ist zu vermuten, dass diese Vorgänge eben deshalb am Anfang neuzeitlichen naturwissenschaftlichen Denkens standen, weil sie am einfachsten zu verstehen sind. Zum zweiten beschäftigen sich Kinder selbst beim Schaukeln, Rutschen, Wippen und beim Spielen mit Kugelbahnen gerade mit solchen Prozessen und haben dazu Erfahrungen. Und zum dritten hat bereits Piaget (1946/1971, vgl. Kosler 2016) gezeigt, dass Kinder bereits im Alter von fünf Jahren ein intuitives Verständnis des bei Galilei so zentralen Begriffes des Geschwindigkeitsmomentes besitzen. Das in Kapitel 4 angeführte Beispiel zum Wachstum von Pflanzen belegt daneben, dass der Sachunterricht für eine Heranführung an naturwissenschaftliches Denken aber auch nicht auf Beispiele aus der klassischen Mechanik beschränkt ist. Ein explizites Heranführen an kognitive Hilfsmittel eröffnet dabei auch die Möglichkeit, das erarbeitete Vorgehen bei der Auseinandersetzung mit Naturveränderungen zu reflektieren und mit anderen Formen der Auseinandersetzung mit Naturveränderungen, z.B. mit dem chinesischen Denken, zu vergleichen und im Hinblick auf Vor- und Nachteile zu bewerten (vgl. Kosler a.a.O.). Ein vielperspektivischer Sachunterricht bestünde nach diesen Ausführungen darin, Schüler/innen im Sachunterricht an die spezifischen kognitiven Hilfsmittel der verschiedenen Perspektiven des Sachunterrichtes heranzuführen und die Vor- und Nachteile, die diese Hilfsmittel mit sich bringen, zu reflektieren. Es stellt sich damit auch die Frage, ob sich für die übrigen Perspektiven des Sachunterrichts analog zum hier vorgestellten Vorgehen ebenfalls spezifische kognitive Hilfsmittel identifizieren lassen. Daneben lässt sich fragen, ob auch im Hinblick auf andere Perspektiven des Sachunterrichtes neue philosophische Ansätze bestehen, deren Adaption eine weitere Ausschärfung der Perspektiven des Sachunterrichtes erlauben. Vielversprechend scheinen mir im Hinblick auf die sozialwissenschaftliche Perspektive die Ansätze von Rancière (2002) zur Neubestimmung des Politischen und von Nancy (2004) zur Neubestimmung von Gemeinschaft zu sein.

Literatur

Ackrill, J.L. (1985): Aristoteles. Berlin.

Carnap, R. (1928/1998): Der logische Aufbau der Welt. Hamburg.

Duhem, P. (1908/1978): Ziel und Struktur der physikalischen Theorien. Hamburg.

Galilei, G. (1638/2007): Unterredungen und mathematische Demonstrationen über zwei neue Wissenszweige, die Mechanik und die Fallgesetze betreffend. Frankfurt a.M.

Gooding, D. (1990): Experiment and the Making of Meaning. Human Agency in Scientific Observation and Experiment. Dodrecht.

Hacking, I. (1983/1996): Einführung in die Philosophie der Naturwissenschaften. Stuttgart.

Jullien, F. (2004): Über die „Zeit“. Elemente einer Philosophie des Lebens. Zürich.

Koerber, S. (2003): Visualisierung als Werkzeug im Mathematik-Unterricht. Der Einfluss externer Repräsentationsformen auf proportionales Denken im Grundschulalter. Hamburg.

Kosler, T. (2016): Naturwissenschaftliche Bildung im Elementar- und Primarbereich. Zum naturwissenschaftlichen Denken mit Kindern im Kontext einer nachhaltigen Entwicklung. Bad Heilbrunn.

Kuhn, T. (1981): Was sind wissenschaftliche Revolutionen? München.

Kuhn, T. (1970/1976): Die Struktur wissenschaftlicher Revolutionen. Frankfurt a.M.
Lange, K.; Ewerhardy, A. (2014): Naturwissenschaftliches Lehren und Lernen. In: Hartinger, A.; Lange, K. (Hrsg.): Sachunterricht – Didaktik für die Grundschule. Berlin, S. 35-57.
Lehrer, R.; Schauble, L.; Carpenter, S.; Penner, D. (2000): The Interrelated Development of Inscriptions and Conceptual Understanding. In: Cobb, P.; Yackel, E.; McClain, K. (Eds.): Symbolizing and Communicating in Mathematics Classrooms. Perspectives on Discourse, Tools, and Instructional Design. Mahwah, pp. 325-360.
Löffler, G. (2001): Kritik der Anfänge des Sachunterrichts – Fragen zu seinen Grundlagen. In: Köhnlein, W.; Schreier, H. (Hrsg.): Innovation Sachunterricht – Befragung der Anfänge nach zukunftsfähigen Beständen. Bad Heilbrunn, S. 167-180.
Marquart-Mau, B. (2011): Der Forschungskreislauf: Was bedeutet forschen im Sachunterricht? In: Deutsche Telekom Stiftung; Deutsche Kinder- und Jugendstiftung (Hrsg.): Wie gute naturwissenschaftliche Bildung an Grundschulen gelingt. Ergebnisse und Erfahrungen aus prima(r)forscher. Berlin und Bonn, S. 32-37.
Matthews, M. (2004): Thomas Kuhn's Impact on Science Education: What Lessons Can be Learned? In: Science Education, 88, pp. 90-118.
Möller, K.; Bohrmann, M.; Hirschmann, A.; Wilke, T.; Wyssen, H.-P. (2013): Spiralcurriculum Magnetismus: Naturwissenschaftlich arbeiten und denken lernen. Band 2: Primarbereich. Seelze.
Möller, K.; Kleickmann, T.; Sodian, B. (2014): Naturwissenschaftlich-technischer Lernbereich. In: Einsiedler, W.; Götz, M.; Hartinger, A.; Heinzel, F.; Kahlert, J.; Sandfuchs, U. (Hrsg.): Handbuch Grundschulpädagogik und Grundschuldidakik. Bad Heilbrunn, S. 527-535.
Nancy, J.-L. (2004): Singulär plural sein. Berlin.
Netz, R. (1999): The Shaping of Deduction in Greek Mathematics. A Study in Cognitive History. Cambridge.
Piaget, J. (1946/1971): The Child's Conception of Movement and Speed. New York.
Popper, K.R. (1935/1969): Logik der Forschung. Tübingen.
Quine, W.v.O. (1951/1980): Two Dogmas of Empiricism. In ders.: From a Logical Point of View. Cambridge M.A., pp. 20-46.
Rancière, J. (2002): Das Unvernehmen. Politik und Philosophie. Frankfurt a.M.
Rheinberger, H.-J. (2007): Historische Epistemologie zur Einführung. Hamburg.
Schäfer, L. (1974): Erfahrung und Konvention. Zum Theoriebegriff der empirischen Wissenschaften. Stuttgart-Bad Cannstadt.

Nina Skorsetz und Manuela Welzel-Breuer

Wie aufmerksam sind Vorschulkinder beim strukturierten Explorieren? – Der Versuch einer videobasierten Detailanalyse

The Empathizing-Systemizing (E-S)-Theory (Baron-Cohen 2002) is an approach for explaining differences in the motivation for science. It says that every person has a so called "brain type". People who have the brain type "systematizer" are generally more engaged in science and motivated to do science than people who are stronger in empathizing (Zeyer et al. 2013).
In this study children are observed in a more structured learning environment in order to investigate potential different attentiveness related reactions between children with different brain types.
We analyze the videotapes using a category based approach with focus on children's viewing perspective. So far we discovered that children show in the learning environment various periods of attentiveness but there are no significant differences between brain type groups.

1 Theoretischer Hintergrund

1.1 Die Empathisierer-Systematisierer-Theorie

Es ist zu beobachten, dass sich Menschen für bestimmte Lebensbereiche oder Wissensgebiete mehr interessieren und für andere weniger – dies betrifft auch den Bereich der Naturwissenschaften. Ein interessanter Ansatz die unterschiedliche Motivation von Menschen, sich mit Naturwissenschaften zu beschäftigen, zu erklären, ist die Empathizing-Systemizing (E-S)-Theorie von Baron-Cohen (2009). Laut dieser haben Menschen unterschiedliche Brain Types, die dazu führen, dass Personen sich entweder eher an Strukturen oder an den Mitmenschen orientieren. Das Gehirn jedes Menschen hat in den meisten Fällen Anteile beider Dimensionen „Empathisieren" und „Systematisieren" (Baron-Cohen 2009, S. 72). „Systemizing is the drive to analyze or construct systems" (a.a.O., S. 71), also der Drang, Systeme zu analysieren oder zu schaffen – v.a. mit der Intention, die Regeln, die ein System organisieren, zu bestimmen (Zeyer et al. 2013, S. 1048) und Vorhersagen über das weitere Verhalten zu machen (vgl. Baron-Cohen 2009, S. 71). Im Gegenzug dazu steht das Empathisieren: „Empathizing is the drive to identify another person's emotions and thoughts and to respond to these with an appropriate emotion" (Auyeung et al. 2009, S. 1). Empathisierer sind also eher am Funktionieren sozialer Beziehungen interessiert. Im Allgemeinen, so hat man empirisch belegt, sind mehr Männer als Frauen Systematisierer (vgl. Baron-Cohen 2009, S. 76).

Jedoch haben alle Individuen in der Regel Anteile an beiden Dimensionen. Dargestellt wurde dies mit dem Empathizing Quotient (EQ) und dem Systemizing Quotient (SQ), deren Ausprägung mithilfe eines Fragebogens bestimmt werden kann (Goldenfeld et al. 2005). Empirisch ergaben sich über dessen Einsatz fünf sogenannte Brain Types: Extreme E, E, Balanced, S und Extreme S (Baron-Cohen 2009). Diese Brain Types ließen sich auch schon bei 4- bis 11-jährigen Kindern nachweisen (Auyeung et al. 2009). Der „EQ-SQ-Child Questionnaire" wird von den Eltern für ihre Kinder ausgefüllt.

Billington et al. (2007) fanden heraus, dass der Brain Type sich z.B. besser als das Geschlecht dazu eignet, vorhersagen zu können, ob sich jemand für ein naturwissenschaftliches Studium bzw. eine naturwissenschaftlich-technische Ausbildung entscheidet oder nicht. Zeyer et al. (2013) ergänzten diese Befunde um die Ergebnisse ihrer interkulturellen empirischen Studie, mit der sie herausfanden, dass nur der Anteil der Ausprägung „Systematisierer" einen Einfluss auf die Motivation hat, sich mit naturwissenschaftlichen Sachverhalten zu befassen, Geschlecht und der Anteil der Ausprägung „Empathisierer" hingegen nicht.

Zeyer et al. folgerten aus den Ergebnissen ihrer Studie, dass Empathisierer und Systematisierer wohl unterschiedliche Zugänge zu Naturwissenschaften benötigen, da sich aufgrund ihres unterschiedlichen Brain Types nicht alle gleichermaßen bzw. über dieselben Angebote für diesen Bildungsbereich motivieren lassen (Zeyer et al. 2012). Diese Zugänge sollten entsprechend speziell auf die individuellen Bedürfnisse der Brain Types zugeschnitten sein. Um also Empathisierer-Kinder (mit niedrigem Anteil SQ) für Naturwissenschaften zu begeistern, schlagen sie vor, Lernumgebungen und Unterrichtsstunden Brain-Type-spezifisch zu planen. Dazu empfehlen sie „First-Person-Perspectives" und „Context-based-Approaches", d.h. Zugänge, die eine persönliche Ebene wie z.B. eine Identifikationsfigur beinhalten und ein soziales Miteinander ermöglichen (Zeyer et al. 2013, S. 1062).

1.2 Aufmerksamkeitsfokussierung in Lernumgebungen zur frühen naturwissenschaftlichen Bildung

Im Kindergarten werden zunehmend auch Lernumgebungen zur frühen naturwissenschaftlichen Bildung angeboten, welche die pädagogischen Fachkräfte vorbereitet haben. Die Kinder zeigen dabei ihre Anteilnahme, d.h. ihre Motivation gegenüber der Situation und dem Lerngegenstand durch verschiedene Verhaltensweisen, die Laevers (2007) in der „Leuvener Engagiertheitsskala“ zusammenfasst. Ein Aspekt der hier beschriebenen Verhaltensweisen ist die Aufmerksamkeit, die sich dadurch zeigt, dass das Kind sich bei engagiertem Tun in seiner Aktivität auf einen bestimmten Bereich der Lernumgebung konzentriert (a.a.O., S. 10). Diese Fokussierung kann sichtbar werden durch die Hinwendung des Kindes auf Sachen, Gegenstände und andere Personen *z.*B. durch die Blickrichtung, die es einnimmt.

2 Fragestellung

In unserer Studie sollen in einer strukturierten Lernumgebung zur frühen naturwissenschaftlichen Bildung mögliche Differenzen in der Aufmerksamkeitsfokussierung zwischen den verschiedenen Brain Types erfasst werden.
Wir gehen davon aus, dass die Kinder unterschiedlichen Brain Types sich folglich in unterschiedlicher Weise auf die Lernumgebung einlassen können und somit auch unterschiedliches Aufmerksamkeitsverhalten zeigen. In Abhängigkeit von der Möglichkeit zur Fokussierung für die Kinder sollte es mess- bzw. beschreibbare Unterschiede in ihrem Aufmerksamkeitsverhalten geben.
Die Forschungsfrage dazu lautet: Zeigen die Empathisierer- und Systematisierer-Kinder unterschiedliches Verhalten bezogen auf die Aufmerksamkeit in einer eher strukturierten Lernumgebung?

3 Methodisches Vorgehen

Im ersten Schritt übersetzten wir den in der Literatur in englischer Sprache vorliegenden „EQ-SQ-Child Questionnaire“ (Auyeung et al. 2009) ins Deutsche, validierten ihn kommunikativ und ließen ihn 2015 von Eltern von 57 Vorschulkindern ausfüllen (vgl. Skorsetz/ Welzel-Breuer 2016). Bei der statistischen Auswertung ergaben sich zufriedenstellende Korrelationen: Cronbach´s Alpha für die Empathisierer-Items betrug $\alpha = 0{,}81$ und für die Systematisierer-Items $\alpha = 0{,}61$. Über die Auswertung des „EQ-SQ-Child Questionnaire“ ergab sich die folgende Verteilung der Brain Types in unserer Versuchsgruppe: 2 Extreme E; 18 E; 17 B; 18 S; 2 Extreme S (n = 57).

Im Anschluss wurden die 5- bis 6-jährigen Vorschulkinder im Sinne eines Design-Based Research-Ansatzes (Collective 2003) in der eher strukturiert konzipierten naturwissenschaftlichen Lernumgebung per Video beobachtet. Insgesamt konnten wir aufgrund von Dropouts im hier beschriebenen ersten Teil der Studie 52 Kinder in 15 einzelnen Settings als Datenbasis beobachten. Die Kinder nahmen in Kleingruppen von drei bis vier Kindern an einer naturwissenschaftlich orientierten Lernumgebung teil.
Die Lernumgebung beschäftigte sich inhaltlich mit dem Aspekt der Saugfähigkeit von verschiedenen Materialien: von Watte, Alufolie und Superabsorberkristallen aus dem Inneren einer Babywindel.
In der strukturierten Lernumgebung, die wir nach Lück (2009) gestalteten, saßen die Kinder gemeinsam mit der Fachkraft um einen Tisch. Die benötigten Materialien wurden auf einer dunklen Unterlage präsentiert, gemeinsam angeschaut und zunächst benannt. Die Vorgehensweise des Experiments wurde den Kindern danach über eine bebilderte Anleitung deutlich gemacht.
Die pädagogische Fachkraft leitete die Kinder durch die einzelnen Phasen des Benennens, der Vorbereitung, des eigentlichen Experimentierens (Wasser über die zu vergleichenden Materialien geben und beobachten, was passiert) und die abschließende Deutungsphase. In der letzten Phase bekamen die Kinder die Aufgabe, die zu vergleichenden Materialien in der Reihenfolge aufzustellen, wie stark diese – ihrer Beobachtung nach – in der Lage sind, Wasser aufzusaugen. Dabei sollte es zu einem Austausch zwischen den Kindern über die richtige Rangfolge kommen. Zum Abschluss befragte die pädagogische Fachkraft die Kinder nach deren Ideen dazu, warum die Materialien unterschiedlich stark Wasser aufsaugen.
Mithilfe der Software „Videograph" (Rimmele 2012) wurden nun die Blickrichtungen aller 52 Kinder über die gesamte Lernumgebung hinweg über ein Event Sampling Verfahren erfasst.
Folgende Kategorien in Bezug auf die Blickfoki ergaben sich induktiv:

1. zur Erzieherin
2. zu anderen Kindern
3. auf das Experimentiermaterial
4. zum Beobachter bzw. in die Kamera
5. im Raum umher
6. auf das Material, das gerade nicht zum Experimentieren genutzt wird
7. nicht erkennbar
8. Sonstiges

Im zweiten Schritt wurden diejenigen Blickrichtungskategorien zusammengeführt, die aus unserer Sicht die Ablenkung der Kinder von der Sache darstellen. Diese Auswahl bezieht alle Blickrichtungen der Kinder ein, die nicht

direkt mit der Experimentiersituation zusammenhängen. Diese sind die Kategorien 4., 5. und 6.
Um zu sehen, ob es auf die Blickrichtung bezogene Unterschiede zwischen den verschiedenen Brain Types gibt, fassten wir alle Kinder mit dem gleichen Brain Type in einer Gruppe zusammen. Dabei werden die Kinder mit dem Brain Types Extreme E der Gruppe der Empathisierer zugeordnet. Ebenso gingen wir bei den Kindern mit dem Brain Type Extreme S vor.

4 Erste Ergebnisse

In der Auswertung der Häufigkeit der Kategorien zeigte sich zunächst eine starke Fokussierung der Kinder auf das Experimentier-Material und die pädagogische Fachkraft.
Schaut man sich die Ablenkungskategorien an, wird sichtbar, dass sich zwischen den einzelnen Kindern große Unterschiede in der Aufmerksamkeitsverteilung ergeben. Es gibt eine Spanne der Ablenkung von 1,00% bis 19,26% der Zeit auf den gesamten Zeitraum des Settings bezogen.
Schaut man sich die Brain Type Gruppen an, ergibt sich das folgende Bild: Die Abbildung 1 zeigt die prozentuale Verteilung der abgelenkten Blickrichtung für die drei zusammengefassten Brain-Type-Gruppen Empathisierer (E), Balanced (B), Systematisierer (S) in Prozent bezogen auf die Gesamtzeit des Settings.

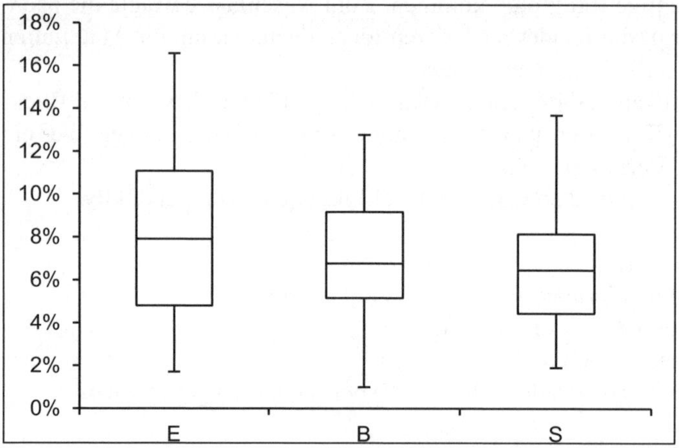

Abbildung 1: Ablenkung der Blickrichtung in den drei Brain Type Gruppen

Die Darstellung der Boxplots legt nahe, dass die Gruppe der Empathisierer einen etwas größeren Anteil an Ablenkung zeigt. Die Unterschiede der Mittelwerte sind jedoch nicht signifikant. Sichtbar wird auch, dass es innerhalb der einzelnen Gruppen große Differenzen in der prozentualen Ablenkungszeit gibt. Die Spannweiten innerhalb der Gruppen dominieren die Gruppenunterschiede bei weitem.
Interessant ist in diesem Zusammenhang noch die folgende, von der E-S-Theorie unabhängige Beobachtung: Vergleicht man das aufmerksamkeitsbezogene Verhalten von Jungen und Mädchen, sind wiederum keine signifikanten Unterschiede zu sehen. Die Abbildung 2 zeigt dies wieder als Boxplot. Bei beiden Gruppen ist die Spanne der prozentualen Abweichung auch wieder sehr groß.

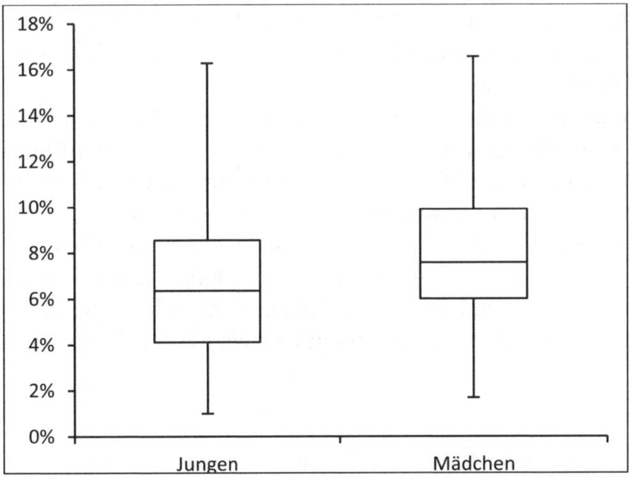

Abbildung 2: Ablenkung der Blickrichtung bei Jungen und Mädchen

5 Diskussion und Ausblick

Die Daten zeigen zunächst kein eindeutiges Bild zur Bestätigung der Vermutung, dass in der eher strukturierten naturwissenschaftlichen Lernumgebung die Empathisierer-Kinder stärker abgelenkt sind als Systematisierer-Kinder. Wir konnten bisher keine signifikanten Unterschiede bezüglich unserer Beobachtungskategorien finden. Eine Analyse des Aufmerksamkeitsverhaltens in einer eher offenen naturwissenschaftlichen Lernumgebung zum selben Thema steht jedoch noch aus.

Es stellen sich daher in diesem Stadium unserer Untersuchungen für uns mehrere Fragen zum weiteren Vorgehen:

1. Können wir allein über die Analyse der Blickrichtungen ausreichend über Aufmerksamkeit bzw. der Ablenkung der Kinder von der Lernumgebung aussagen? Der Blickrichtung könnten ja unterschiedliche Intentionen zugrunde liegen, wie z.B. die tatsächliche Motivation oder auch nur scheinbare Motivation, sich mit dem Untersuchungsgegenstand zu befassen oder das sozial orientierte Folgenwollen der Anweisungen der pädagogischen Fachkraft. Um die unterschiedliche Motivation genauer einschätzen zu können, müssen weitere Indikatoren, wie z.B. sprachliche Äußerungen und haptische Tätigkeiten, genauer betrachtet und ausgewertet werden.
2. Zeigen die Kinder unterschiedliche Blickmuster, d.h. viele kurze Blicke oder aber längere Blickphasen? Diese Unterschiede sind bisher noch nicht erfasst. Dabei sollte eventuell auch nach den unterschiedlichen Phasen des Settings unterschieden werden, wie z.B. Unterschiede in der Einleitungs-, Explorier- oder Deutungsphase.

Im zweiten Jahr wurde eine getestete Vergleichsgruppe (gleiches Alter, vergleichbarer Zeitraum im letzten Kindergartenhalbjahr) in einer eher offenen Lernumgebung zum gleichen Thema, die durch eine Rahmengeschichte eingeleitet wird und die im Anschluss anhand einer Problemstellung Platz zur freien Exploration bietet, beobachtet. Auch in dieser werden die Blickrichtungen der Kinder in den gleichen Kategorien erhoben, sodass ein Vergleich der beiden Settings möglich ist und sich zeigen kann, ob zwischen den Brain-Type-Gruppen Unterschiede in den aufmerksamkeitsbezogenen Reaktionen bestehen.

Anmerkung

Die hier vorgestellte Studie wird von der Klaus Tschira Stiftung ermöglicht und an der Forscherstation durchgeführt. Die Klaus Tschira Stiftung fördert Naturwissenschaften, Mathematik und Informatik und möchte zur Wertschätzung dieser Fächer beitragen.
Die Forscherstation, Klaus-Tschira-Kompetenzzentrum für frühe naturwissenschaftliche Bildung gGmbH mit Sitz in Heidelberg, ist ein An-Institut der Pädagogischen Hochschule Heidelberg. Die Forscherstation wird von der Klaus Tschira Stiftung gGmbH getragen.

Literatur

Auyeung, B.; Wheelwright, S.; Allison, C.; Atkinson, M.; Samarawickrema, N.; Baron-Cohen, S. (2009): The Children's Empathy Quotient and Systemizing Quotient: Sex Differences in Typical Development and in Autism Spectrum Conditions. In: Journal of Autism and Developmental Disorder, 39, 11, pp. 1509-1521.

Baron-Cohen, S. (2009): Autism: The Empathizing-Systemizing (E-S) Theory. In: Annals of the New York Academy of Sciences, Bd. 1156, pp. 68-80.

Billington, J.; Baron-Cohen, S.; Wheelwright, S. (2007): Cognitive Style Predicts Entry into Physical Sciences and Humanities: Questionnaire and Performance Tests of Empathy and Systemizing. In: Learning and Individual Differences, 17, 3, pp. 260-268.

Goldenfeld N.; Baron-Cohen S.; Wheelwright, S. (2005): Empathizing and Systemizing in Males, Females, and Autism. Clinical Neuropsychiatry, 2. 6, pp. 338-345.

Laevers, F. (2007): Die Leuvener Engagiertheitsskala. LES-K (2. Aufl.). Erkelenz.

Lück, G. (2007): Forschen mit Fred. Naturwissenschaften im Kindergarten. Oberursel.

Rimmele, R. (2012): Was ist Videograph? Kiel. URL: http://www.ipn.unikiel.de/aktuell/ videograph/videograph.pdf [05.05.2015].

Skorsetz, N.; Welzel-Breuer, M. (2016): Aufmerksamkeit von Vorschulkindern beim strukturierten Explorieren. In: Maurer, C. (Hrsg.): Authentizität und Lernen. Das Fach in der Fachdidaktik. Bd. 36. Kiel, S. 264-266.

The Design-Based Research Collective (2003): Design-Based Research: An Emerging Paradigm for Educational Inquiry. In: Educational Researcher, 32, 1, pp. 5-8. URL: www.jstor.org/ stable/3699927 [04.12.2016].

Zeyer, A.; Bölsterli, K.; Brovelli, D.; Odermatt, F. (2012): Brain Type or Sex Differences? A Structural Equation Model of the Relation between Brain Type, Sex, and Motivation to Learn Science. International Journal of Science Education, 34, 5, pp. 779-802.

Zeyer, A.; Çetin-Dindar, A.; Nurulazam Md Zain, A.; Juriševič, M.; Devetak, I.; Odermatt, F. (2013): Systemizing: A Cross-Cultural Constant for Motivation to Learn Science. In: Journal of Research in Science Teaching 50, 9, pp. 1047-1067.

Sebastian Tempelmann, Laura Abbas, Esther Bäumler und Pascal Favre

Schulisches Lernen im Naturpark – Evaluation einer konzeptbasierten exemplarischen Lernumgebung

Swiss "Naturparks" (natural parks) provide ideal conditions for outdoor learning activities in the proximity of schools. In order to facilitate the cooperation of "Naturparks" and primary schools, the project "parkstark" aims on providing a manual (Favre/ Bäumler/ Abbas/ Tempelmann in prep.). The manual's core is an exclusively developed didactic concept (Tempelmann/ Abbas/ Bäumler/ Favre 2016). For piloting reasons this concept was implemented in an exemplary learning environment with the topic biodiversity and tested with five classes. The testing was arranged as an intervention study with control groups. In this paper we present results of this study and discuss the adequateness of the evaluation form for the configured manual.

1 Die Lernumgebung

Um das komplexe und für die Primarschule bedeutsame Thema Biodiversität für Kinder zugänglich zu machen, wird es in der hier behandelten Lernumgebung am Beispiel der Geburtshelferkröte und ihres Lebensraumes exempla-risch veranschaulicht (für Details s. Tempelmann et al. 2016, Projekt *parkstark*). Dem didaktischen Konzept von *parkstark* folgend, ist es das Ziel, die Schüler/innen darin zu unterstützen, belastbares Orientierungswissen aufzubauen. Entsprechend werden nicht ausschließlich kognitive Lernziele verfolgt, sondern es wird auch die Einstellung der Natur gegenüber thematisiert und als eigene Lernzieldimension behandelt. Zudem sind eine enge Verzahnung von Exkursionen und deren Vor- resp. Nachbereitung im Klassenzimmer sowie ein genetischer Aufbau der Inhalte zentral. Die Lernumgebung umfasst zwanzig Lektionen im Klassenzimmer und drei halbtägige Exkursionen in den Jurapark Aargau.

Um diese umfangreiche Lernumgebung zu evaluieren, wurde sie in drei Lernsequenzen (LS) gegliedert. In der ersten LS werden Fortpflanzung und Entwicklung von Amphibien thematisiert. Es folgt in der zweiten LS eine Einführung in die Konzepte *Lebensraum, Nahrungsnetz* und *Biodiversität* am Beispiel der Geburtshelferkröte. Anschließend wird in der dritten LS der Einfluss des Menschen auf Lebensräume und damit auf die Biodiversität diskutiert. Diese Problematik führt am Ende der LS zur Entwicklung von Handlungsoptionen: einem Naturschutzeinsatz im Naturpark sowie Überlegungen zum bewussten Konsumverhalten im Alltag. Zu jeder LS wurden Grobziele (i.d.R. Kompetenzen) formuliert und jedes dieser Grobziele durch Feinziele operationalisiert (s. Abb. 1).

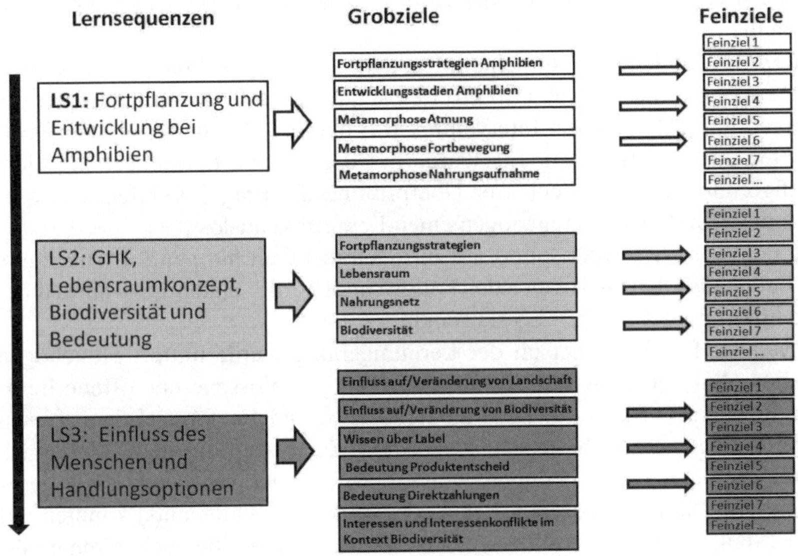

Abbildung 1: Aufbau und Lernzielebenen der Lernumgebung (schematisch, Kompetenzen nicht ausformuliert)

2 Die Untersuchung

Die Evaluation, welche Aufschluss über die Wirksamkeit der Lernumgebung und indirekt auch über das zugrundeliegende Konzept geben soll, überprüft sowohl die kognitive wie auch die affektive Lernzielebene. Für die Messung der kognitiven Ebene wurde ein eigenes Testinstrument entwickelt. Die affektive Ebene der Lernumgebung verfolgt das Ziel, die Beziehung der

Schüler/innen zur Natur zu stärken. Um diese Naturverbundenheit zu messen, wurde der erprobte *Connection to Nature Index (CNI)* verwendet (Cheng/ Monroe 2012). Die Überprüfungen der beiden Zielebenen werden separat vorgestellt.

2.1 Überprüfung der kognitiven Lernziele

Stichprobe: Die Stichprobe umfasste acht Schulklassen mit insgesamt 140 Schüler/innen (67 ♀ & 73 ♂) aus dem ländlichen Kanton Aargau. Es handelte sich um fünf Klassen der fünften Primarstufe und drei altersdurchmischte Klassen (4./5. bzw. 5./6. Primarstufe). Der Altersdurchschnitt betrug 11,86 Jahre (SD 0,641). 91 Schüler/innen (fünf Klassen) wurden der Experimentalgruppe (EG) und 49 Schüler/innen (drei Klassen) der Vergleichsgruppe (VG) zugeteilt.

Design: Es handelte sich um eine Interventionsstudie mit Prä-, Post-, Follow-up-Design und VG. Es gab also pro Lernsequenz drei Testzeitpunkte: vor der Intervention (t1), nach der Intervention (t2) und 6-8 Wochen nach dem Posttest (t3). Im Gegensatz zur EG wurde mit der VG die Lernumgebung nicht durchgeführt. Die VG diente zur Überprüfung der Frage, ob allein das wiederholte Ausfüllen der Fragebogen einen Lerneffekt auslöst.

Jede der drei LS wurde isoliert auf ihre Wirksamkeit hin geprüft. Dies hatte zur Folge, dass beispielsweise der Follow-up-Test der ersten LS während der Durchführung der zweiten LS stattfand.

Instrument: Die Wirksamkeit der Lernumgebung wurde mittels Fragebogen erhoben. Auf der Basis der Feinziele wurden geschlossene und offene Items formuliert (LS1: 37 Items, LS2: 29 Items, LS3: 45 Items). Bei den offenen Items handelte es sich beispielsweise um Zeichnungsaufträge. Um einen Mittelwert berechnen zu können, wurden pro Feinziel mindestens zwei Items formuliert. Die geschlossenen Items (im Sinne von Statements) konnten auf einer 5-teiligen Likert-Skala von „ich stimme nicht zu" bis „ich stimme völlig zu" beantwortet werden. Dies ermöglicht im Gegensatz zu einfachen ja/ nein-Antworten, auch die Souveränität der Schüler/innen bei der Beantwortung zu messen. Zudem gab es die Antwortoption „weiß nicht", um *Missing Values* zu vermeiden.

Auswertung: Die Auswertung der offenen Zeichnungsaufträge und die Dateneingabe wurden zu 20% von zwei Personen durchgeführt. Die Interrater-Reliabilität ist dabei für alle Items höchst zufriedenstellend ($\kappa > 0,8$).

Nach der Dichotomisierung aller Antworten wurden für die einzelnen Feinziele Mittelwerte berechnet und anhand dieser wiederum Mittelwerte für die Subskalen (Grobziele) und Hauptskalen (LS).

Die Wissensveränderung auf Basis der gebildeten Skalen wurde anhand der varianzanalytischen Prüfung (ANOVA mit Messwiederholung) mit dem Innersubjekt-Faktor *Testzeitpunkt* (t1 vs. t2 bzw. t1 vs. t3) und dem Zwischensubjekt-Faktor *Gruppenzugehörigkeit* (EG, VG) gemessen.

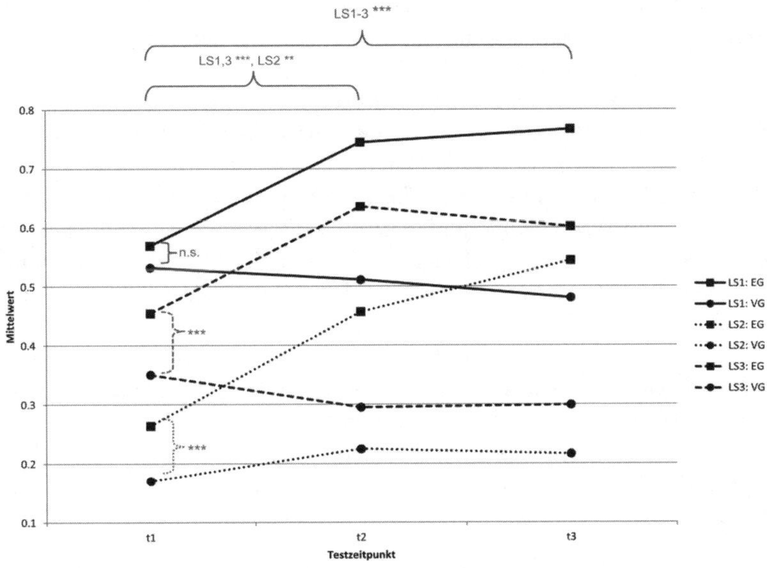

Abbildung 2: Ergebnisse zur kognitiven Ebene, unterteilt nach Lernsequenzen und Gruppenzugehörigkeit. Die waagrechten Klammern zeigen die Resultate der ANOVA mit Messwiederholung (Testzeitpunkt x Gruppe); die senkrechten Klammern die Resultate der unabhängigen t-Tests. ** = p < 0,01; *** = p < 0,001, n.s. = nicht signifikant

Ergebnisse: Die varianzanalytische Prüfung der Wissensveränderung über die zwei Testzeitpunkte (t1 vs. t2 bzw. t1 vs. t3) ergibt für alle drei Hauptskalen (LS1-3) einen hoch bis höchst signifikanten Interaktionseffekt zwischen *Gruppe* und T*estzeitpunkt* (s. Tab. 1). Bei Betrachtung der Mittelwerte (s. Abb. 2) wird deutlich, dass die Wissenszunahme zu den Testzeitpunkten t2 und t3 im Vergleich zum ersten Testzeitpunkt in der EG wesentlich positiver ist als in der VG.

In Abbildung 2 sind aber zwei Auffälligkeiten zu erkennen, welche wir genauer untersucht haben.

1. Bei allen Lernsequenzen gibt es bereits zum Zeitpunkt t1 einen Unterschied in dem Sinne, dass die EG höhere Werte hat als die VG. Tatsächlich sind die Unterschiede zwischen EG und VG zum Zeitpunkt t1 bei den LS2

und LS3 signifikant (unabhängiger t-Test, beide p Werte < 0,001), nicht aber bei der LS1 (unabhängiger t-Test, p > 0,5).

2. Des Weiteren ist auffällig, dass in der LS2 in der EG zum Zeitpunkt t3 wesentlich höhere Werte zu verzeichnen sind als zum Zeitpunkt t2. In der Tat ist dieser Unterschied signifikant (abhängiger t-Test, p < 0,001). Diese „Anomalien" lassen sich mit der Abfolge der Testzeitpunkte begründen. Dazu mehr in der Diskussion der Ergebnisse.

Bei der Betrachtung der Subskalen (Grobziele) zeigt sich ebenfalls ein hoch bis höchst signifikanter Interaktionseffekt zwischen den Faktoren *Gruppe* und *Testzeitpunkt*. Nur zwei Ausnahmen lassen sich hier feststellen:

1. In der ersten LS ist beim Grobziel *Entwicklungsstadien der Amphibien* die Interaktion zwischen *Gruppe* und *Testzeitpunkt* weder zwischen t1 und t2, noch zwischen t1 und t3 signifikant (t1 vs. t2: F[1,129] = 0,265, p = 0,608; t1 vs. t3: F[1,130] = 2,725, p = 0,101; Mittelwert korrekter Antworten der EG in Prozent: t1 77%, t2 83%, t3 87%).
2. In der dritten LS ist beim Grobziel *Einfluss auf und Veränderung von Landschaft* ebenfalls die Interaktion zwischen *Gruppe* und *Testzeitpunkt* bei dem Vergleich von t1 und t2 nicht signifikant (F[1,85] = 1,788, p = 0,185), wohl aber wenn t1 und t2 verglichen werden (F[1,71] = 5,128, p = 0,027). Der Mittelwert korrekter Antworten (in Prozent) ist: EG, t1 62%, t2 65%, t3 69%; VG, t1 55%, t2 47%, t3 45%.

Tabelle 1: ANOVA mit Messwiederholung für die einzelnen Lernsequenzen. Angegeben sind die Kennwerte für die Interaktion von Gruppe (EG vs. VG) und Testzeitpunkt (t1 vs. t2 bzw. t1 vs. t3) (* = p < 0,05; ** = p < 0,01; *** = p < 0,001)

	Lernsequenz 1			Lernsequenz 2			Lernsequenz 3		
	F	df	Eta²	F	df	Eta²	F	df	Eta²
Testzeit-pkt. 1 vs. 2	36.929 ***	1, 130	0.221	11.139 **	1, 138	0.921	58.388 ***	1,89	0.396
Testzeit-pkt. 1 vs. 3	43.907 ***	1, 132	0.25	69.012 ***	1, 123	0.359	22.938 ***	1,75	0.234

Diskussion: Bei allen LS ergab die ANOVA mit Messwiederholung einen höchst signifikanten Interaktionseffekt zwischen *Testzeitpunkt* und *Gruppenzugehörigkeit*. In der EG kommt es zu einem signifikanten Lernzuwachs, nicht aber in der VG. Der signifikante Unterschied zwischen VG und EG in LS2 und LS3 zum Zeitpunkt t1 lässt sich damit erklären, dass die gesamte

Lernumgebung genetisch angelegt ist, also die LS aufeinander aufbauen. Offensichtlich konnten die Schüler/innen der EG aufgrund ihrer Erfahrungen mit den vorangegangenen LS, die Antworten zu noch nicht bekannten Inhalten besser als die diesbezüglich naiven Schüler/innen der VG erschließen. Der signifikante Unterschied zwischen t2 und t3 in der LS2 lässt sich ähnlich erklären. Das in der LS2 Gelernte konnten die Schüler/innen in der nachfolgenden LS3 wieder anwenden und vertiefen und dadurch kam es im Follow-up-Test vermutlich zu einem Wissenszuwachs.
Die nicht signifikante Wissenszunahme bei den zwei genannten Grobzielen entstand wahrscheinlich aufgrund der hohen Wissensniveaus der Schüler/innen bereits zum Testzeitpunkt t1 (77% bzw. 62%), sodass sich ein Deckeneffekt einstellte. Dies ist insbesondere beim Grobziel *Entwicklungsstadien der Amphibien* anhand der Fragebogen erkennbar: Viele der im Prätest angefertigten Zeichnungen zeigen bereits alle relevanten Entwicklungsstadien. In diesem Fall hätten die Lernziele herausfordernder ausfallen sollen. Dass in der dritten LS beim Grobziel *Einfluss auf und Veränderung von Landschaft* die Interaktion zwischen *Gruppe* und *Testzeitpunkt* zwischen t1 und t2 nicht, wohl aber zwischen t1 und t3 signifikant wird, ist vor allem auf einen gegenläufigen Effekt in EG und VG zurückzuführen: In der EG steigt das Wissen weiter zwischen t2 und t3, was auf einen tiefen Verarbeitungsprozess schließen lässt, und in der VG lässt die Leistung zwischen t2 und t3 nach.

2.2 Überprüfung der affektiven Lernziele

Stichprobe und Design: Die Stichprobe ist dieselbe wie zur Überprüfung der kognitiven Lernziele. Die Naturverbundenheit wurde zu vier Testzeitpunkten erhoben (t1-t4). Der Prätest fand vor der Intervention und der Follow-up-Test 7-8 Wochen nach der Intervention statt.
Instrument: Für die Messung der Naturverbundenheit wurde der für Kinder entwickelte CNI verwendet (Cheng/ Monroe 2012). Das Antwortformat war eine 5-teilige Likert-Skala. Der originale englische Index besteht aus 16 Items. Aufgrund der Übersetzung ins Deutsche und der erstmaligen Anwendung in der Schweiz wurde eine Inter-Item Korrelationsmatrix aufgestellt und eine explorative Faktorenanalyse durchgeführt. Aufgrund der Ergebnisse wurde der Index auf 10 Items reduziert, in dieser Form weist er eine hohe Reliabilität auf ($C\alpha = 0{,}845$).
Auswertung: Das Analyseverfahren ist identisch zu dem im Abschnitt 2.1 beschriebenen, die Antworten wurden jedoch nicht dichotomisiert.
Ergebnisse: Die varianzanalytische Prüfung der Veränderung der Naturverbundenheit zwischen den einzelnen Testzeitpunkten (t1 vs. t2; t1 vs. t3 und t1

vs. t4) ergibt keinen signifikanten Interaktionseffekt zwischen den Faktoren *Testzeitpunkt* und *Gruppenzugehörigkeit*. Der intendierte Effekt, die Zunahme der Naturverbundenheit bei der EG über die Zeit, kann somit nicht nachgewiesen werden.

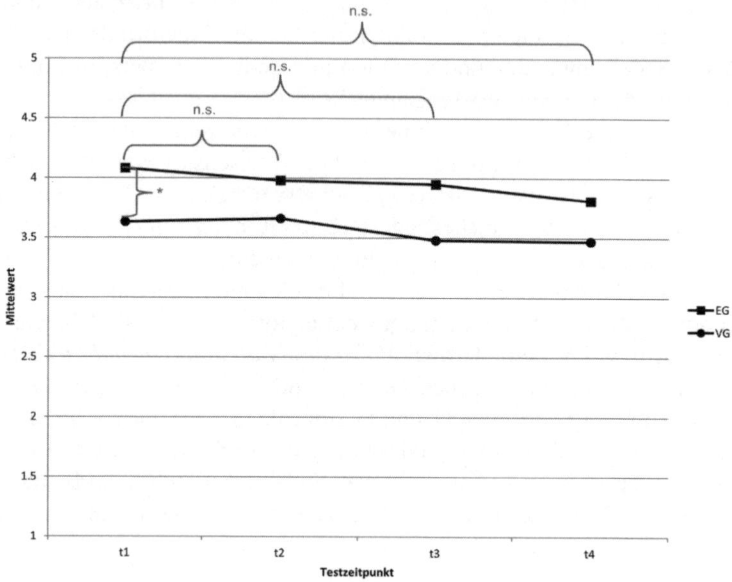

Abbildung 3: Ergebnisse zur affektiven Ebene. Die waagrechten Klammern zeigen die Resultate der ANOVA mit Messwiederholung (Testzeitpunkt x Gruppe); die senkrechte Klammer das Resultat des unabhängigen t-Tests.

Der Innersubjekt-Faktor *Testzeitpunkt* hat jedoch einen leicht signifikanten Effekt auf die Naturverbundenheit, sie nimmt zwischen t1 vs. t3 und t1 vs. t4 leicht ab (t1 vs. t3 $F[1,110] = 4{,}324$, $p = 0{,}040$; t1 vs. t4 $F[1,112] = 5{,}653$, $p = 0{,}019$). Auch weist die EG bereits vor der Intervention (t1) eine leicht signifikant höhere Naturverbundenheit als die VG auf (s. Abb. 3; unabhängiger t-Test, $t(135) = 2{,}363$, $p = 0{,}02$).

Diskussion: Die höhere Naturverbundenheit der EG zum Testzeitpunkt t1 hängt möglicherweise mit der Tatsache zusammen, dass der Prätest unmittelbar vor Beginn der Lernumgebung stattfand. Gemäß den Angaben der durchführenden Lehrpersonen waren die Schüler/innen zu diesem Zeitpunkt sehr motiviert.

Die leichte Abnahme der Naturverbundenheit über die Testzeitpunkte, unabhängig von der Gruppenzugehörigkeit, lässt sich evtl. dadurch erklären, dass die Schüler/innen für die Studie insgesamt sieben Fragebogen ausfüllen mussten. Aufgrund der Rückmeldungen der beteiligten Lehrpersonen ist bekannt, dass die Schüler/innen dazu immer weniger Lust hatten. Dieser Motivationsrückgang könnte das Antwortverhalten beeinflusst haben. Zudem war die Naturverbundenheit bei beiden Gruppen bereits zum Testzeitpunkt t1 sehr hoch (Mittelwert, VG: M = 3,63; EG: M = 4,08). Das Testinstrument könnte daher zu wenig sensibel sein, um positive Veränderungen der Naturverbundenheit zu messen. In anderen Studien (z.B. Ernst/ Theimer 2011, Bragg et al. 2013) kommt es bei der Anwendung des CNI ebenfalls zu solchen Deckeneffekten. Ein weiterer möglicher Grund für die fehlende Wirkung der Lernumgebung auf die Naturverbundenheit könnten die kurzen Exkursionszeiten gewesen sein. Auch in anderen Studien (z.B. Bogner 1998) konnte nach kurzen schulischen Aufenthalten in der Natur kein Effekt auf die affektive Lernzielebene festgestellt werden.

3 Fazit

Die im Rahmen des Projekts *parkstark* entwickelte Lernumgebung ist bezüglich der kognitiven Lernziele sehr erfolgreich. Bezüglich der affektiven Ebene kann leider keine eindeutige Aussage gemacht werden. Entweder ist das Testinstrument zu unsensibel, affektive Veränderungen bedürfen mehr Zeit oder aber der potentielle Maximalwert bei diesen Schüler/innen war bereits erreicht. Aufgrund der sehr hohen CNI-Werte zu Beginn der Erhebung, wäre eine gezielte Untersuchung von Schüler/innen mit einer ungünstigeren Ausgangslage lohnend.

Die in diesem Bericht vorgestellte Studie hatte nicht zum Ziel, einen kausalen Zusammenhang zwischen dem zugrundeliegenden didaktischen Konzept und der Lernwirksamkeit herzustellen. Die Ergebnisse lassen aber die Vermutung zu, dass mit diesem Konzept kognitiv lernwirksamer Unterricht entwickelt werden kann.

Die vorliegenden Ergebnisse, die von uns gemachten Erfahrungen sowie die Rückmeldungen der involvierten Lehrpersonen und Bildungsverantwortlichen des Naturparks wurden im Leitfaden verarbeitet (Favre et al. in Vorb.). Dieser Leitfaden beinhaltet neben Informationen zur Entwicklung von Lernumgebungen auch eine Anleitung für deren Evaluation. Die Methode, ausgehend von Grobzielen Feinziele zu entwickeln, welche wiederum durch Items operationalisiert werden, hat sich bewährt und wird darin aufgenommen. Durch dieses Vorgehen können die Grobziele als (Sub-)Skalen bei der

Auswertung verwendet werden. Die größte Herausforderung wird nach unserer Erfahrung darin liegen, eindeutige und operationalisierbare Feinziele zu formulieren, insbesondere wenn es sich um Kompetenzen handelt. Diese Schwierigkeit besteht allerdings generell bei der Unterrichtsentwicklung (Deutsches Pisakonsortium 2002) und sollte daher Dreh- und Angelpunkt eines jeden Evaluationsleitfadens sein.

Literatur

Bogner, F. (1998): The Influence of Short-term Outdoor Ecology Education on Long-term Variables of Environmental Perspective. In: The Journal of Environmental Education, 29, 4, pp. 17-29.

Bragg, R.; Wood, C.; Barton, J.; Pretty, J. (2013): Measuring Connection to Nature in Children Aged 8-12: A Robust Methodology for the RSPB. (School of Biological Sciences and Essex Sustainability Institute, University of Essex). Sandy.

Cheng, J.C.; Monroe, M.C. (2012): Connection to Nature: Children's Affective Attitude toward Nature. Environment and Behavior, 44, 1, pp. 31-49.

Deutsches PISA-Konsortium (2002): PISA 2000 – Die Länder der Bundesrepublik Deutschland im Vergleich. Opladen.

Ernst, T.; Theimer, S. (2011): Evaluating the Effects of Environmental Education Programming on Connectedness to Nature. Environmental Education Research, 17, 5, pp. 577-598.

Favre, P.; Bäumler, E.; Abbas, L.; Tempelmann, S. (in Vorb.): parkstark. Bildungsverantwortliche von Naturpärken entwickeln Unterrichtseinheiten. Liestal: Professur Didaktik des Sachunterrichts und ihre Disziplinen PH FHNW.

Tempelmann, S.; Abbas, L.; Bäumler, E.; Favre, P. (2016): Konzeptbasierte Entwicklung von schulischem Unterricht in einem Naturpark. In: Giest, H.; Goll, T.; Hartinger, A. (Hrsg.): Sachunterricht – zwischen Kompetenzorientierung, Persönlichkeitsentwicklung, Lebenswelt und Fachbezug. Bad Heilbrunn, S. 175-183.

Eva Blumberg und Theresa Mester

Motivationale und selbstbezogene Lerneffekte im inklusiven naturwissenschaftlichen Sachunterricht

Within the (inter-)national standards on inclusive education, there is a significant challenge for school learning, especially in primary science education with its standards that emerged with the international conception of "scientific literacy". Nevertheless, there is still a clear discrepancy between these requirements and the current state of research. In an empirical school study on inclusive learning in primary science education we compared two learning environments differing in the degree of learning support. In this article we report our first results on the motivational and self-related outcomes.

1 Ausgangslage: Doppelte Heterogenität – doppelte Herausforderungen

Die beiden Herausforderungsbereiche, die die Ausgangslage der hier vorgestellten Unterrichtsstudie ausmachen und die es zusammenzubringen gilt, betreffen einerseits die verbindlichen (inter-)nationalen Anforderungen zur Inklusion (UN 2006, KMK 2011) und andererseits die Anforderungen, die das naturwissenschaftliche Lernen innerhalb des vielperspektivischen Fachs Sachunterricht (GDSU 2013, MSW 2008) betreffen. Hempel spricht diesbezüglich von der „‚doppelten' Heterogenität" (Hempel 2007, S. 23) des Sachunterrichts. Auf der einen Seite besteht die Heterogenität der ohnehin vergleichsweise heterogensten Schülerschaft der Grundschule, die durch die Anforderungen zur Inklusion weiter zunimmt. Auf der anderen Seite steht die fachimmanente Heterogenität bzw. Vielperspektivität des Sachunterrichts. Innerhalb dieser vielperspektivischen Ausrichtung gilt es wiederum, die Ziele der einzelnen Perspektivbereiche zu berücksichtigen. Für das naturwissenschaftliche Lernen geht es dabei im Sinne der internationalen Konzeption der Scientific Literacy (AAAS 2009) sowohl um den Aufbau eines anschlussfähigen konzeptuellen naturwissenschaftlichen Verständnisses als auch mit Blick auf ein erfolgreiches weiterführendes und lebenslanges Lernen der

Kinder um die Förderung überfachlicher Lernziele. Damit sind Zielbereiche wie Motivation und eine positive Selbsteinschätzung gemeint, die in diesem Beitrag im Fokus stehen. Eine solche multiple Zielausrichtung sollte – anspruchsvolle naturwissenschaftliche Themen eingeschlossen – auch bzw. gerade für *alle* Schüler/innen inklusiv zusammengesetzter Lerngruppen verfolgt werden, was durch die verstärkte Vielfalt der Lernvoraussetzungen und -bedingungen der Kinder eine besondere Herausforderung für die Lehrkraft bedeutet. Unabhängig von ihren individuellen Merkmalsausprägungen oder ihres Unterstützungs- oder Förderbedarfs beim Lernen, im sozial-emotionalen Bereich, einer Beeinträchtigung der Sinne, körperlicher, motorischer, geistiger oder sprachlicher Art (z.B. Saldern 2013), ist allen Kindern ein gemeinsames Lernen auch im naturwissenschaftlichen Sachunterricht zu ermöglichen. Diese beiderseitigen Herausforderungen gilt es als Chancen zur didaktisch-methodischen Ausgestaltung von naturwissenschaftlichem Sachunterricht zu nutzen und gewinnbringend zusammenzubringen.

2 (Naturwissenschaftlichen) Sachunterricht für inklusives Lernen erschließen

Für den Sachunterricht wurden bereits zu einem vergleichsweise frühen Zeitpunkt Möglichkeiten inklusiven Lernens formuliert und exploriert, wozu sicherlich in besonderem Maße das fachimmanente Potential des Sachunterrichts beigetragen hat. Denn wie kein anderes (Kern-)Fach der Grundschule ermöglicht und erfordert der Sachunterricht die gemeinsame vielperspektivische Erschließung der natürlichen, kulturellen, sozialen und technischen Umwelt von (und mit) den Grundschulkindern (vgl. GDSU 2013, MSW 2008). Dabei liefert der Sachunterricht vielfältige Möglichkeiten der handlungsorientierten Erarbeitung eines Unterrichtsgegenstands mit sowohl kognitiver als auch emotionaler Aktivierung, wie sie im Rahmen von inklusiven Didaktik-Ansätzen als bedeutsam herausgestellt wird (Franz/ Lange 2014, Seitz 2008). Innerhalb der Vielperspektivität des Sachunterrichts ist v.a. im naturwissenschaftlichen Lernbereich eine forschend-entdeckende Auseinandersetzung mit Phänomenen der belebten und unbelebten Natur indiziert. Vor allem für Kinder mit Lernschwierigkeiten, zentraler Förderschwerpunkt der Studie dieses Beitrags, wird ein gelenkt entdeckendes Lernen empfohlen, das zudem unterschiedliche Zugangsmöglichkeiten eröffnet (Saldern 2013, Werning/ Lütje-Klose 2006). Zur Förderung in inklusiven Lernsettings werden Aneignungsformen basal-perzeptiver, konkret-gegenständlicher, anschaulicher und abstrakt-begrifflicher Art (MKJS 2009), ähnlich dem Brunerschen EIS-Prinzip, empfohlen, um Kindern in inklusiv zusammengesetzten

Lerngruppen individuelle Aneignungs- und Lernwege zu eröffnen (Franz/ Lange 2014, Terfloth/ Klauß 2014). Machen die Kinder in inklusiven Lernsettings dabei in inszenierten Kooperationssituationen ihre ganz eigenen, möglichst selbst erreichten Könnens-Erfahrungen (Franz/ Lange 2014) – gemäß der Selbstbestimmungstheorie von Deci und Ryan (2002) ist damit die Erfüllung der „three basic human needs" (Empfinden von Kompetenz, sozialer Eingebundenheit, Selbstbestimmung) gemeint – so ist mit individuellen positiven fachlichen und überfachlichen Lerneffekten zu rechnen.

3 Forschungsstand und -desiderata

Mit Blick auf die dargestellten Herausforderungsbereiche und das Potential des (naturwissenschaftlichen) Sachunterrichts schließt sich fast automatisch die Frage an, welche Befunde hier bereits zum inklusiven Lernen vorliegen. Mit konkretem Bezug zum Sachunterricht findet man umfassende Postulate, theoretische und konzeptionelle Überlegungen, einzelne explorative Studien und einige zum Teil erprobte Modellansätze zur Gestaltung inklusiven Sachunterrichts (Gebauer/ Simon 2012, Kahlert 2016, Miller/ Brinkmann 2013). Was jedoch fehlt sind empirische Evidenzen zur effektiven Zielerreichung, auch und speziell im Hinblick auf multiple Lerneffekte mit einer fachlichen und überfachlichen Förderung *aller* Kinder in inklusiven Lerngruppen. Die Forschungslücke inklusiver Fachdidaktik (z.B. Laubner 2009) besteht immer noch, und speziell für ein naturwissenschaftlich-technisches Lernen in inklusiven Lernsettings im Sachunterricht fehlen konkrete, auf ein inklusives Lernen ausgerichtete, empirische quantitative Forschungen.
Recherchiert man nach Aussagen oder Befunden zur Förderung motivationaler und selbstbezogener Lernziele beim inklusiven Lernen im (naturwissenschaftlichen) Sachunterricht, so werden diese als wichtig erachtet (z.B. Seitz 2008); empirische Befunde dazu liegen im deutschsprachigen Raum für den Sachunterricht jedoch ebenfalls nicht vor.
Mit Bezug zu einer eigenen durchgeführten Studie in Regelklassen (Blumberg/ Möller/ Hardy 2004), die eine Überlegenheit für alle – und dabei insbesondere auch für die Gruppe der leistungsschwächeren – Kinder zeigte, wenn ein konstruktivistisch orientierter naturwissenschaftlicher Sachunterricht stärker strukturiert wurde, fordert bspw. Kucharz (2015, S. 234): „Ziel künftiger Forschungen in der Sachunterrichtsdidaktik muss es sein zu überprüfen, inwieweit die bisherigen Befunde zu strukturierten Unterrichtsarrangements auch bei Kindern mit unterschiedlichem besonderen Förderbedarf repliziert werden können. [...] Das wird Aufgabe der didaktischen Sachunterrichtsforschung in den nächsten Jahren sein."

4 Eine empirische Unterrichtsstudie

Auf die eben genannte Forderung reagiert ein von der Müller-Reitz-Stiftung (Stifterverband für die Deutsche Wissenschaft) gefördertes Kooperationsprojekt, realisiert von der Didaktik des naturwissenschaftlichen Sachunterrichts (Prof. Dr. Eva Blumberg, Theresa Mester) mit Unterstützung der Grundschulpädagogik (Prof. Dr. Frank Hellmich, Nicolas Knaup) der Universität Paderborn.

4.1 Ziel, Fragestellung und Hypothesen

Langfristiges Ziel dieser empirischen Unterrichtsstudie ist es, evidenzbasierte unterrichtspraktisch erprobte Lehr-Lernangebote für ein *multikriteriell erfolgreiches naturwissenschaftlich-technisches Lernen in inklusiven Lerngruppen im Sachunterricht* der Grundschule zu entwickeln. Ausgehend von einem adaptiven Unterrichtsverständnis im Sinne des Angebots-Nutzungs-Modells zielt das Projekt auf die Beantwortung der übergeordneten Fragestellung ab, wie naturwissenschaftlich-technische Lehr-Lernangebote gestaltet sein sollten, damit in inklusiv zusammengesetzten Lerngruppen alle Kinder mit der Erreichung multipler fachlicher und überfachlicher Lerneffekte profitieren. Mit dem Fokus auf motivationale und selbstbezogene Ziele erwarten wir, dass sich ein konstruktivistisch orientierter naturwissenschaftlicher Sachunterricht für inklusiv zusammengesetzte Lerngruppen als überlegen erweist, wenn er zusätzliche Unterstützung durch ein kooperativ angelegtes Lernen mit visualisierten und differenzierten Arbeitsmaterialien anbietet.

4.2 Forschungsdesign und Treatment

Nach einer umfangreichen Pilotierungsphase (s. Blumberg/ Fromme 2016) erfolgte die Hauptstudie in insgesamt fünf inklusiv zusammengesetzten Klassen (mit jeweils vier bis fünf Kindern mit besonderen Lernschwierigkeiten) mit einem klassischen Vergleichsgruppendesign[1] im Mixed-Methods-Ansatz mit Prä-Post-Erhebungen und Zwischenbefragungen. Während des gesamten Unterrichts, der komplett videographiert wurde, wurden zudem alle Kinder beobachtet. Ausführlich ist das Design der Hauptstudie bei Blumberg/ Mester (2017, i. Red.) dargestellt.
Bestätigt von Kucharz (2015) baut die Gestaltung des Unterrichts auf bereits vorliegenden Ergebnissen auf, wonach für ein multikriterial erfolgreiches naturwissenschaftliches Lernen ein konstruktivistisch orientierter Unterricht indiziert ist (Blumberg et al. 2004). Darauf aufbauend ist in dieser Studie der

[1] Zur Experimentalgruppe (EG) und zur Vergleichsgruppe (VG) gehören jeweils zwei Klassen, eine Klasse fungiert als Kotrollgruppe ohne Treatment.

Grad der Unterstützung variiert durch die Betonung des kooperativen Lernens – zur Erzeugung positiver Interdependenz (Johnson/ Johnson 2013) bzw. durch feste individuelle Aufgaben in gemischt zusammengesetzten Vierer-Gruppen – mit differenzierten und visualisierten Arbeits- und Unterrichtsmaterialien in der Experimentalgruppe. Die Kinder in der Vergleichsgruppe lernen hingegen allein ohne initiierte Unterstützung in der Gruppe und ohne speziell aufbereitetes Arbeitsmaterial. Weitere Rahmenbedingungen wie inhaltliche und zeitliche Faktoren des Unterrichts sowie die Lehrperson sind konstant gehalten worden. Somit besteht das Treatment in beiden Gruppen aus einer vierstündigen Unterrichtseinheit (4 x 90 Min.) zum Thema „Erneuerbare Energien – Windenergie" mit inhaltlich identischem Aufbau. Ein Blind-Screening der Unterrichtsvideos durch unabhängige Rater bestätigte die Einhaltung der Unterrichtsvariation.

4.3 Erhebung der motivationalen und selbstbezogenen Zielvariablen

Die Erhebung der motivationalen und selbstbezogenen Einschätzungen der Schüler/innen zum durchgeführten Unterricht erfolgte nach Abschluss des Treatments anhand eines schriftlichen Fragebogens mit geschlossenem Antwortformat. Die für diese Studie aus dem Instrument von Blumberg (2008) adaptierten und mehrfach in inklusiven Lerngruppen vorgetesteten Skalen sind mit Beispiel-Items und den Reliabilitätswerten in Tabelle 1 angeführt.

Tabelle 1: Skalenauswahl des Fragebogens zu motivationalen und selbstbezogenen Einschätzungen der Schüler/innen

Skala (Itemanzahl)	Beispiel-Item Post-Test (vierstufige Likert-Skala)	Cronbach's α
Interesse (4)	Dieser Sachunterricht gehörte zu meinen absoluten Lieblingsfächern.	0,88
Intrinsische Motivation (5)	Weil es für mich wichtig war, dass ich die Fragen zu dem Thema „Energie und Windenergie" beantworten konnte.	0,88
Fähigkeitsselbstkonzept (FSK) (4)	In diesem Sachunterricht gehörte ich zu den schlechten/ mittleren/guten/sehr guten Schüler/innen.	0,85
Selbstwirksamkeit (SWK) (5)	Wenn ich mich angestrengt habe, konnte ich auch beim Thema „Energie und Windenergie" viel verstehen.	0,89

5 Ergebnisse

Die Auswertung der Daten zu den motivational-affektiven und selbstbezogenen Skalen des schriftlichen Fragebogens erfolgte anhand varianzanalytischer

Verfahren. Die Voraussetzungen zur Durchführung varianzanalytischer Tests sind nach entsprechender Prüfung gegeben.
Zur Aufdeckung möglicher genereller Treatmenteffekte beim nachunterrichtlich erhobenen Interesse, der selbstbestimmten Motivation, dem Fähigkeitsselbstkonzept und der Selbstwirksamkeit erfolgte im ersten Schritt eine einfaktorielle multivariate Varianzanalyse über den Faktor Unterrichtstyp, wobei sich kein signifikanter Unterschied zwischen der Experimental- und der Vergleichsgruppe zeigte (Effekt Unterrichtstyp: Wilks' $\lambda = 0{,}902$; $F(6,63) = 1{,}14$ n.s.; $\eta^2 = 0{,}098$). Die Vermutung überdeckender Klasseneffekte bestätigt sich in einer anschließenden multivariaten Testung mit einem signifikanten Effekt für den Faktor Klasse: Wilks' $\lambda = 0{,}681$; $F(12,122) = 2{,}15$; $p = 0{,}018$; $\eta^2 = 0{,}175$, wohingegen der Faktor Unterrichtstyp und die Interaktion Unterrichtstyp x Klasse keine signifikanten Ergebnisse zeigen.
Nach Eliminierung des Klasseneffekts entsprechend eines „nested designs" (SPSS©), zeigt eine einfaktorielle multivariate Varianzanalyse overall einen signifikanten Treatmenteffekt (Effekt Unterrichtstyp: Wilks' $\lambda = 0{,}802$; $F(6,66) = 2{,}15$; $p = 0{,}020$; $\eta^2 = 0{,}198$). Die Ergebnisse der sich anschließenden einfaktoriellen univariaten Testungen (siehe Abb. 1) zeigen eine signifikante Überlegenheit der Experimentalgruppe bei der intrinsischen Motivation ($F(1,60) = 5{,}60$ $p = 0{,}021$; $\eta^2 = 0{,}085$), beim Interesse ($F(1,60) = 10{,}67$ $p = 0{,}002$; $\eta^2 = 0{,}151$), beim Fähigkeitsselbstkonzept (FSK) ($F(1,60) = 8{,}29$ $p = 0{,}006$; $\eta^2 = 0{,}121$) sowie einen marginal signifikanten Effekt für die Selbstwirksamkeit (SWK) ($F(1,60) = 2{,}95$ $p = 0{,}091$; $\eta^2 = 0{,}047$).

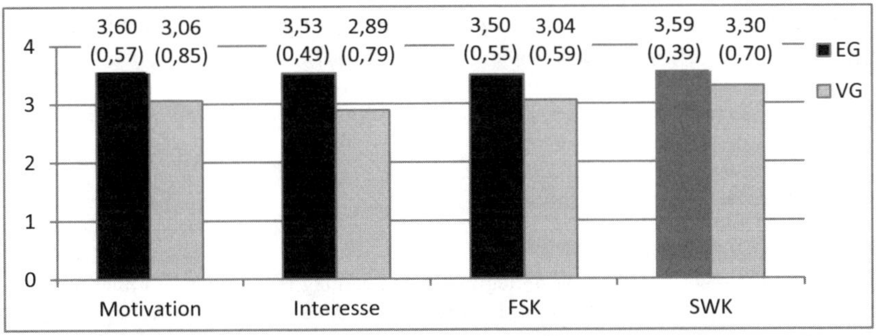

Abbildung 1: Posttest-Mittelwerte (Standardabweichungen) zu den motivationalen und selbstbezogenen Skalen, Antwortskala: 4-stufige Likert-Skala (1=geringste, 4=höchste Zustimmung)

6 Zusammenfassende Diskussion und Ausblick

In diesem Beitrag wurde über die Anlage und Konzeption und, als Bestandteil einer angestrebten multikriterialen Zielerreichung, erste Ergebnisse zum Erreichen motivationaler und selbstbezogener Zielsetzungen einer empirischen Unterrichtsstudie zum naturwissenschaftlich-technischen Lernen in inklusiv zusammengesetzten Lerngruppen berichtet. Wie erwartet erwies sich gemäß den signifikanten Ergebnissen eine zusätzliche Lernunterstützung durch kooperative Lernarrangements mit einem differenzierten und visualisierten Angebot der Arbeitsmaterialien für das Erreichen motivationaler und selbstbezogener Zielsetzungen in inklusiv zusammengesetzten Lerngruppen mit einem vorwiegenden Unterstützungsbedarf im Bereich Lernen als überlegen.

Über die berichteten Ergebnisse in diesem Beitrag hinaus bestätigen erste Subgruppenanalysen diese Überlegenheitseffekte für den motivationalen und selbstbezogenen Zielbereich für Kinder mit besonderem Unterstützungsbedarf im Bereich Lernen. Auch erste Auswertungen der kognitiven Erhebungen zum fachlichen Kompetenzaufbau zu den Bereichen Energie, erneuerbare und fossile Energien sowie Windenergie deuten eine Überlegenheit der Unterrichtsbedingung mit der erläuterten stärkeren Unterstützung für inklusiv zusammengesetzte Lerngruppen an. Publikationen dazu sind von den Autorinnen dieses Beitrags in Vorbereitung.

Nicht unbeachtet soll an dieser Stelle der angeführte Klasseneffekt bleiben, der sich trotz sorgfältiger Kontrolle der Untersuchungsbedingungen zeigte und womöglich grundsätzlich im Kontext inklusiver quantitativer Studien eine bedeutende Einflussvariable bei der Erhebung von Schüler/inneneinschätzungen darstellen könnte.

Literatur

AAAS (2009): Benchmarks for Science Literacy. Oxford.

Blumberg, E. (2008): Multikriteriale Zielerreichung im naturwissenschaftsbezogenen Sachunterricht der Grundschule. Münster.

Blumberg, E.; Fromme, T. (2016): Fostering Inclusive Learning in Adaptive Learning Environments for Primary Science Education. In: Lavonen, J.; Juuti, K.; Lampiselkä, J.; Uitto, A.; Hahl, K. (Eds.): Electronic Proceedings of the ESERA 2015 Conference. Part 16, ed. by Kariotoglou, P.; Russell, T.: Science Education Research: Engaging Learners for a Sustainable Future. Helsinki, pp. 2748-2759.

Blumberg, E.; Mester, T. (2017, i. Red.): Potentielle Gelingensbedingungen für inklusives Lernen im naturwissenschaftlich-technischen Sachunterricht der Grundschule – auf dem Weg zu empirischen Evidenzen. Erscheint in: Hellmich, F.; Blumberg, E. (Hrsg.): Inklusiver Unterricht in der Grundschule. Stuttgart.

Blumberg, E.; Möller, K.; Hardy, I. (2004): Erreichen motivationaler und selbstbezogener Zielsetzungen in einem schülerorientierten naturwissenschaftsbezogenen Sachunterricht – Bestehen Unterschiede in Abhängigkeit von der Leistungsstärke? In: Bos, W.; Lankes, E.-M.; Plaßmeier, N.; Schwippert, K. (Hrsg.): Heterogenität. Eine Herausforderung an die empirische Bildungsforschung. Münster, S. 41-55.

Deci, E.L.; Ryan, R.M. (Eds.) (2002): Handbook of self-determination research. Rochester.

Franz, E.-K.; Lange, B. (2014): Lernaufgaben im Rahmen inklusiver Didaktik. In: Franz, E.-K.; Trumpa, S.; Esslinger-Hinz, I. (Hrsg.): Inklusion. Eine Herausforderung für die Grundschulpädagogik. Baltmannsweiler, S. 97-107.

Gebauer, M.; Simon, T. (2012): Inklusiver Sachunterricht konkret: Chancen, Grenzen, Perspektiven. URL: http://www.widerstreit-sachunterricht.de/ebenel/superworte/inklusion/gebauer_simon.pdf [18.10.2016].

Gesellschaft für Didaktik des Sachunterrichts (GDSU) (Hrsg.) (2013): Perspektivrahmen Sachunterricht. (Vollständig überarbeitete und erweiterte Ausgabe). Bad Heilbrunn.

Hempel, M. (2007): Diagnostik der kindlichen Lebenswelt als Voraussetzung zur Förderung des Kompetenzerwerbs der Lernenden. In: Lauterbach, R.; Hartinger, A.; Feige, B.; Cech, D. (Hrsg.): Kompetenzerwerb im Sachunterricht fördern und erfassen. Bad Heilbrunn, S. 23-36.

Johnson, D.W.; Johnson, R.T. (2013): The Impact of Cooperative, Competitive, and Individualistic Learning Environments on Achievement. In: Hattie, J.; Anderman; E. (Eds.): International Handbook of Student Achievement. New York, pp. 372-374.

Kahlert, J. (2016): Der Sachunterricht und seine Didaktik. 4. Aufl., Bad Heilbrunn.

KMK (2011): Inklusive Bildung von Kindern und Jugendlichen mit Behinderungen in Schulen. Beschluss der Kultusministerkonferenz vom 20.10.2011. Bonn.

Kucharz, D. (2015): Inklusiver Sachunterricht. In: Huf, C.; Schnell, I. (Hrsg.): Inklusive Bildung in Kita und Grundschule. Stuttgart, S. 221-236.

Laubner, M. (2009): Sachunterricht und Inklusion – eine Literaturübersicht. URL: http://www.widerstreit-sachunterricht.de/ebenel/superworte/inklusion/inklu.pdf [13.10.2016].

Miller, S.; Brinkmann, V. (2013): Inklusion durch Kommunikativen Sachunterricht: Schüler- und Schülerinnenfragen im Zentrum der Unterrichtsplanung. In: Becher, A.; Miller, S.;

Oldenburg, I.; Pech, D.; Schomaker, C. (Hrsg.): Kommunikativer Sachunterricht. Facetten der Entwicklung. Baltmannsweiler, S. 107-120.

MKJS (2009): Bildungsplan der Schule für Geistigbehinderte in Baden-Württemberg. Stuttgart.

MSW (2008): Lehrplan Sachunterricht für die Grundschulen des Landes Nordrhein-Westfalen.

Saldern, M.v. (Hrsg.) (2013): Inklusion II. Umgang mit besonderen Menschen. Norderstedt.

Seitz, S. (2008): Zu einer inklusiven Didaktik des Sachunterrichts. In: Kaiser, A.; Pech, D. (Hrsg.): Integrative Dimensionen für den Sachunterricht. Neuere Zugangsweisen, 2. korr. Auflage. Baltmannsweiler, S. 169-180.

Terfloth, K.; Klauß, T. (2014): Lesekompetenz inklusiv fördern. In: Franz, E.-K.; Trumpa, S.; Esslinger-Hinz, I. (Hrsg.): Inklusion. Eine Herausforderung für die Grundschulpädagogik. Baltmannsweiler, S. 81-95.

UN (2006): UN Convention on the Rights of Persons with Disabilities. URL: http://www.un.org/disabilities/convention/conventionfull.shtml [30.09.2016].

Werning, U.; Lütje-Klose, B. (2006): Entdeckendes Lernen. In: Heimlich, U.; Wember, F.B. (Hrsg.): Didaktik des Unterrichts im Förderschwerpunkt Lernen. Ein Handbuch für Studium und Praxis (2. Aufl.). Stuttgart, S. 149-162.

Karsten Elfering, Christin Heidrich und Heike Rauhut

Wissen und Einstellungen von Grundschulkindern zu geflüchteten Menschen – Ergebnisse einer explorativen Studie

As part of an introductory seminar on General Studies' social-scientific and historical perspective students conducted an attitude survey on children's thoughts on refugees. The results of the guideline-based interviews imply that children show empathic attitudes towards refugees' children although they take a rejecting stance on the accommodation of adult refugees.

1 Institutioneller und theoretischer Rahmen

Im Wintersemester 2015/16 wurde an der Universität Leipzig eine neue Seminarkonzeption für Einführungsveranstaltungen in die fachwissenschaftlichen und -didaktischen Grundlagen des Sachunterrichts erprobt. Es wurden dabei die Absichten verfolgt, die Studierenden des ersten Semesters in die sozialwissenschaftliche und historische Perspektive des Sachunterrichts einzuführen und sie weiterhin für die Relevanz der Entwicklung einer eigenen Werthaltung zu gesellschaftspolitischen Fragen zu sensibilisieren. Zudem sollte ihnen ein Einblick in die Lebenswelten von Grundschulkindern eröffnet werden, wofür sie Leitfadeninterviews erarbeiteten und Wissen über und Einstellungen zu geflüchteten Menschen erfragten.
Um den Studierenden die Vielperspektivität des Sachunterrichts anhand eines kohärenten Themenkomplexes aufzuzeigen, wurde aus gegebenem Anlass als Rahmen für das gesamte Seminar das Thema Fluchtmigration gewählt. Aus soziologischer Perspektive umfasst Fluchtmigration die Verlagerung des Lebensmittelpunkts von Menschen aufgrund eines Zwangs, der entweder durch konkrete Akteure wie Diktatoren oder Ereignisse wie Naturkatastrophen ausgeübt wird (vgl. Treibel 2008). Die Fluchtmigration ist damit Bestandteil aktueller gesellschaftlicher Schlüsselprobleme, wie sie auch Klafki in seinem Konzept zur allgemeinen Bildung ausweist (vgl. Klafki 2007).

Gerade in Deutschland ist die Fluchtmigration ein zunehmend gesellschaftspolitisch relevantes Thema: Einerseits suchen viele Menschen in Deutschland Zuflucht vor Krieg und lebenswidrigen Umständen, deren Aufnahme und Befähigung zur Teilhabe an der Gesellschaft aus Gründen des Humanismus geboten scheint. Andererseits stiegen die Zahl fremdenfeindlicher Übergriffe auf Migrant/innen und die Zahl der Demonstrationen gegen die aktuelle Flüchtlingspolitik in Deutschland im letzten Jahr signifikant an (vgl. Bundesministerium des Innern 2016). Um sowohl der schulischen Integrationsaufgabe (vgl. Fend 2006) gerecht werden als auch Ursachen von Fremdenfeindlichkeit entgegenwirken zu können, erscheint die Förderung von interkultureller kommunikativer Kompetenz im Rahmen des Sachunterrichts von Bedeutung. Nach Byram (1997) ist eine Voraussetzung zum Aufbau dieser Kompetenz eine offene, von Neugier getragene Einstellung gegenüber anderen Kulturen (*savoir être*). Eine weitere Komponente ist der Erwerb von soziokulturellem Wissen (*savoir*). Ziel ist die Entwicklung eines kritischen kulturellen Bewusstseins (*savoir s'engager*), das durch die Wahrnehmung und kritische Reflexion verschiedener kultureller Perspektiven, Sitten und Gegebenheiten gekennzeichnet ist und sich in der Akzeptanz oder Toleranz von anderen Kulturen äußert.
Aufgrund der Präsenz des Themas Fluchtmigration in Medienangeboten für Kinder und der schulischen Organisation von sogenannten Willkommensklassen ist anzunehmen, dass Grundschulkinder damit in Berührung kommen und individuelle Vor- und Einstellungen zu ihm entwickeln. Diesen kommt eine bedeutende Rolle als Ausgangs- und Bezugspunkt sachunterrichtsdidaktischer Bemühungen um die Förderung interkultureller kommunikativer Kompetenz zu. Davon ausgehend bietet die empirische Erforschung der Einstellungen von Grundschulkindern zum Phänomen Fluchtmigration das Potenzial, Anschlussmöglichkeiten für eine individuell angemessene Förderung aufzuzeigen; sie stellt jedoch bei derzeitigem Forschungsstand laut Gläser/ Peuke (2015) noch ein Desiderat dar.
Vor diesem Hintergrund sollten die Studierenden ein Forschungsprojekt auf diesem noch wenig untersuchten Gebiet gesellschaftspolitischer Aktualität planen und durchführen – eine für Erstsemesterstudierende hohe Herausforderung. Die Umsetzung der methodischen Erfordernisse wissenschaftlicher Datenerhebung bei den geführten Interviews muss in diesem Kontext gesehen werden. Die Ergebnisse geben erste Antworten auf die Fragestellung, welche Vorstellungen Kinder von der Flucht (Ursachen, Wege, Herkunftsländer), vom politischen Umgang mit Geflüchteten in Deutschland und Europa und von den Geflüchteten selbst haben. Darüber hinaus gewähren die

Ergebnisse einen Einblick in die Einstellungen, die Kinder zu geflüchteten Erwachsenen und Kindern besitzen. Die folgenden Ausführungen konzentrieren sich daher auf die Darstellung des Untersuchungsdesigns und der Forschungsergebnisse und verzichten auf genauere Erläuterungen der Seminarkonzeption.

2 Untersuchungsdesign

Die Untersuchung verfolgte einen qualitativen Ansatz, um Äußerungen zum Thema Fluchtmigration zu erheben, aus welchen sich Einstellungen der Kinder zu geflüchteten Menschen und dem aus ihrer Sicht angemessenen Umgang mit Geflüchteten extrahieren lassen. Es wurden Leitfadeninterviews eingesetzt, die es ermöglichen, thematische Impulse für eine freie Erzählung der Kinder zu setzen, den Gesprächsablauf aber zugleich zu strukturieren und an die Narrationen der Befragten anzuknüpfen. Die Leitfragen wurden von den Studierenden selbstständig erarbeitet, unterscheiden sich daher zuweilen nach den einzelnen Arbeitsgruppen und enthalten auch geschlossene Fragen. Außerdem wurde, um die Durchführbarkeit der Aufgabenstellung für die Studierenden zu erleichtern, nur ein Kriterium für die Auswahl der Stichprobe zur Vorgabe gemacht: das mit der üblichen Vorschul- und Grundschulzeit korrespondierende Alter der Kinder. Die Stichprobe setzte sich aus 44 Kindern im Alter von fünf bis elf Jahren aus dem ländlichen und städtischen Raum der Bundesländer Sachsen, Sachsen-Anhalt und Brandenburg zusammen. Nach der Durchführung der Interviews in Schule oder Elternhaus der Befragten wurden die per Diktiergerät oder Video aufgezeichneten Aufnahmen verschriftlicht.

Das von den Studierenden gesammelte Material wurde von den Lehrenden anhand Mayrings (2010) Richtlinien der zusammenfassenden qualitativen Inhaltsanalyse aufbereitet. Mit ihr konnten im Zuge der Paraphrasierung und Generalisierung der Kinderantworten personenspezifische und vergleichbare Aussagenkomplexe gewonnen werden. Diese wurden bei Deckungsgleichheit mit anderen Aussagen zu Positionen zusammengefasst und in übergeordnete Kategorien gefasst, um die verschiedenen Vor- und Einstellungen auf überindividueller Ebene identifizieren zu können. Auf diese kann für eine Förderung von interkultureller Kompetenz im Sinne Byrams Bezug genommen werden, da sie Voraussetzungen bei Kindern darstellen, die entweder von Aufklärungsbedarf zeugen oder für die neugierige Offenheit (*savoir être*) gegenüber kultureller Diversität ohnehin eine fruchtbare Grundlage bieten. Die gewonnenen überindividuellen Kategorien werden in den folgenden

Abschnitten – gekennzeichnet durch einfache Anführungszeichen – dargestellt und anhand einzelner Äußerungen von Kindern illustriert.

3 Ergebnisse

3.1 Vorstellungen über Fluchtursachen, Fluchtwege und Herkunftsländer

Als Fluchtursache gaben die Kinder in aller Regel ‚Krieg' an, nannten selten auch ‚materielle Not' als eine Folge von Krieg oder von klimatischen Bedingungen. Neben der Gefahr durch „*die Bösen*", hier den IS, gab es auch eine Äußerung zur Kategorie ‚Naturkatastrophe'. Krieg wurde unter den befragten Kindern aber hauptsächlich als Fluchtgrund angenommen, während Fluchtursachen wie zum Beispiel politische Verfolgung oder Unterdrückung von Minderheiten keine Rolle spielten. Vor diesem Hintergrund lässt sich vermutlich die folgende Aussage eines Kindes interpretieren, das sich Fluchtmigration aus Albanien nicht erklären kann: „*Was ich manchmal nicht verstehe: ich höre von Albanern. ... Ich glaube nicht, dass in Albanien grad Krieg herrscht. Deswegen verstehe ich nicht, warum die hier herkommen.*" (Jan, 11 J.)

Nach den Charakteristika von Flucht gefragt, beschrieben die Kinder fast ausschließlich Fluchtwege und Transportmittel. Sie machten vage und häufig inkonsistente Angaben zu räumlichen und zeitlichen Distanzen wie beispielsweise „*4 Tage ... oder 4 Wochen*" (Anton, 7 J.), die große Entfernungen zum Ausdruck bringen sollten. Sie sahen Flucht mit ‚mehreren Stationen' und ‚großen Gefahren' verbunden. Die Kinder äußerten, dass Geflüchtete mit ‚Zügen' und ‚zu Fuß' unterwegs sind, verwiesen aber auch auf die in der medialen Berichterstattung präsente ‚Überfahrt über das Mittelmeer': „*Ja, dass sie in ganz kaputten Booten über den Ozean geschifft werden; letztens sind dabei 21 Menschen über Bord gefallen und ertrunken*" (Anna, 5 J.). Die geographischen Angaben zu den Herkunftsländern reichen von ‚allgemeinen Angaben' wie „*verschiedene Länder in Afrika*" oder „*Ausland*" über typische ‚Krisenregionen' wie dem „*Irak*" und die „*Ukraine*" bis hin zu eher ungewöhnlichen Antworten wie „*Kanada*". Abgesehen von wenigen Auskünften dieser Art verwies allerdings die Mehrheit der Kinder auf ‚Syrien', was auch die hervorstechende Dominanz der Orientierung an der Fluchtursache ‚Krieg' plausibel macht.

3.2 Angaben zu bestehenden oder debattierten politischen Regelungen

Die Kinder berichteten über Aspekte von politischen Regelungen des Umgangs mit geflüchteten Menschen, die erstens die ‚grundsätzliche Ausrichtung der deutschen Flüchtlingspolitik' in Abgrenzung zu anderen EU-Staaten betreffen und die sich zweitens als ‚staatlich organisierte Hilfsmaßnahmen' beschreiben lassen. Sowohl die von der deutschen Regierung beschlossene ‚Aufnahme und angestrebte Verteilung syrischer Kriegsflüchtlinge' als auch die ‚Schließung mancher Ländergrenzen im osteuropäischen Raum' fanden sich in den Erzählungen der Kinder wieder. Beides zeigt sich ebenfalls in dieser bemerkenswerten Wiedergabe der Dublin-III-Verordnung: „*Manche Länder machen auch einen Stacheldraht dahin. Die sind gegen Flüchtlinge. Und dann werden die anderen, die noch die Grenzen offen haben, verteilt, die wollen die verteilen. Aber wenn die dort in ein Land gehen und den Stempel mit dem Finger gemacht haben, dann müssen die dort zurückgeführt werden, in das Land, wo sie den Stempel mit ihrem Finger gemacht haben*" (Mia, 7 J.).

Hinsichtlich des innenpolitischen Umgangs mit geflüchteten Menschen nannten die Kinder zwei Hilfsmaßnahmen: zum einen die ‚Versorgung mit Sach- und Geldleistungen', in erster Linie jedoch die ‚Unterbringung in Zeltstädten und Turn- oder Messehallen', die durchweg als ‚beengt' bezeichnet wurden. Ein Kind, dem materielle Not als Fluchtursache bekannt war, äußerte sich außerdem über ein wesentliches Kriterium in Asylverfahren: die Unterscheidung von Kriegs- und Wirtschaftsflüchtlingen: „*Die werden von der Polizei abgefragt, wie alt sie sind und wovon sie geflohen sind. Wenn sie vor Hunger fliehen, werden sie wieder zurückgeschickt*" (Matti, 9 J.).

3.3 Einstellungen zu geflüchteten Menschen – das Bild vom „Flüchtling"

In den Aussagen der befragten Kinder deuten sich verschiedene Bilder von geflüchteten Menschen an. Etwa ein Drittel der Kinder schrieb geflüchteten Menschen negative Charakteristika (‚böse', ‚undankbar', ‚kriminell') zu und stellte sie sich entsprechend als ‚potentielle' oder ‚tatsächliche Bedrohung' vor. So lässt sich zum Beispiel folgender Äußerung die Ansicht entnehmen, dass eine nicht weiter bestimmte Andersartigkeit Geflüchteter zu einem Problem werden könne, sofern die Anzahl der geflüchteten Menschen die Zahl von bereits Ansässigen überstiege: „*Wenn das so weiter geht, dann könnten wir in ein paar Jahren, in manchen Städten könnte es passieren, dass dort mehr Asylbewerber da sind als Einwohner. Wenn die nicht richtig aufgeteilt werden, könnte es sehr heiter werden*" (Leo, 11 J.).

Daneben schilderten sechs Kinder den Eindruck, dass die Geflüchteten ‚wohlhabend‘ seien. So wurde ihr Aussehen etwa als *„ein bisschen schickimicki“* (Ina, 10 J.) charakterisiert, ein anderes Kind sagte: *„Die haben mega teure Sachen an oder ich seh' auch manche mit Handys, die sind richtig groß und richtig teuer. Die sehen eigentlich gar nicht richtig aus wie Flüchtlinge, ham Kohle“* (Nico, 10 J.). Eine gepflegte, wohlhabende Erscheinung scheint für diese Kinder mit der Bezeichnung „Flüchtling“ nicht kompatibel zu sein, insofern lässt sich vermuten, dass sie ein Bild eines Flüchtlings zugrunde legen, der typischerweise bettelarm und daher ungepflegt, wie mehrere Kinder sagten, *„zerlumpt daherkommt“*. Offenbar wird aus der Diskrepanz zu diesem Bild die Einschätzung gefolgert, dass Teile der nach Deutschland geflüchteten Menschen nicht als „Flüchtlinge“ im Sinne von Hilfsbedürftigen angesehen werden können und daher kein Anrecht auf Hilfe haben.
Andere ‚potentielle Bedrohungen‘, die die Kinder sahen, die sie aber den geflüchteten Menschen nicht selbst als Wesensmerkmal zuschrieben, bestanden zum einen in der vereinzelt zum Ausdruck gebrachten Befürchtung, es könnten sich ‚Terroristen unter ihnen‘ befinden. Zum anderen wurden skizzierte ‚Verfehlungen im Verhalten‘ von geflüchteten Menschen als psychologische Folge ihrer traumatischen Kriegserlebnisse gedeutet: *„Manche tun Böses, aber nur weil sie Schlimmes gesehen haben“* (Fine, 9 J.).
Hieran schließt sich auch die unter den befragten Kindern am weitaus häufigsten vertretene Darstellung von geflüchteten Menschen als ‚gut‘ und ‚dankbar‘ an, sie seien *„lieb zu uns, weil wir sie aufnehmen“* (Tom, 5 J.). Diese Kinder beschrieben geflüchtete Menschen als ‚harmlose Kriegsbetroffene‘ und ‚unschuldige Opfer‘, die ihrem von Gewalt und Zerstörung geprägten Lebensumfeld zu entrinnen versuchen. In den Aussagen, aus denen sich diese Darstellung zusammensetzt, betonten die Kinder eher die ‚Angst‘, die Geflüchtete vor dem Krieg empfinden und ihr ‚Bedürfnis nach Sicherheit und Lebensperspektive‘. Es scheint, als würden in diesen Fällen geflüchtete Menschen mit dem zugrundeliegenden Bild vom „Flüchtling“ identifiziert, zu dessen Eigenschaften die Armut und die Hilfsbedürftigkeit gerechnet werden. Es scheint zudem plausibel anzunehmen, dass die Kinder aus dieser Übereinstimmung den Schluss zogen, dass Hilfe für geflüchtete Menschen geboten ist.

3.4 Einstellungen zum Umgang mit geflüchteten Erwachsenen

Fast alle Befragten befürworteten die Aufnahme von geflüchteten Menschen in Deutschland: *„Ich finde das gut, dass sie hier aufgenommen werden, weil sie Schutz brauchen“* (Ben, 9 J.). Wie in diesem Beispiel fand die Aufnahme

von Geflüchteten in Deutschland häufig ‚bedingungslose Zustimmung', jedoch wurde sie vereinzelt an verschiedene Bedingungen geknüpft. Es wurden dabei von 13 Kindern quantitative und qualitative Kriterien in Anschlag gebracht, die sich in die Menge der aufgenommenen Menschen (‚solange es nicht zu viele werden'), die Dauer ihres Aufenthalts (‚bis der Krieg vorbei ist'), ihr Fluchtmotiv (‚nicht die, die nur Geld wollen') sowie Alter und Geschlecht (‚Frauen und Kinder zuerst') aufschlüsseln lassen. Drei Kinder hingegen lehnten eine Aufnahme im Grundsatz ab, wobei eines dies mit drohender Überfremdungsgefahr begründete: „*Ich bin dagegen, dass sie herkommen, weil dann Deutschland nicht mehr Deutschland ist. Und dann sind in Deutschland nicht mehr so viele Deutsche als Ausländer*" (Jonas, 8 J.). Die beiden anderen relativierten ihre Ablehnung mit Blick auf die Überzeugung, dass den Geflüchteten eine Rückkehr in Kriegsgebiete nicht möglich sei, wie hier: „*Am besten wäre es, wenn die wieder zurück gehen, aber das geht wegen dem Krieg nicht*" (Maja, 7 J.).
Im Gegensatz dazu setzten 22 Kinder die Aufnahme von Geflüchteten gleich als Prämisse ihrer Antwort voraus und beurteilten ‚potentielle Hilfsmaßnahmen' nach der Maßgabe einer Bleibeperspektive. So stellten sie beispielsweise Überlegungen zu längerfristiger Unterbringung an: „*In Leipzig steht ja was frei, aber das müssen die erstmal sanieren. Das müssen wir jetzt so schnell wie möglich machen, damit die Leute da nicht so zusammengepfercht leben müssen*" (Lisa, 11 J.).

3.5 Einstellungen zum Umgang mit geflüchteten Kindern

39 Kinder gaben direkt oder implizit an, mit geflüchteten Kindern ‚in Kontakt treten zu wollen' oder ‚bereits in Kontakt gekommen' zu sein. Die Kontaktaufnahme wurde von fünf Kindern aber auch abgelehnt oder unter den Vorbehalt gestellt, dass daraus ‚kein Schaden' entstehen dürfe: „*ich würde mit ihnen spielen, wenn sie unsere Bälle nicht kaputt machen*" (Nico, 10 J.).
Die Aussagen zeugten jedoch durchweg von ‚Hilfsbereitschaft' gegenüber geflüchteten Kindern. Manche der Befragten hatten bereits an Spendenaktionen teilgenommen oder schlugen ‚Kleider-, Lebensmittel- und Spielzeugspenden' vor. Einige nannten ‚Hilfe beim Spracherwerb', die ‚Organisation von Ausflügen und besseren Unterkünften'. Für den Umgang im Schulalltag wurde ‚Schutz vor Ausgrenzung' für nötig erachtet. So kommen etwa Erwägungen vor, man müsse „*aufpassen, dass sie nicht so doll geärgert werden*" (Matti, 9 J.). Die oben gezeigten negativen Einschätzungen werden von den

hier Befragten offenbar nicht auf geflüchtete Kinder übertragen. Im Gegenteil kristallisierten sich in den Interviews zwei wesentliche Begründungen für Rücksichtnahme und Hilfsbereitschaft ihnen gegenüber heraus: deren ‚Unschuld‘ und ‚Armut‘, die sogar teilweise als Ungerechtigkeit aus dem oben gezeigten Negativbild konstruiert wird: *„Die Eltern bekommen alles und gehen schlecht damit um. Ich würde den Kindern helfen, weil die können nichts dafür, die kommen total zerlumpt*“ (Nico, 10 J.).

4 Vorläufiges Fazit

Gegenüber geflüchteten Kindern bekundeten alle Befragten Hilfsbereitschaft. Bei erwachsenen Geflüchteten sind ihre Einstellungen jedoch differenzierter: sie liegen auf einer Skala von Ablehnung, über die in Dauer oder Menge begrenzte Unterbringung bis hin zur Schaffung von dauerhaften Lebensperspektiven. Es deutet sich an, dass ablehnende Einstellungen in Vorstellungen von Geflüchteten begründet liegen, die diese als nicht hilfsbedürftig klassifizieren. Ob eine Korrelation zwischen der Vorstellung von fehlender Hilfsbedürftigkeit und ablehnender Einstellung besteht, wäre u.a. noch zu untersuchen. Sollte sie sich bestätigen, dann wäre ein möglicher Ansatzpunkt für die Förderung einer offenen Haltung (*savoir être*) aufgezeigt: die Sensibilisierung der Kinder für die Situation der Geflüchteten.

Literatur

Bundesministerium des Innern (Hrsg.) (2016): Verfassungsschutzbericht 2015. Spangenberg.

Byram, M. (1997): Teaching and Assessing Intercultural Communicative Competence. Clevedon u.a.

Fend, H. (2006): Neue Theorie der Schule. Einführung in das Verstehen von Bildungssystemen. Wiesbaden.

Gläser, E.; Peuke, J. (2015): Migration und Migrationsgesellschaft im sozialwissenschaftlichen Sachunterricht thematisieren. In: Gläser, E.; Richter, D. (Hrsg.): Die sozialwissenschaftliche Perspektive konkret. Begleitband 1 zum Perspektivrahmen Sachunterricht. Bad Heilbrunn, S. 151-168.

Klafki, W. (2007): Neue Studien zur Bildungstheorie und Didaktik. Zeitgemäße Allgemeinbildung und kritisch-konstruktive Didaktik. Weinheim/Basel.

Mayring, P. (2010): Qualitative Inhaltsanalyse: Grundlagen und Techniken. Weinheim.

Treibel, A. (2008): Migration. In: Baur, N.; Korte, H.; Löw, M.; Schroer, M. (Hrsg.): Handbuch Soziologie. Wiesbaden, S. 295-317.

Markus Kübler

Die Perspektive der Kinder – Zeichnungen als Methode, um kindliche Wissensbestände und Konzepte zu erheben

Drawings are a fine method to explore knowledge and conceptions of younger children. Especially younger children are often lacking the adequate expressions for things and situations. Then drawings can activate their knowledge. Evaluating children's drawings of several subjects one can use qualitative as well as quantitative approaches. It's possible to count the choice of topics and the elements in the drawings. It's also interesting to explore the development of conceptions depending from age.

1 Einführung

Kinderzeichnungen sind in der Entwicklungspsychologie und in der Diagnostik vielfach Materialien, um (unter anderem) den Entwicklungsstand von Kindern zu beurteilen oder um bestimmte Entwicklungsstörungen zu identifizieren. In der Diagnostik hat die Interpretation von Kinderzeichnungen eine längere Tradition. Der Versuch, die psychische Entwicklung von Kindern mittels ihrer grafischen Äußerungen zu beschreiben, ist relativ alt. Schon vor und um den ersten Weltkrieg erschienen dazu erste Publikationen (vgl. SRF 2014, Richter 1997, Seidel 2007). Auch in der Kunsterziehung spielt die Kinderzeichnung eine bedeutende Rolle. So besitzt das Archiv der Kinder- und Jugendzeichnungen der Stiftung Pestalozzianum eine Sammlung von über 50.000 Zeichnungen. Das Archiv wurde 1932 gegründet mit dem Zweck, die geschichtliche Entwicklung des Zeichenunterrichts zu erforschen (Lehringer 2010). Kinderzeichnungen gelten als Reflexion des Zeitgeistes, wobei Kinder offensichtlich manchmal auch das zeichnen, was sie sonst nicht dürfen (wie etwa Gewaltszenen) (Baigger 2012).
Weitherum wird jedoch davon abgeraten, Kinderzeichnungen als einziges diagnostisches Mittel zur Beurteilung des kindlichen Entwicklungsstandes zu nutzen. Das Beispiel von Jannis zeigt, dass für einen erwachsenen Betrachter

der Zugang zur Darstellung nicht unmittelbar ist. Der Knabe zeichnet ein Wikingerschiff mit seinem auffälligen Bug, einen Mann mit Wikingerhelm (Hörner) und die Ruder. Was er im Interview jedoch nicht mehr verbalisiert ist, warum er ein (Indianer-)Zelt (links) gemalt hat. Es kann nur vermutet werden, dass Jannis davon gehört hat, dass die Wikinger als erste über den Atlantik nach Amerika (symbolisierte Wellen) gefahren und dort auf die Ureinwohner Kanadas getroffen sind.

Abbildung 1: Zeichnung von Jannis, Kindergarten, 5,25 Jahre (2010)

2 Zeichnungen als Erhebungsmethode

Empirische Arbeiten zur Erforschung des historischen Denkens von Kindern haben in jüngster Zeit zwar stark zugenommen (vgl. Dück 2009, Zabold 2013, Pape 2008, Kübler et al. 2014/2015), sind aber immer noch nicht sehr häufig (vgl. Gläser 2007, S. 257f.). Die meisten Untersuchungen zum historischen Denken zielen immer noch auf Jugendliche beziehungsweise Gymnasiasten (vgl. dazu Hodel/ Ziegler 2009, Hodel/ Waldis/ Ziegler 2013, Waldis/ Ziegler 2015, Kölbl 2012). Diese basieren methodisch zum großen Teil auf Paper-Pencil-Erhebungen. Historisches Denken meint die historischen Präkonzepte der Kinder, also die Vorstellungen und die Wissensbestände der Kinder, die diese in einer geschichtskulturell gesättigten Lebenswelt außerhalb der Schule erwerben. Ohne Kenntnisse über diese Konzepte riskiert der Sachunterricht (historische Perspektive), „träges Wissen" zu produzieren; dies bedeutet, dass die Erklärungs- und Denkfiguren der Kinder trotz Unterricht gleichbleiben (Möller 1999, Wahl 2013, Kölbl 2012, S. 117).

Zentral für das Verständnis des historischen Denkens von Kindern ist das Sichtbarmachen von Narrations-, Erzähl- beziehungsweise Argumentationsmustern. Es geht also im Kern um die Erhebung der Wissensbestände, deren Sequenzierung zu einer Narration, in der eine (aus der Gegenwart entnommene) Sinnbildung hinterlegt ist. Darin wiederum enthalten sind ein Denkprozess (prozessuale Dimension) und auch eine Denkstruktur (Strukturdimension). Die Versuche, die kindlichen Prozesse und Strukturen hinsichtlich der Vergangenheit empirisch zu erschließen, sind vor dem Hintergrund zu sehen, dass die theoretische Fundierung von historischem Denken beziehungsweise Geschichtsbewusstsein noch lange nicht abgeschlossen ist: „Zu den Theoriefragen – und zwar zu den weithin ungeklärten – gehört die Schlüsselfrage, was eigentlich als ‚historisches Lernen' angesehen wird" (von Borries 2009, S. 313). Dabei gilt nun folgendes: „Die Tiefenstrukturen historischen Verstehens müssen operationalisiert und ‚klein gearbeitet' werden" (Günther-Arndt/ Sauer 2006, S. 8). Wie dies bei 4- bis 10-jährigen Kindern (also für den Kindergarten und die Grundschule) zu geschehen habe, ist eine besondere Herausforderung. Grundsätzlich ist die ganze Palette von Erhebungsmethoden möglich (Mey 2003, Kölbl 2012). Neben Fragebögen (in verschiedenen Formaten) und Einzelinterviews kommen auch Gruppendiskussionen (Waldis/ Ziegler 2015, Zabold 2013, Pape 2008) zum Zuge. Vor allem die schriftlichen Formate sind für jüngere Kinder jedoch kaum brauchbar, und auch mündliche Erhebungsmethoden unterliegen alterstypischen Einschränkungen. Vorerst ist bei allen Befragungsformen von jüngeren Kindern deren limitierte Aufmerksamkeitsspanne zu beachten: sie beträgt bei Kindergartenkindern zwischen 15 und 20 Minuten; gleichzeitig sind die noch nicht voll ausgereiften Kapazitäten des Arbeitsgedächtnisses miteinzubeziehen (Pinquart/ Schwarzer/ Zimmermann 2011); daneben verfügen jüngere Kinder häufig nicht über adäquate Begrifflichkeiten, um ihr (vorhandenes) Wissen zu kommunizieren; sehr oft benutzen die Kinder dann begriffliche Eigenkreationen oder sprachliche Umschreibungen. Insbesondere in Interviews ist bei jüngeren Kindern darauf zu achten, dass das Phänomen der sozialen Erwünschtheit kontrollierbar bleibt (Dieckmann 2007, S. 446). Auch ist bei den Interviews kritisch zu beachten, inwiefern die Kinder auf Fragen mit „Current Constructions", d.h. momentanen, nicht reproduzierbaren mentalen Konstruktionen, reagieren, oder ob wir in ihren Antworten „Deep Structures" (Beliefs) finden können (Möller 1999, S. 140f.). Somit lohnt es sich, einen Überblick über eine mögliche zusätzliche, für jüngere Kinder geeignete Forschungsmethode zu verschaffen. Der folgende Beitrag ist ein Bericht, der auf der Befragung von insgesamt etwa 1.200 Kindern zwischen vier und zwölf Jahren basiert.

Unsere Grundthese für Erhebungen bei jüngeren Kindern lautet deshalb: Bei Untersuchungen von 4- bis 10-jährigen Kindern müssen wir methodisch auf den Entwicklungsstand der jüngeren Kinder Rücksicht nehmen. Dies bedeutet: Der Sprachanteil der Erhebung ist der Aufmerksamkeitsspanne der Kinder anzupassen; den nicht-sprachlichen Erhebungsanteilen ist ein wichtiger Platz einzuräumen; jüngere Kinder benötigen vor der Befragungssituation eine angemessene Vorlaufs- und Denkzeit, damit „Deep Structures“ aktiviert werden können. Sind diese Bedingungen erfüllt, danken es die Kinder mit hohem Interesse an der Befragung.

3 Auswertungen von Kinderzeichnungen

Zeichnungen jüngerer Kinder erklären sich nicht aus sich selbst: Die Interpretation der Zeichnungen durch Erwachsene ist teilweise schwierig und benötigt eine Nachbefragung der Kinder. Neuss (2000) wies nach, dass die Kinder „Experten“ für ihre Darstellungen sind. Ganz besonders für die Zeichnung als Methode spricht, dass die kindlichen Vorstellungen nur teilweise in der Form eines explizit deklarativen Wissens zur Verfügung stehen (Möller 1999, S. 141), von den Kindern aber zeichnerisch dargestellt werden können. Als Beispiel für eine schwer lesbare Zeichnung sei diejenige von Theo (5,1 Jahre) angeführt:

Abbildung 2: Zeichnung von Theo, Kindergarten, 5,1 Jahre (2010)

Im Interview kommentiert Theo seine Zeichnung: eine Sonne (gelb), eine Lawine (violett), ein Weihnachtsbaum (schwarz) und eine Mondfinsternis (blauer Halbmond). Daneben zeichnet er eine Ritterburg mit Zinnen und Rittern mit Speeren (blau). Ohne das Interview wäre ein Verständnis der Zeichnung aus

Erwachsenensicht nahezu unmöglich geworden. Aus dem Interview wird nun klar, dass Theo eine Ritterburg und ihre Verteidigungsfunktion kennt. Außerdem erwähnt er die Ritter, die die Burg mit „Stäben mit Spitzen" verteidigen. Er kennt das Wort „Schwert" oder „Speer" oder „Lanze" noch nicht und konstruiert ein eigenes Wort, um das Objekt zu beschreiben.
Die Auswertung von Zeichnungen kann nun verschiedene Aspekte thematisieren: Bei einem genügend großen Sample kann die thematische Verteilung, die Anzahl gezeichneten Elemente oder das Auftreten bestimmter zeichnerischer Konstrukte ausgezählt werden. Diese Auszählungen können wiederum nach Alter, Geschlecht oder Klassenstufe analysiert werden (zur Auswertungsmethodik: Ammann 2008). Die folgenden (beispielhaften) Auswertungen bzw. Grafiken beruhen auf einem Sample von n = 454 Zeichnungen von 5- bis 11-jährigen Kindern des Projektes „Historisches Denken".

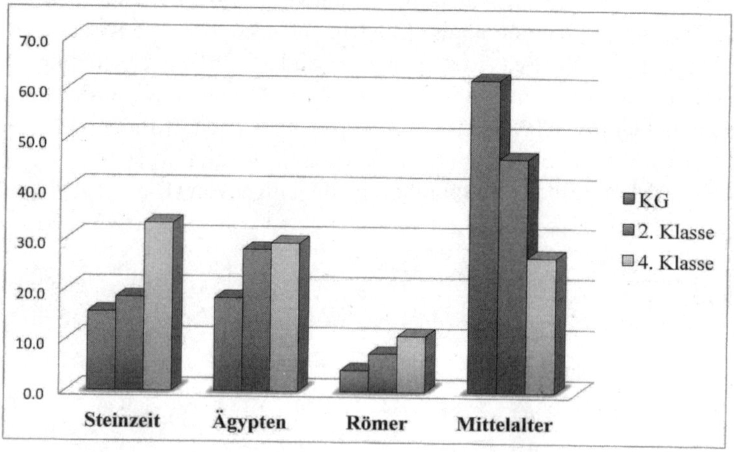

Abbildung 3: Verteilung der gewählten Epochen auf die Schulstufen in Prozenten

Die Grafik zeigt, dass Kindergartenkinder mit großer Präferenz das Mittelalter attraktiv finden. 449 Kinder zeichneten eine der vier erfragten Epochen; nur fünf Kinder zeichneten etwas anderes (Dinosaurier, Indianer, Haus mit Blume). Die Bevorzugung bestimmter Epochen verändert sich mit dem Alter der Kinder. Dies mag vermutlich darauf zurückzuführen sein, dass Ritter und Burgen im Kindergarten häufiger thematisiert werden als in der Grundschule. Umgekehrt werden die Steinzeit und alte Zivilisationen in der Grundschule thematisiert. Die gleiche Feststellung gilt auch für den Buchmarkt: Bereits für 4-jährige Kinder existieren Bilderbücher zu „Ritter und Burgen", während Sachbücher zu „Steinzeit“, „Altes Ägypten“ oder „Römer“ eher für Grundschüler und Jugendliche konzipiert sind.

Ein weiterer Zugang zu den Zeichnungen ist die Auszählung der gezeichneten Elemente unter inhaltsanalytischen Gesichtspunkten (Mayring 2010, Ammann 2008). Dabei ist grundsätzlich zu bemerken, dass die Anzahl gezeichneter Elemente pro Zeichnung mit dem Alter moderat ansteigt, dass die Zeichnungen also reichhaltiger und detaillierter werden. Besonders bemerkenswert sind die Unterschiede zwischen Mädchen und Knaben. Insgesamt 100 Knaben zeichneten kriegerische Motive (41,5%), während dies nur 25 Mädchen taten (Differenz 29,1%). Die Nahrungszubereitung zeichneten 32 Mädchen (15,9%), bei den Knaben sind es nur 15, wobei diese Differenz erst bei den Kindern der 4. Klasse bedeutsam wird.

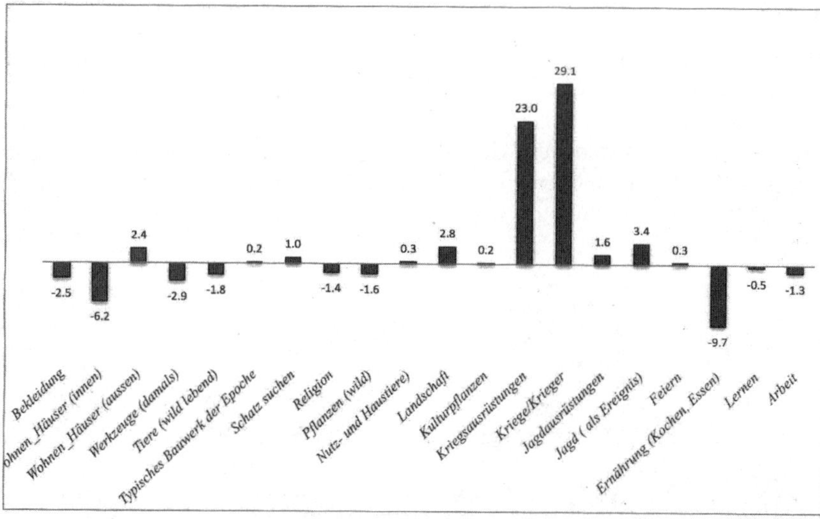

Abbildung 4: Die Unterschiede der gezeichneten Elemente zwischen Mädchen und Jungen in Prozent (positive Werte: um so viele Prozente zeichnen Jungen ein Element mehr als Mädchen)

Die obige Grafik zeigt, dass die traditionelle Rollenteilung der Geschlechter offensichtlich in den Köpfen der Kinder immer noch wirkmächtig ist. Dies zeigt auch beispielhaft eine Zeichnung einer Viertklässlerin zum Thema „Steinzeit“.

Abbildung 5: Zeichnung eines Mädchens, 10,67 Jahre; 4. Klasse (2012)

Bei einer genügenden Anzahl Zeichnungen lassen sich zudem bei gleichartigen Themen (in unserem Beispiel: Ritter und Burgen) Entwicklungen von Konzepten über Geschichte analysieren. Vergleicht man die Zeichnungen von Kindergartenkindern mit denen der Kinder der vierten Klasse, fallen verschiedene Unterschiede, aber auch Gemeinsamkeiten auf: Augenfällig sind die sprunghafte Zunahme von Detailwissen und die Einbettung von Szenen in eine Landschaft.

Abbildungen 6 und 7: Vergleich einer Zeichnung eines Kindergartenkindes (6,08 Jahre) mit der eines Viertklässers (10,42 Jahre) zu „Ritter und Burgen“ (2012)

Als Gemeinsamkeit über die Altersstufen hinweg ist die starke Kampfbetonung der Vergangenheit. Vergangenheit wird vom Kindergarten bis ans Ende der Grundschulzeit stark klischiert dargestellt (in zeichnerischer wie auch in mündlicher Darstellung). Dies lässt den Schluss zu, dass die kindlichen Vorstellungen über die Vergangenheit zwar mit zunehmendem Alter ein „Enrichment“

erfahren, jedoch kein Konzeptwechsel im eigentlichen Sinne stattfindet (siehe auch Kübler et al. 2014, 2015).

Literatur

Ammann, T. (2008): Entwicklung von Zeitkonzepten bei Kindern. Eine inhaltsanalytische Untersuchung von Kinderzeichnungen über Zeit. (Unv. Vortrag auf der GDSU Jahrestagung in Bremen).

Baigger, K. (2012): Kinderzeichnungen als Spiegel der Geschichte. In: Neue Zürcher Zeitung v. 5.11.2012. URL: http://www.nzz.ch/wissen/bildung/kinderzeichnungen-als-spiegel-der-geschichte [05.11.2012].

Borries, B.v. (2009): Rückblick und Ausblick. In: Hodel, J.; Ziegler, B. (Hrsg.): Forschungswerkstatt Geschichtsdidaktik 07. Beiträge zur Tagung „geschichtsdidaktik empirisch 07". Bern, S. 305-320.

Dieckmann, A. (1995[2007]): Empirische Sozialforschung. Grundlagen – Methoden – Anwendungen. Hamburg.

Dück, A. (2009): Schülervorstellungen zu historischem Wandel. Eine empirische Untersuchung. Masterarbeit. Grin.

Gläser, E. (2007): Natur und Lebenswelt – ein Lernbereich in Kindertagesstätte und Grundschule. In: Brokmann-Nooren, C.; Gereke, I.; Kiper, H.; Renneberg, W. (Hrsg.): Bildung und Lernen der Drei- bis Achtjährigen. Bad Heilbrunn, S. 252-265.

Günther-Arndt, H.; Sauer, M. (Hrsg.) (2006): Geschichtsdidaktik empirisch. Untersuchungen zum historischen Denken und Lernen. Berlin.

Hodel, J.; Waldis, M.; Ziegler, B. (Hrsg.) (2013): Forschungswerkstatt Geschichtsdidaktik 12. Beiträge zur Tagung „geschichtsdidaktik empirisch 12". Bern.

Hodel, J.; Ziegler, B. (Hrsg.) (2009): Forschungswerkstatt Geschichtsdidaktik 07. Beiträge zur Tagung „geschichtsdidaktik empirisch 07". Bern.

Kölbl, C. (2012): Geschichtsbewusstsein – Empirie. In: Barricelli, M.; Lücke, M. (Hrsg.): Handbuch Praxis des Geschichtsunterrichts. Band 1. Schwalbach/Ts., S. 112-120.

Kübler, M.; Bietenhader, S.; Bisang, U.; Stucky, C. (2015): Historisches Denken bei 4- bis 10-jährigen Kindern. Was wissen Kinder über Geschichte? In: Waldis, M.; Ziegler, B. (Hrsg.): Forschungswerkstatt Geschichtsdidaktik 13. Beiträge zur Tagung „geschichtsdidaktik empirisch 13". Bern, S. 26-40.

Kübler, M.; Bietenhader, S.; Bisang, U.; Stucky, C. (2014): Historisches Denken bei 4- bis 10-jährigen Kindern. Was wissen Kinder über Geschichte? In: Sauer, M.; Bühl-Gramer, C.; John, A.; Demantowsky, M.; Kenkmann, A. (Hrsg.): Geschichtslernen in biografischer Perspektive. Nachhaltigkeit – Entwicklung – Generationendifferenz. Göttingen, S. 271-287.

Lehringer, A. (2010): Die Kinderzeichnung als Zeitzeugnis. Ein Archiv voller Kinderzeichnungen. In: 4. bis 8. Fachzeitschrift für Kindergarten und Unterstufe, 6, S. 24-25.

Mey, G. (2003): Zugänge zur kindlichen Perspektive. Methoden der Kindheitsforschung. Forschungsbericht der Abteilung Psychologie im Institut für Sozialwissenschaften, Nr. 1. Berlin.

Mayring, P. (2010): Qualitative Inhaltsanalyse. Grundlage und Techniken. 11., aktualisierte und überarbeitete Auflage. Weinheim und Basel.

Möller, K. (1999): Konstruktivistisch orientierte Lehr-Lernprozessforschung im naturwissenschaftliche-technischen Bereich des Sachunterrichts. In: Köhnlein, W.; Marquardt-Mau, B.; Schreier, H. (Hrsg.): Vielperspektivisches Denken im Sachunterricht. Forschungen zum Sachunterricht. Bad Heilbrunn, S. 125-191.

Neuss, N. (2000): Medienbezogene Kinderzeichnungen als Instrument der qualitativen Rezeptionsforschung. In: Paus-Haase, I.; Schorb, B. (Hrsg.): Qualitative Kinder- und Jugendmedienforschung. Theorie und Methoden. Ein Arbeitsbuch. München, S. 131-154.

Pape, M. (2008): Entwicklung von Geschichtsbewusstsein im Hinblick auf die unterrichtspraktische Gestaltung historischer Themen im Sachunterricht. URL: http://www.fachportal-paedagogik.de/fis_bildung/suche/fis_set.html?FId=847940 [16.12.2016].

Pinquart, M.; Schwarzer, G.; Zimmermann, P. (2011): Entwicklungspsychologie – Kindes- und Jugendalter. Göttingen u.a.

Richter, H.G. (1997): Die Kinderzeichnung: Entwicklung, Interpretation Ästhetik. 4. Aufl. Berlin.

Schweizer Fernsehen SRF 1 (2014): Was sagen uns Kinderzeichnungen? URL: http://www.srf.ch/player/tv/puls/video/was-sagen-uns-kinderzeichnungen?id=18e00e8c-1fcd-4449-b717-a0d09333a826 [25.10. 2014].

Seidel, C. (2007): Leitlinien zur Interpretation der Kinderzeichnung. Praxisorientierte Anwendung in Diagnostik, Beratung, Förderung und Therapie. Lienz.

Wahl, D. (2013): Lernumgebungen erfolgreich gestalten. Vom trägen Wissen zum kompetenten Handeln. Bad Heilbrunn.

Waldis, M.; Ziegler, B. (Hrsg.) (2015): Forschungswerkstatt Geschichtsdidaktik 13. Beiträge zur Tagung „geschichtsdidaktik empirisch 13“. Bern.

Zabold, S. (2013): Auswertungsmethoden und erste Ergebnisse der Studie „Ausprägungen historischen Denkens vor dem Geschichtsunterricht“. In: Hodel, J.; Waldis, M.; Ziegler, B. (Hrsg.): Forschungswerkstatt Geschichtsdidaktik 12. Beiträge zur Tagung „geschichtsdidaktik empirisch 12“. Bern, S. 166-177.

Julia Peuke

Was war die DDR? – Vorstellung einer qualitativen Studie zu Perspektiven von Grundschulkindern auf Zeitgeschichte

Contemporary history seems to be important for primary schools' General Study. Existing studies show that ten-year-old children have knowledge about National Socialism and the Holocaust. But children's perspectives on recent history are still unexplored. The in this paper presented study's intention is to find out what primary school children know about GDR and the division of Germany – with a special focus on the interrelation of historical and political learning processes. The article describes the theoretical background and the research design of this qualitative study.

Der Thematisierung von Zeitgeschichte im Sachunterricht wird in fachdidaktischen Diskussionen besondere Bedeutung zugesprochen (vgl. u.a. Enzenbach/ Pech 2012). Auch eine zunehmende Anzahl an Unterrichtsmaterialien, Kinderbüchern und Onlineangeboten zeigt, dass Kindern die Auseinandersetzung mit Zeitgeschichte zugetraut wird. Es lassen sich jedoch nur wenige Aussagen über das historische und politische Verständnis von Grundschulkindern im Kontext von Zeitgeschichte treffen. Das vorgestellte Forschungsprojekt widmet sich daher dem Ziel, Alltagstheorien von Schüler/innen der vierten Klasse zur zeithistorischen Thematik „DDR und deutsche Teilung" zu erfassen. Im Folgenden werden die theoretische Rahmung, der aktuelle Forschungsstand, die zentralen Ziele sowie das Untersuchungsdesign der Studie erläutert. Letztendlich werden erste Einblicke in die geführten Interviews gegeben und auf die theoretische Rahmung bezogen.

1 Theoretische Rahmung

Zeitgeschichte verknüpft lebensgeschichtliche, erinnerungskulturelle und wissenschaftliche Dimensionen. Die Beschäftigung mit dieser erfordert eine kritische Auseinandersetzung mit verschiedenen Perspektiven auf Vergangenheit und kann so ein differenziertes Bild von Gesellschaft sowie Urteils- und Orientierungskompetenzen fördern. Demnach gilt in diesem Kontext ein Zusammenspiel von historischen und politischen Lernprozessen. Die Thematik „DDR und deutsche Teilung" kann verdeutlichen, dass gerade lebensgeschichtliche und öffentliche Erinnerungen stark auseinanderklaffen können.

1.1 Perspektiven der Aufarbeitung der DDR-Geschichte

Innerhalb der wissenschaftlichen und öffentlichen Aufarbeitung der DDR-Geschichte lassen sich verschiedene Perspektiven voneinander unterscheiden. In den 1990er Jahren, aber auch in der Zeit der deutschen Teilung, lag der Fokus auf dem politischen System der DDR. Die „*DDR-Geschichte als Herrschaftsgeschichte*" (Handro 2006, S. 4; Herv. i.O.) stellt Institutionen, Strukturen und Herrschaftsinstrumente in den Mittelpunkt der Auseinandersetzung mit der DDR. Nach der Wiedervereinigung sorgte die Zugänglichkeit der staatlichen Akten für eine verstärkte wissenschaftliche und öffentliche Diskussion über die politische Einordnung der SED-Führung. Die Totalitarismustheorie erlebte eine Renaissance (vgl. u.a. Schroeder 2013); zudem wurde die „durchherrschte Gesellschaft" (Kocka 1994) diskutiert.
Die Friedliche Revolution und die „stillen Helden" der Bürgerrechtsbewegung bieten, als weitere Perspektive der Aufarbeitung der DDR-Geschichte, positive Identifikationsmöglichkeiten (Handro 2006, S. 4). Diese Dimension wird medial groß aufbereitet und öffentlich inszeniert, wie zum Beispiel anlässlich der Feierlichkeiten zum 25. Jubiläum des Mauerfalls. Gleichzeitig wird innerhalb der „*DDR-Geschichte als Protest-, Widerstands- und Oppositionsgeschichte*" (ebd.; Herv. i.O.) den Opfern der Diktatur eine Stimme gegeben, was besonders in Gedenkstätten aufgegriffen wird (vgl. u.a. Jarausch 2004). Die Friedliche Revolution als Unterrichtsthema wird auch für Grundschulkinder angedacht. So findet sich im niedersächsischen Kerncurriculum Sachunterricht der Hinweis auf die Thematisierung des zeithistorischen Ereignisses Mauerfall im Zusammenhang mit der eigenen Lebens- und Familiengeschichte (Niedersächsisches Kultusministerium 2006, S. 18). Kinderbücher wie bspw. „Fritzi war dabei" (Schott 2009) oder die wenigen didaktischen Materialien wie „Wir feiern die Einheit!" (capito – Agentur für Bildungskommunikation o.J.) stellen den Mauerfall ebenfalls als positiv konnotiertes Ereignis ins Zentrum.
Sowohl die herrschafts- als auch die widerstandsgeschichtliche Perspektive können zwar das Ende der DDR erklären, jedoch nicht deren vierzigjährige Stabilität (vgl. u.a. Handro 2006). Daher steigt die Bedeutung der „*DDR-Geschichte als Gesellschafts-, Kultur- oder Alltagsgeschichte*" (ebd., S. 5; Herv. i.O.), die verschiedene Themenfelder wie Bildung, Geschlecht, Jugend,

Freizeit, Medien oder Konsum umfasst. Widersprüchlichkeiten zwischen den Ansprüchen der SED-Führung und der Realität sollen hieran verdeutlicht werden. Der Blick auf das Alltagsleben ermöglicht die Pluralisierung von Geschichte. Anhand exemplarischer Biographien können Bezüge zu politischen, wirtschaftlichen, kulturellen und sozialen Aspekten hergestellt werden (vgl. Adamski/ Bernhardt 2012). Der alltagshistorische Zugang wird derzeit in der Geschichtsdidaktik diskutiert (vgl. u.a. a.a.O.; Handro 2006) und inzwischen vermehrt für den Sachunterricht aufbereitet, zum Beispiel mittels *Oral History*.

Eine weitere Perspektive markiert die gesamtdeutsche Nachkriegsgeschichte als „asymmetrisch verflochtene Parallelgeschichte“ (Kleßmann 2005, S. 23), die beide deutsche Staaten und deren Beziehungen zueinander analysiert.

Weiter gehen die europäische und globale Perspektive, welche die DDR-Geschichte im Kontext des europäischen Einigungsprozesses und des Kalten Krieges aufgreifen (vgl. u.a. Sabrow 2013).

Letztendlich stellt die Auseinandersetzung mit kommunikativen und kollektiven Erinnerungen an die DDR und die deutsche Teilung eine weitere Dimension der wissenschaftlichen und öffentlichen Aufarbeitung der DDR-Geschichte dar (vgl. u.a. a.a.O.). Hierzu zählen auch Erinnerungen an mediale Ereignisse wie den Mauerfall.

Im Hinblick auf die unterschiedlichen wissenschaftlichen Perspektiven wird deutlich, dass für deren Verständnis der Aufbau tragfähiger politischer Konzepte von Bedeutung ist. Die für den Sachunterricht vorgeschlagenen Inhaltsbereiche Friedliche Revolution und Alltagsgeschichte lassen sich ohne ein Verständnis von politischen Konzepten wie Grenze, Freiheit oder Demokratie nicht hinreichend begreifen. Das Leben in der DDR war durch das diktatorische Herrschaftssystem stark geprägt; gleichzeitig wurde dessen Ende maßgeblich durch das Volk beeinflusst. In diesem Kontext sticht das Konzept „Macht“ hervor, das aufgrund der verschiedenen Akteursperspektiven eine gewisse Doppeldeutigkeit aufweist.

1.2 Zum Machtbegriff

Macht gilt als ein zentraler Begriff in der Politischen Bildung. So findet er sich trotz der teils sehr unterschiedlichen Ansichten über die Ausgestaltung von Basiskonzepten in allen fachdidaktischen Diskussionsansätzen. Sander (2009, S. 9) stellt als Kernfrage für das Basiskonzept Macht: „Wer kann mit welcher Berechtigung Macht ausüben?“ Imbusch (2012, S. 16) formuliert als Dimensionen von Macht Akteure, Quellen und deren Legitimation und greift somit die gleichen Aspekte wie Sander auf. Zudem führt er Mittel und Wirkungsmechanismen von Macht sowie Formen der Machtausübung auf (vgl.

Imbusch 2012, S. 16), sodass die Frage von Sander erweitert werden kann: „Wer kann mit welcher Berechtigung *wie* und *wodurch* Macht ausüben?" Macht lässt sich nach Pitkin (1972) in *Power over* als Macht über andere Menschen und *Power to* als Macht, etwas zu tun, unterteilen (vgl. a.a.O.). Um *Power over* zu klären, kann Weber (1980) herangezogen werden. Dieser begreift Macht als „jede Chance, innerhalb einer sozialen Beziehung den eigenen Willen auch gegen Widerstreben durchzusetzen, gleichviel worauf diese Chance beruht" (S. 28). Im Kontext von *Power to* lässt sich Arendt (2009) heranziehen: „Macht entspringt der menschlichen Fähigkeit, nicht nur zu handeln oder etwas zu tun, sondern sich mit anderen zusammenzuschließen und im Einvernehmen mit ihnen zu handeln" (S. 45). Innerhalb der Thematik DDR und deutsche Teilung werden beide Ausprägungen des Machtbegriffs von Pitkin (1972) sichtbar: So kann, vereinfacht formuliert, *Power over* mit der Staatsmacht sowie *Power to* mit den Bürgerrechtsbewegungen der Friedlichen Revolution verknüpft werden.

2 Zum aktuellen Forschungsstand

Empirische Arbeiten zu Grundschulkindern und Zeitgeschichte erfassen hauptsächlich Perspektiven von Schüler/innen auf den Holocaust und den Nationalsozialismus (Hanfland 2008, Becher 2009, Flügel 2009, Enzenbach 2011, Klätte 2013). Hierbei zeigte sich u.a., dass neun- und zehnjährige Kinder Kenntnisse zu Nationalsozialismus und Holocaust haben und Unterschiede innerhalb der öffentlichen und familiären Auseinandersetzung existieren (Becher 2009). Die DDR wurde hingegen bislang kaum in den Blick genommen. Empirische Studien hierzu richten ihren Fokus insbesondere auf Jugendliche (vgl. u.a. Arnswald 2006, Deutz-Schroeder/ Schroeder 2008, Schroeder et al. 2012). Lediglich Moller (2008, 2011) untersuchte Quellen des Geschichtsbewusstseins sowie Aneignungsformen der DDR-Geschichte bei Schüler/innen der ersten bis zwölften Klasse und bezog somit explizit Grundschulkinder mit ein. In den Erzählungen von Kindern der ersten Klasse waren Krieg, Teilung und Mauerfall zentrale Kategorien. Schüler/innen der fünften Klasse vermischten die DDR häufig mit dem Nationalsozialismus (vgl. a.a.O.). Auch hier zeigten sich Unterschiede in der familiären und öffentlichen Aufarbeitung (vgl. Moller 2011). Im Hinblick auf politisches Lernen verdeutlichte u.a. die Studie von Deth et al. (2007), dass Kinder bereits zum Schuleintritt Vorstellungen zu Politik und Gesellschaft haben und diese im Laufe der Grundschulzeit erweitert werden. Besonders intensiv wurde das Machtkonzept von Grundschüler/innen empirisch in den Blick genommen (vgl. u.a. Dondl 2013, Kalcsics/ Rath 2013, Götzmann 2015). Die befragten

Kinder konnten Macht in verschiedenen Kontexten erklären (vgl. Götzmann 2015). Sie haben Vorstellungen zur Legitimation von Macht und Machtverhältnissen (vgl. Dondl 2013, Kalcsics/ Rath 2013) und verknüpfen diese eng mit Wahlen (vgl. Kalcsics/ Rath 2013, Götzmann 2015). Weiterhin banden die befragten Kinder Macht häufig an einzelne Akteure (vgl. Götzmann 2015). Trotz der engen Verbindung historischer und politischer Lernprozesse im Kontext der Auseinandersetzung mit Zeitgeschichte fehlt es bislang an Studien, die politische Konzepte von Schüler/innen mit deren Verständnis zeithistorischer Ereignisse zusammenbringen.

3 Forschungsdesign

Die vorgestellte Studie verfolgt zwei zentrale Ziele: Zum einen sollen Alltagstheorien von Grundschulkindern zur DDR und der deutschen Teilung erfasst werden, wobei ein besonderer Schwerpunkt auf dem Machtkonzept der befragten Kinder liegt. Hierbei wird den Fragen nachgegangen, was Kinder im vierten Schuljahr über die deutsche Teilung, das Alltagsleben und politische System der DDR sowie die Friedliche Revolution wissen und welches Verständnis von Macht sie in diesem Zusammenhang besitzen. Zudem werden die Quellen ihres Wissens herausgearbeitet. Zum anderen sollen die Ergebnisse dieser Studie mit vorliegenden Befunden der Studien zu Nationalsozialismus und Holocaust im Hinblick auf grundsätzliche Strukturen für das historisch-politische Verständnis von Grundschulkindern im Kontext von Zeitgeschichte verglichen werden.
Um die erstgenannten Forschungsfragen zu beantworten, wurden von Dezember 2015 bis Juli 2016 57 neun- bis elfjährige Schüler/innen aus Berlin und Osnabrück befragt. Mit der Auswahl der Orte waren zwei unterschiedliche Stichproben verbunden: Berliner Kinder wachsen in einer Stadt auf, die durch die deutsche Teilung und die DDR stark geprägt ist, während in Osnabrück weder die Teilung Deutschlands noch die DDR im Stadtbild eine Rolle spielen. Die Kinder wurden zunächst in leitfadenstrukturierten, impulsgesteuerten Einzelinterviews befragt, um deren subjektive Theorien ermitteln zu können. Im Anschluss wurden Gruppendiskussionen durchgeführt, um zu erfahren, wie der Gegenstand in der Gruppe ausgehandelt wird. Die Daten werden entlang des Kodierverfahrens der *Grounded Theory* (Glaser/ Strauss 1967) ausgewertet.

4 Ein erster Einblick in die Interviews

Innerhalb der Interviews waren, wie bei Moller (2008), Mauer, Teilung und Krieg zentrale Aspekte, was einer eher herrschaftsgeschichtlichen Perspektive entspricht. Weitere, von den Kindern häufig aufgegriffene Themen waren Flucht und Schießbefehl, Reisefreiheit, die Trennung von Familien oder die Luftbrücke. Die öffentlich besonders präsente Friedliche Revolution wurde von den Kindern selbst eher weniger angesprochen. Gleichzeitig waren bei den befragten Schüler/innen nahezu keine Vorstellungen zum Alltagsleben in der DDR wie auch in der ehemaligen Bundesrepublik vorhanden.

Um Vorstellungen der Kinder zur DDR wie auch deren Verständnis von Macht zu illustrieren, werden nachfolgend einige Transkriptauszüge zitiert:

Lucy, 9 Jahre alt, lebt in Osnabrück und beschreibt die deutsche Teilung folgendermaßen: *„Jedenfalls, ähm, mh, die DDR da wur... ja da wurde... da wurde (das) Deutschland in eine in zwei Seiten eingeteilt und da und auf der einen Seite, da waren die M... die Leute sozusagen gefangen und auf der anderen Seite waren die Menschen frei."* Das geteilte Deutschland gleicht durch die Gegenüberstellung von Gefangenschaft und Freiheit einer Schwarz-Weiß-Zeichnung. Die Teilung scheint in dieser Aussage etwas zu sein, was den Menschen passiert ist.

Die neunjährige Tina, ebenfalls aus Osnabrück, bringt im Zusammenhang mit Grenzziehungen den Begriff „Macht" selbst in das Interview ein:

„Weil halt der Bürgermeister hat schon ganz viel Macht, so wie früher Könige. [I: Mhm.] Und halt der kann sagen ‚Nein, jetzt wird 'ne neue Grenze durchgezogen'. [I: Mhm.] Ähm weil die / also die... die auf der Sei... so 'n paar, die auf der also einer, der auf der Seite war, der den möchte ich nicht mehr, darum kommt jetzt 'ne Grenze da durch. [I: Mhm.] Und die wird erst abgerissen, wenn ich gestorben bin (sage ich jetzt). So."

Macht wird hier an alleinherrschende Akteure gebunden. Diese sind, wie bei Tina, Bürgermeister oder Bundeskanzler/innen, Präsidenten, Soldaten und in einigen Fällen Adolf Hitler. Die Form der Machtausübung stellt die Grenzziehung dar. Die Akteure der Macht haben in den Aussagen der interviewten Kinder über den Bau und häufig auch über den Fall der Mauer entschieden. Die genannten Aspekte lassen auf die Machtausprägung *Power over* (Pitkin 1972) und Webers (1980) Machtbegriff schließen. Gleichzeitig markiert die Akteursperspektive die Ausprägung *Power to* – im Sinne der Handlungsmöglichkeiten der Machtinhaber/innen.

Der Einblick in die Interviews deutet an, dass Grundschulkinder Vorstellungen zur DDR-Geschichte haben und diese mit politischen Konzepten verknüpfen. In einem nächsten Schritt werden deren Alltagstheorien herausgearbeitet, um daran anknüpfend die Frage nach grundsätzlichen Strukturen eines historischen-politischen Verständnisses von Zeitgeschichte zu untersuchen.

Literatur

Adamski, P.; Bernhardt, M. (2012): Befremdlich ähnlich – vertraut anders. Alltagsgeschichte in Ost und West. In: Geschichte lernen, 147, S.1-9.

Arendt, H. (2009): Macht und Gewalt, 19. Auflage. München.

Arnswald, U. (2006): Schülerbefragung 2005 zur DDR-Geschichte. In: Arnswald, U.; Bongertmann, U.; Mählert, U. (Hrsg.): DDR-Geschichte im Unterricht. Schulbuchanalyse – Schülerbefragung – Modellcurriculum. Berlin, S. 107-176.

Becher, A. (2009): Die Zeit des Holocaust in den Vorstellungen von Grundschulkindern. Eine empirische Untersuchung im Kontext von Holocaust Education. Oldenburg.

capito – Agentur für Bildungskommunikation GmbH (o.J.): Wir feiern die Einheit! Grundschulmaterialien zur deutschen Teilungs- und Einheitsgeschichte, URL: http://www.capito.de/agentur/referenzen/projekte/wirfeiern-die-einheit.html [27.09.16].

Deth, J.W. v.; Abendschön, S.; Rathke, J.; Vollmar, M. (2007): Kinder und Politik. Politische Einstellungen von jungen Kindern im ersten Schuljahr. Wiesbaden.

Deutz-Schroeder, M.; Schroeder, K. (2008): Soziales Paradies oder Stasi-Staat? Das DDR-Bild von Schülern – ein Ost-West-Vergleich. Stamsried.

Dondl, J. (2013): Politik-Lernen in der Grundschule. Überlegungen zur politischen Bildung anhand einer Studie zu demokratieorientierten Vorstellungen von Viertklässlern. Bad Heilbrunn.

Enzenbach, I. (2011): Klischees im frühen historischen Lernen. Jüdische Geschichte und Gegenwart, Nationalsozialismus und Judenfeindschaft im Grundschulunterricht. Berlin.

Enzenbach, I.; Pech, D. (2012): Zeitgeschichte thematisieren in der Grundschule. Zum Stand einer Diskussion und ihrer Leerstellen am Beispiel der Thematisierung von Holocaust, Nationalsozialismus und jüdischer Geschichte. URL: http://www.medaon.de/pdf/MEDAON_11_Enzenbach_Pech.pdf [27.09.16].

Flügel, A. (2009): „Kinder können das auch schon mal wissen…“ Nationalsozialismus und Holocaust im Spiegel kindlicher Reflexions- und Kommunikationsprozesse. Opladen.

Glaser, B.G.; Strauss, A.L. (1967): The Discovery of Grounded Theory – Strategies for Qualitative Research. Chicago.

Götzmann, A. (2015): Entwicklung politischen Wissens in der Grundschule. Wiesbaden.

Handro, S. (2006): DDR-Geschichte unterrichten – aber welche? In: Geschichte lernen, 111, S. 2-7.

Hanfland, V. (2008): Holocaust, ein Thema für die Grundschule?: Eine empirische Untersuchung zum Geschichtsbewusstsein von Viertklässlern. Berlin.

Imbusch, P. (2012): Macht und Herrschaft in der wissenschaftlichen Kontroverse. In: Ders. (Hrsg.): Macht und Herrschaft. Wiesbaden, S. 9-35.

Jarausch, K.H. (2004): Die Zukunft der ostdeutschen Vergangenheit – Was wird aus der DDR-Geschichte? In: Hüttmann, J.; Mählert, U.; Pasternack, P. (Hrsg.): DDR-Geschichte vermitteln. Ansätze und Erfahrungen in Unterricht, Hochschullehre und politischer Bildung. Berlin, S. 81-99.

Kalcsics, K.; Raths, K. (2013): Was Kinder unter Politik verstehen. Vorstellungen über Herrschaft von Schülerinnen und Schülern der Primarstufe. In: Wannack, E.; Bosshart, S,; Eichenberger, A.; Fuchs, M.; Hardegger, E.; Marti, S. (Hrsg.): 4- bis 12-Jährige. Ihre schulischen und außerschulischen Lern- und Lebenswelten. Münster, S. 241-247.

Klätte, C. (2013): Kinder und NS-Geschichte – Empirisch begründete Impulse für das historisch-politische Lernen. In: Fischer, H.-J.; Giest, H.; Pech, D. (Hrsg.): Der Sachunterricht und seine Didaktik. Bestände prüfen und Perspektiven entwickeln. Bad Heilbrunn, S. 195-202.

Kleßmann, C. (2005): Spaltung und Verflechtung – Ein Konzept zur integrierten Nachkriegsgeschichte von 1945 bis 1990. In: Ders.; Lautzas, P. (Hrsg.): Teilung und Integration. Die doppelte deutsche Nachkriegsgeschichte. Bonn, S. 20-37.

Kocka, J. (1994): Eine durchherrschte Gesellschaft. In: Kaeble, H.; Kocka, J. (Hrsg.): Sozialgeschichte der DDR. Stuttgart, S. 547-553.

Moller, S. (2008): Eine Fußnote des Geschichtsbewusstseins? Wie Schüler in Westdeutschland Sinn aus der DDR-Geschichte machen. In: Barricelli, M.; Hornig, J. (Hrsg.): Aufklärung, Bildung, „Histotainment"? Zeitgeschichte in Unterricht und Gesellschaft heute. Frankfurt/Main, S. 175-187.

Moller, S. (2011): Diktatur und Familiengedächtnis. Anmerkungen zu Widersprüchen im Geschichtsbewusstsein von Schülern. In: Handro, S.; Schaarschmidt, T. (Hrsg.): Aufarbeitung der Aufarbeitung. Die DDR im geschichtskulturellen Diskurs. Schwalbach/Ts., S. 140-151.

Niedersächsisches Kultusministerium (2006): Kerncurriculum für die Grundschule Schuljahrgänge 1-4 Sachunterricht. Hannover, URL: http://db2.nibis.de/1db/cuvo/ datei/ kc_gs_ sachunterricht_nib.pdf [27.09.16].

Pitkin, H.F. (1972): Wittgenstein and Justice. Berkeley.

Sabrow, M. (2013): Die DDR in der deutschen Geschichte. In: geschichte für heute. zeitschrift für historisch-politische bildung, 6, 1, S. 5-13.

Sander, W. (2009): Macht als Basiskonzept politischer Bildung. In: Herrschaft und Machten, 31, S. 5-12.

Schott, H. (2009): Fritzi war dabei. Eine Wendewundergeschichte. Leipzig.

Schroeder, K. (2013): Der SED-Staat. Geschichte und Strukturen der DDR 1949-1990. 3., vollst. überarb. u. stark erw. Neuausgabe. Köln.

Schroeder, K.; Deutz-Schroeder, M.; Quasten, R.; Schulze Heuling, D. (2012): Später Sieg der Diktaturen? Zeitgeschichtliche Kenntnisse und Urteile von Jugendlichen. Frankfurt am Main.

Weber, M. (1980): Kapitel I. Soziologische Grundbegriffe, §16 Macht, Herrschaft. In: Ders..: Wirtschaft und Gesellschaft. Grundriß der verstehenden Soziologie. 5., revidierte Auflage. Tübingen, S. 1-30.

Toni Simon

Vielperspektivität im Sachunterricht – Annäherungen an inklusionspädagogische und -didaktische Begründungslinien

This paper outlines an argumentation for multiperspectivity – which is a central didactic principle of General Studies – from the perspective of inclusive education. Beyond the multi-perspective dealing with subjects the mode of their selection is focused. The arguments in this paper are connected to discussions about inclusive education and especially inclusive didactics in the context of General Studies. [1]

1 Allgegenwärtig und mehrdeutig – der Inklusionsbegriff

In den letzten Jahren haben sich inner- wie außerhalb des Sachunterrichts „mindestens zwei voneinander zu unterscheidende Verständnisse von Inklusion etabliert: Das so genannte ‚enge' – auch als deskriptiv-analytisches, struktur-konservatives, pragmatisches, sonderpädagogisches bezeichnete – und das so genannte ‚breite' – auch als präskriptiv-normatives, radikal-innovatives, idealistisches, erziehungswissenschaftliches bezeichnete – Inklusionsverständnis (vgl. Dederich 2013, Budde/ Hummrich 2013, Boban et al. 2013, Budde et al. 2014, Löser/ Werning 2015, Budde/ Hummrich 2015, Lindmeier/ Lütje-Klose 2015, Biewer/ Schütz 2015)" (Pech et al. in Vorbereitung). Aus beiden Verständnissen lassen sich (z.T. sehr) unterschiedliche Konsequenzen ableiten. Während das „enge" Inklusionsverständnis vor allem sonderpädagogische Fragen fokussiert, meint das „breite" wesentlich mehr als die „Umorganisation der sonderpädagogischen Förderung in die allgemeine Schule hinein" (Hinz 2014, S. 7). Es impliziert z.T. massive Irritationen und Reformen auf potenziell allen Ebenen des Erziehungssystems, zu denen auch Partizipations- bzw. Demokratisierungsforderungen gehören.

[1] Für kritisch-konstruktive inhaltliche und redaktionelle Anregungen sowie Korrekturen danke ich Ute Geiling, Detlef Pech und Jaqueline Simon.

Schulische Inklusion wird dem „breiten“ Verständnis folgend mit der konsequenten Umsetzung der Menschenrechte (im Allgemeinen) (vgl. Biermann/ Pfahl 2015) sowie der Kinderrechte (im Speziellen) verbunden (vgl. Reitz/ Rudolph 2014, Simon 2015). So wird u.a. die Frage der Partizipation[2] von Kindern und Jugendlichen in formalen Bildungsinstitutionen, die nicht neu ist[3], verstärkt gestellt und betont, dass „Demokratie und Inklusion sich gegenseitig bedingen (vgl. Cummings et al. 2003, Boban/ Hinz 2004, Gidion 2011, Boban et al. 2012, Reich 2014)“ (Simon/ Hershkovich 2016, S. 223). Inklusive Pädagogik und Didaktik[4] drängen dann nicht nur auf „die Einlösung des Rechtes auf Bildung für jedes Kind und für jeden Jugendlichen ohne Ausnahme und ohne Ausschluss“ (Platte 2008, S. 45), sondern auch auf die „aktive Beteiligung Lernender an der Gestaltung von Lernumwelt, Lerninhalten und Lerntempo“ (a.a.O., S. 46) und die Anerkennung (Prengel 2013) aller Lernenden im „Zusammenspiel individueller Potenziale und demokratischer Kultur“ (Platte 2008, S. 47).

2 Vielperspektivität aus „traditionell“ sachunterrichtlicher Perspektive

Das seit den 1970er Jahren fortwährend entfaltete und begründete Prinzip der Vielperspektivität gilt unbestritten als konstitutives Merkmal gegenwärtigen Sachunterrichts (vgl. Thomas 2013, S. 152). Kahlert (2014, S. 10ff.) betont ausführlich die besondere Bedeutung und Unverzichtbarkeit der Vielperspektivität für die Didaktik des Sachunterrichts, die auch in Arbeiten zur inklusiven Sachunterrichtsdidaktik als zentrales Prinzip gilt (vgl. z.B. Pech/ Schomaker 2013, S. 352). Vielperspektivität im historisch gewachsenen und

---

[2] Da auch der Partizipationsbegriff mehrdeutig ist, verweist Baumgardt (in Vorbereitung) zu Recht darauf, dass dieser im Sachunterricht deutlich verwendet bzw. herausgearbeitet werden sollte. Das hier vertretene Partizipationsverständnis ist ein nicht-funktionalistisches, dessen primäres Ziel die Erfüllung von Partizipationsrechten ist. Es kann einem funktionalistischen gegenüber gestellt werden, bei dem Partizipation als Mittel zum Zweck dient, z.B. zur Lernförderung oder Qualitätssicherung/-steigerung bzw. als Antwort auf Krisen und Herausforderungen, wie bspw. Fremdenfeindlichkeit, Gewalt oder Politikverdruss (vgl. Simon/ Hershkovich 2016, S. 220f.).

[3] Spätestens seit Anfang des 20. Jh. wird diese in unterschiedlichen Diskursen immer wieder gefordert. Sie spielt auch in den Diskussionen um eine inklusive Fachdidaktik des Sachunterrichts (vgl. z.B. Gebauer/ Simon 2012, 2012a, Simon 2015a) eine bedeutsame Rolle, wobei hier nicht abschließend geklärt ist, *wie weit* die didaktische Partizipation der Lernenden gehen soll (vgl. Pech et al. 2017).

[4] Aus den Diskussionen um Inklusion und inklusive Didaktik werden hier nur ausgewählte Aspekte, die für den Gegenstand des Beitrags besondere Bedeutung haben, angeführt.

innerhalb des Sachunterrichts fest etablierten Verständnis bezieht sich nach Köhnlein et al. (2013, S. 1) „primär auf eine übergreifende Wahrnehmung der inhaltlichen Dimensionen des Lernfeldes (Köhnlein 1990, 2000, 2012, bes. S. 149ff., 340ff., Köhnlein u.a. 1999)". Im Zentrum steht die multiperspektivische Auseinandersetzung mit Lerngegenständen (vgl. z.B. Köhnlein et al. 1999, Köhnlein et al. 2013), die durch fachwissenschaftliche und methodische Offenheit als auch durch Offenheit für die Perspektiven von Kindern auf die Sache(n) im Prozess der Auseinandersetzung gekennzeichnet ist (vgl. die Beiträge in Köhnlein et al. 1999), wodurch auch versucht wird, subjektiven Zugängen bzw. der Heterogenität von Denk- und Lebensformen unserer pluralistischen Gesellschaft Rechnung zu tragen (Köhnlein et al. 2013, S. 2).
Das hier nur sehr grob skizzierte „traditionelle" Vielperspektivitätsverständnis des Sachunterrichts eröffnet durch die Betonung der Offenheit für Perspektiven der Kinder und ihre Heterogenität uneingeschränkte Anschlussmöglichkeiten zur inklusiven Pädagogik und Didaktik des so genannten „engen" Verständnisses. Dabei bleibt die tradierte institutionelle Rahmung von Schule überwiegend aufrechterhalten. (So liegt bspw. das Primat der Didaktik bei der Lehrkraft.) Aus Sicht des „breiten" Inklusionsverständnisses wird einerseits diese tradierte Rahmung stärker irritiert bzw. infrage gestellt und andererseits Vielperspektivität in einem erweiterten Sinne begründet.

3 Vielperspektivität aus „neuer" inklusionspädagogischer Perspektive

In Anlehnung an das „breite" Inklusionsverständnis kann Vielperspektivität als Merkmal inklusiver Didaktik und Ausdruck der Erfüllung von Partizipationsrechten verstanden werden. Dabei geht die Beteiligung über die Berücksichtigung individueller Zugänge zur und Perspektiven auf die Sache hinaus: Sie bezieht sich auch auf die Auswahl von Inhalten, Zielen, Themen und Methoden, die Gestaltung von Lernsituationen und -aufgaben sowie die Evaluation der Lernprozesse. Aus einer solchen inklusionsdidaktischen Sicht entspricht dies dem Anspruch, Lern- und Entwicklungssituationen in Schule gemeinsam mit den Lernenden zu schaffen und eine Differenzierung (auch) vom Kind aus zu gestalten, indem Lernende „als Didaktiker/innen für ihren eigenen Lernweg (vgl. Reich 2006) wie auch für das Lernen anderer Kinder" (Seitz/ Scheidt 2012, o.S.) anerkannt werden. Während Prengel (2016) diesbezüglich einen Ansatz der Kombination obligatorischer und fakultativer Curriculum-Anteile präferiert, wird in anderen Ansätzen (z.B. bei Boban et al. 2012) eine ungeteilte Partizipation oder z.T. Selbstbestimmung stark ge-

macht, wie sie i.d.R. in demokratischen Schulen praktiziert wird (vgl. Simon/ Hershkovich 2016).
Tänzer et al. (2014, S. 181) heben hervor, dass die Beteiligung der Lernenden an didaktischen Prozessen qua „individueller personaler Autonomie [der Lehrkraft; T.S.] über die Gestaltung ihres Planungsprozesses" prinzipiell möglich ist. Die Inklusionspädagogik stellt hier also keine utopischen Forderungen.[5] Während Seitz (2013) dies am Beispiel der „Knetwelt" eindrucksvoll verdeutlicht hat, fragen Pech und Rauterberg (2016) zu Recht, ob es im Sachunterricht dann nur noch eine Sache geben kann, die im Mittelpunkt steht, oder nicht mehrere Sachen (geben muss). Dies verweist einerseits auf die Frage der Balance zwischen Individualisierung und Gemeinsamkeit, wie sie für die Inklusions- sowie Integrationsforschung bestimmend ist, und die auch Köhnlein et al. (2013, S. 2) andeuten, wenn sie fragen: „Was läge näher, als im Sachunterricht einer ‚Welt' von Unterschieden eine ‚Welt' von Gemeinsamkeiten hinzuzufügen"? Andererseits verweist dies auf eine potenzielle inhaltliche Entgrenzung, die als Gefahr der Beliebigkeit oder Chance der Individualisierung von Lernwegen gedeutet werden kann. Die Forderung didaktischer Partizipation verstärkt zudem das für Bildungsinstitutionen grundlegende Spannungsfeld von Angebot und Zumutung bzw. von Sollen und Wollen (vgl. Reich 2012, S. 56ff.).

4 Partizipativ zur Sache kommen?

Zwar sollen Kinderfragen/-perspektiven bei der Planung von Sachunterricht berücksichtigt werden, die Auswahl und methodische Einbindung dieser erfolgt jedoch i.d.R. durch die Lehrkraft und nach der Setzung eines Themas durch dieselbe (vgl. exemplarisch dazu Gläser 2008, S. 111ff.). Welche Kinderfragen/-perspektiven berücksichtigt werden, hängt von der Anschlussfähigkeit an den Inhalt ab bzw. wird eher sachlogisch entschieden. Die Berücksichtigung von durch Lehrkräfte als relevant eingeschätzten Kinderfragen/ -perspektiven, wie sie auch bei den didaktischen und inklusionsdidaktischen Netzen (Kahlert 2002, S. 219ff., Kahlert/ Heimlich 2012, S. 176ff., Kahlert 2016, S. 198ff.) vorgesehen ist, stößt jedoch auf eine deutliche Grenze: „Auf Kinder bezogene Forschungs- und Handlungsperspektiven von Erwachsenen sind unweigerlich bestimmt vom erkenntnisleitenden Interesse (Habermas 1968) der Erwachsenen. Die Angehörigen der älteren Generation können nur immer wieder versuchen, sich an Kinderperspektiven anzunähern und her-

---

[5] Das Gros vorliegender Studien zur Partizipation in Schule verweist jedoch darauf, dass diese auf der Ebene des Unterrichts kaum möglich ist und an den tradierten Strukturen von Schule zerbricht (exemplarisch dazu Coelen/ Wagener 2011, Wetzelhütter et al. 2013).

auszufinden, was im Interesse von Kindern liegen könnte (Honig/ Lange/ Leu 1999)“ (Prengel 2003, S. 12). Eine wirkliche Berücksichtigung von Kinderfragen/-perspektiven ist daher – konsequent gedacht – nicht ohne Einbezug der Lernenden möglich (vgl. z.B. Prengel 2016). Dieses Einbeziehen im Sinne einer didaktischen Partizipation wird in einigen Strängen der Inklusionsforschung diskutiert (siehe oben). In der Fachdidaktik des Sachunterrichts spielt die reale und relevante Partizipation der Lernenden an didaktischen Entscheidungsprozessen eher eine untergeordnete Rolle. Erste Vorschläge zur konsequenten Umsetzung liegen jedoch vor (vgl. Gebauer/ Simon 2012, 2012a, Simon 2015a).

5 Versuch eines vorläufigen Fazits

Köhnlein et al. (2013, S. 3) haben darauf verwiesen, dass es bezüglich des Vielperspektivitätsprinzips „noch zahlreiche unentdeckte Zusammenhänge zu erforschen gilt“, um zu zeigen „dass es sich lohnt, das Prinzip der Vielperspektivität zu einem wesentlichen Baustein der Didaktik auszuarbeiten“ (ebd.). Dazu gehört auch eine theoretische und empirische inklusionspädagogische Fundierung dieses für den Sachunterricht zentralen und für Unterricht und Didaktik insgesamt gewinnbringenden Prinzips.
Wie anzudeuten versucht wurde, gibt es zwischen sachunterrichts- und inklusionsdidaktischen Vorstellungen von Vielperspektivität klare Überschneidungen: Die „Fähigkeit und Bereitschaft, Perspektiven zu erweitern und zu wechseln“ (Platte 2010, S. 95), gilt in beiden Diskursen als bedeutender professioneller Handlungsanspruch, denn „sie lässt die Vielseitigkeit eines (Lern)Gegenstandes erfahren“ (ebd.). Auch die methodische Offenheit bei der Annäherung an den Inhalt und der Anspruch, subjektive Zugänge sowie die Heterogenität von Denk- und Lebensformen anzuerkennen, werden in beiden Diskursen betont. Während im Sachunterricht die fachliche Vielfalt einen primären Bezugspunkt dieses Vorgehens darstellt, ist es in der inklusiven Didaktik des „breiten“ Inklusionsverständnisses primär das Prinzip der Anerkennung, welches die reale und relevante Partizipation der Lernenden an der Unterrichtsplanung impliziert, obgleich nicht abschließend geklärt ist, wie weit diese Partizipation gehen kann/soll. Gleichwohl wird aus dieser Perspektive Vielperspektivität insgesamt zum konstitutiven Merkmal der Planung und Durchführung von Lehr-Lernprozessen.
Didaktische Partizipation ist keine genuin inklusionspädagogische Idee und damit auch nichts völlig neues. Aus Sicht des „breiten“ Inklusionsverständnisses stellt sie einen Schritt auf dem Weg zur inklusiven Schule dar und begründet Vielperspektivität im Sachunterricht in erweiterter Form. Als Di-

daktiker/innen sehen wir uns mit der Frage konfrontiert, ob wir uns vorstellen können, statt in (weitgehend) alleiniger Verantwortung Inhalte aufgrund ihres bildungstheoretischen Gehaltes auszuwählen und sie mit zu ihnen „passenden" Kinderperspektiven zu verbinden, Kinderfragen/-perspektiven aufgrund ihrer Relevanz für die Kinder und des kindlichen Rechts zur Partizipation an einen Lern- und Bildungsprozessen auszuwählen und uns mit den Lernenden gemeinsam auf die Suche danach zu begeben, was an diesen Fragen, Perspektiven, Interessen etc. bildungstheoretisch relevant ist und gelernt werden kann[6]. Dass dies möglich ist, steht in der Theorie und Praxis schulischer Partizipation und inklusiver Didaktik weniger zur Disposition als vielmehr das „Wie" und „Wie weit" [7]. Gleichwohl wirft die Forderung nach didaktischer Partizipation kritische Fragen – sowohl bezogen auf die Forderung selbst als auch bezogen auf das Schulsystem und alle seine Ebenen – auf, die es theoretisch und empirisch zu erörtern/beantworten gilt.

Literatur

Baumgardt, I. (in Vorbereitung): Partizipation im inklusiven Sachunterricht – ein Beitrag für die demokratische Schul- und Unterrichtsentwicklung? In: Pech, D.; Schomaker, C.; Simon, T. (Hrsg.): Sachunterrichtsdidaktik und Inklusion. Baltmannsweiler.

Biermann, J.; Pfahl, L. (2015): Menschenrechtliche Zugänge und inklusive Bildung. In: Hedderich, I.; Biewer, G.; Hollenweger, J.; Markowetz, R. (Hrsg.): Handbuch Inklusion und Sonderpädagogik. Bad Heilbrunn, S. 199-207.

Boban, I.; Kruschel, R.; Wetzel, A. (2012): The Marriage of Inclusive and Democratic Education. In: Seitz, S.; Finnern, N.-K.; Korff, N.; Scheidt K. (Hrsg.): Inklusiv gleich gerecht? Bad Heilbrunn, S. 174-179.

Coelen, T.; Wagener, A.L. (2011): Partizipation an ganztägigen Grundschulen. Ausgewählte Ergebnisse einer empirischen Erhebung. In: Appel, S.; Rother, U. (Hrsg.): Mehr Schule oder doch: Mehr als Schule? Schwalbach, S. 115-126.

Faust-Siehl, G.; Garlichs, A.; Ramseger, J.; Schwarz, H.; Warm, U. (1996): Die Zukunft beginnt in der Grundschule. Frankfurt am Main.

Gebauer, M.; Simon, T. (2012): Inklusive Didaktik im Sachunterricht: Chancen und Herausforderungen am Beispiel des Science Camp der Kinderuniversität Halle. Erfahrungen aus einem interdisziplinären Kooperationsprojekt. In: Zeitschrift für Inklusion, Nr. 3/2012. URL: http://www.inklusion-online.net/index.php/inklusion/article/view/174/164 [13.01.2013].

---

[6] Der z.T. stark kritisierte Ansatz der Welterkundung (Faust-Siehl et al. 1996) hat im Prinzip ein solches Vorgehen angeregt.

[7] Per se anzunehmen, dass bei didaktischer Partizipation Bildungsinhalte oder (hohe) Anforderungen an die Lernenden verloren gehen, setzt ein Desinteresse von Kindern an bestimmten Inhalten und ein Vermeiden herausfordernder Situationen voraus und verkennt, dass Partizipation Diskurs und gemeinsame Entscheidungen bedeutet. Die Lehrkraft wäre keinesfalls zur Passivität gezwungen, da auch sie das Recht (und die Verantwortung!) hat, in den Diskurs zu treten.

Gebauer, M.; Simon, T. (2012a): Inklusiver Sachunterricht konkret: Chancen, Grenzen, Perspektiven. In: www.widerstreit-sachunterricht.de, Nr. 18, Oktober 2012, URL: www.widerstreit-sachunterricht.de [01.11.2012].

Gläser, E. (2008): Kinderfragen als Ausgangspunkt des Unterrichts. In: Gläser, E.; Jäkel, L.; Weidmann, H. (Hrsg.): Sachunterricht planen und reflektieren. Baltmannsweiler, S. 109-115.

Hinz, A. (2014): Inklusive Bildung – wo stehen wir heute? Eine kritische Zwischenbilanz. In: Grundschulzeitschrift, 28, H. 275/276, S. 6-9.

Kahlert, J. (2002): Der Sachunterricht und seine Didaktik. Bad Heilbrunn.

Kahlert, J. (2014): Zwischen didaktischer Vernunft und inhaltlicher Beliebigkeit – Vielperspektivität im Sachunterricht. In: Zeitschrift für Grundschulforschung, 7, 2, S. 9-21.

Kahlert, J. (2016): Der Sachunterricht und seine Didaktik. 4. Auflage. Bad Heilbrunn.

Kahlert, J.; Heimlich, U. (2012): Inklusionsdidaktische Netze – Konturen eines Unterrichts für alle (dargestellt am Beispiel des Sachunterrichts). In: Heimlich, U.; Kahlert, J. (Hrsg.): Inklusion in Schule und Unterricht. Wege zur Bildung für alle. Stuttgart, S. 153-190.

Köhnlein, W.; Marquardt-Mau, B.; Duncker, L. (2013): Vielperspektivität. In: www.widerstreit-sachunterricht.de, Ausgabe 19, Oktober 2013, URL: www.widerstreit-sachunterricht.de [19.01.2016].

Köhnlein, W.; Marquardt-Mau, B.; Schreier, H. (Hrsg.) (1999): Vielperspektivisches Denken im Sachunterricht. Bad Heilbrunn.

Pech, D.; Schomaker, C. (2013): Inklusion und Sachunterrichtsdidaktik. Stand und Perspektiven. In: Ackermann, K.-E.; Musenberg, O.; Riegert, J. (Hrsg.): Geistigbehindertenpädagogik!? Disziplin – Profession – Inklusion. Oberhausen, S. 341-359.

Pech, D.; Schomaker, C.; Simon, T. (in Vorbereitung): Inklusion sachunterrichtsdidaktisch gedacht. In: Dies. (Hrsg.): Sachunterrichtsdidaktik und Inklusion. Baltmannsweiler.

Pech, D.; Schomaker, C.; Simon, T. (2017): Inklusive Fachdidaktik Sachunterricht. In: Ziemen, K. (Hrsg.): Lexikon Inklusion. Göttingen, S. 124-125.

Pech, D.; Rauterberg, M. (2016): Wozu Didaktik? Ein Beitrag zum Verhältnis von Sachunterrichtsdidaktik und Inklusion. In: Riegert, J.; Musenberg, O. (Hrsg.): Didaktik und Differenz. Bad Heilbrunn, S. 134-147.

Platte, A. (2008): Inklusive Bildungsprozesse: Teilhabe am Lernen und Lehren in einer Schule für alle. In: Rihm, T. (Hrsg.): Teilhaben an Schule. Wiesbaden, S. 39-52.

Platte, A. (2010): Inklusiver Unterricht – eine didaktische Herausforderung. In: Hinz, A.; Körner, I.; Niehoff, U. (Hrsg.): Auf dem Weg zur Schule für alle. Marburg, S. 87-100.

Prengel, A. (2003): Einleitung: Forschen und handeln im Interesse von Kindern? In: Prengel, A. (Hrsg.): Im Interesse von Kindern? Weinheim, München, S. 11-17.

Prengel, A. (2013): Pädagogische Beziehungen zwischen Anerkennung, Verletzung und Ambivalenz. Opladen, Farmington Hills.

Prengel, A. (2016): Didaktische Diagnostik als Element alltäglicher Lehrerarbeit – „Formatives Assessment" im inklusiven Unterricht. In: Amrhein, B. (Hrsg.): Diagnostik im Kontext inklusiver Bildung. Bad Heilbrunn, S. 49-63.

Reich, K. (2012): Konstruktivistische Didaktik. 5. Auflage. Weinheim, Basel.

Reitz, S.; Rudolf, B. (2014): Menschenrechtsbildung für Kinder und Jugendliche. Befunde und Empfehlungen für die deutsche Bildungspolitik. Berlin.

Seitz, S.; Scheidt, K. (2012): Vom Reichtum inklusiven Unterrichts. Sechs Ressourcen zur Weiterentwicklung. In: Zeitschrift für Inklusion, Nr. 1/2012. URL: http://www.inklusion-online.net/index.php/inklusion-online/article/view/62/62 [20.06.2013].

Seitz, S. (2013): Kommunikativer Sachunterricht in inklusiven Grundschulen: Kinder machen gemeinsame Sache. In: Becher, A.; Miller, S.; Oldenburg, I.; Pech, D.; Schomaker, C. (Hrsg.): Kommunikativer Sachunterricht. Baltmannsweiler, S. 205-212.

Simon, T.; Hershkovich, M. (2016): Demokratie als Grundlage „guter“ und inklusionsorientierter Schulen. In: Moegling, K.; Hadeler, S.; Hund-Göschel, G. (Hrsg.): Was sind gute Schulen? Teil 1: Konzeptionelle Überlegungen und Diskussionen. Immenhausen, S. 219-236.

Simon, T. (2015): Kinderrechte als Fundament inklusiver (Schul)Pädagogik. In: Schnell, I. (Hrsg.): Herausforderung Inklusion. Theoriebildung und Praxis. Bad Heilbrunn, S. 197-203.

Simon, T. (2015a): Adaption – woran und wofür? Adaption als Kerngeschäft inklusionsorientierter Sachunterrichtsdidaktik. In: Liebers, K.; Landwehr, B.; Marquardt, A.; Schlotter, K. (Hrsg.): Lernprozessbegleitung und adaptives Lernen in der Grundschule. Forschungsbezogene Beiträge. Wiesbaden, S. 229-234.

Tänzer, S.; Schomaker, C.; Heran-Dörr, E. (2014): Schluss. In: Dies. (Hrsg.): Sachunterricht vielperspektivisch planen. Bad Heilbrunn, S. 179-181.

Thomas, B. (2013): Der Sachunterricht und seine Konzeptionen. 4. Auflage. Bad Heilbrunn.

Wetzelhütter, D.; Paseka, A.; Bacher, J. (2013): Partizipation in der Organisation Schule aus der Perspektive der Schülerinnen und Schüler. In: Weber, S.M.; Göhlich, M.; Schröer, A.; Fahrenwald, C.; Macha, H. (Hrsg.): Organisation und Partizipation. Beiträge der Kommission Organisationspädagogik. Wiesbaden, S. 157-166.

René Schroeder und Susanne Miller

Schülerfragen im Sachunterricht am Beispielthema „Brücken – und was sie stabil macht“

This paper reports about design and selected results of a research project focused on the concept of inquiry-based-learning. Third-graders out of three primary school classes were interviewed about their individual concepts and experiences regarding the topic "bridges and stability" before and following certain instructions. In both interview sessions pupil's questions concerning this topic were collected separately. The analysis of these questions can give hints to pupils' individual focus of interest, perspectives and fields of knowledge.

1 Didaktische Potentiale der Schülerfragen im Unterricht

Einer konsequenten Orientierung an den Fragen der Schülerinnen und Schüler im Unterricht wird hinsichtlich der darin realisierten konkreten Beziehung zur Erfahrungswelt der Kinder sowie der damit verbundenen lernförderlichen intrinsischen Motivation ein hoher didaktischer Wert zugeschrieben (vgl. Miller/ Brinkmann 2013). So kann darin sowohl auf methodischer Ebene ein Element wissenschaftlichen Arbeitens in den Unterricht implementiert, wie auch das Fragenstellen als wichtige Methode des Lernens eingeübt werden. Für die Lehrkraft liefern die Fragen einen besonderen diagnostischen Erkenntnisgewinn, da sie Einblicke in das Vorwissen, die Präkonzepte und Interessen der Kinder ermöglichen und somit bei der didaktischen Schwerpunktsetzung und Reduktion im Unterricht Orientierungspunkte gerade für die Arbeit in sehr heterogenen bzw. inklusiven Lerngruppen bieten können (vgl. Miller/ Schroeder 2016, Schroeder 2016). In einer – bereits etwas älteren – Studie von Ritz-Fröhlich (1992) bestätigte sich diese förderliche Wirkung des Fragens in der Wahrnehmung der befragten Grundschullehrkräfte. Jedoch zeigte diese Untersuchung auch, dass Schülerfragen häufig nur in Bezug auf Superlative sowie im numerischen Bezug auftreten und dahingehend weniger einen epistemischen Charakter entfalten – die Fragen der Kinder wurden jedoch losgelöst vom Unterricht erhoben. In Studien von Miller/ Brinkmann (z.B. 2011) wurden mit Blick auf den Sachunterricht auch andere Fragentypen ersichtlich, so beispielsweise auf die darin erkennbaren Vorerfahrungen (z.B. durch den Gebrauch von Fachbegriffen), dem realisierten Aufmerksamkeitsfokus oder auf einen angestrebten Konzeptwechsel gerichtet (vgl. auch Miller/ Brinkmann 2013). Damit wird der besondere Erkenntniswert der Schülerfragen hinsichtlich der Entwicklung des Gegenstandsverständnisses wie auch möglicher Bedingungen für einen fragenförderlichen Unterricht aufgezeigt. Nachfolgend wird eine Studie vorgestellt, in der die Fragen der Schülerinnen und Schüler im Rahmen einer Unterrichtseinheit zum Thema „Brücken – und was sie stabil macht“ untersucht wurden. Zunächst soll kurz begründet werden, warum dieses Thema gewählt wurde und wie sich der Forschungsstand hierzu darstellt.

2 Vorstellung der Studie

2.1 Begründung der Inhaltsauswahl „Brücken“

Zur inhaltlichen Rahmung des Forschungsvorhabens wurde das Beispielthema „Brücken – und was sie stabil macht“ ausgewählt, da dieses durch seine Verankerung in der technischen Perspektive des Sachunterrichts bereits ein hohes Potential vielperspektivischer Betrachtungsweisen birgt (vgl. Köhnlein 2012) und darin eine besondere Exemplarität beanspruchen kann (vgl. Giest/ Köhler/ Selbitz 2009). Darüber hinaus ist die Thematik bereits gut didaktisch aufbereitet und zeichnet sich durch lebensweltliche Nähe, motivationalen Anreiz und besondere Handlungsorientierung aus (vgl. Möller/ Lemmen/ Zolg 2008), sodass darin eine Vielzahl unterschiedlicher Lernwege entlang der Schülerfragen eröffnet werden kann.

2.2 Fragestellung

In der Anlage des Projekts wurde der Fokus auf die Fragen der Schülerinnen und Schüler gelegt. Dies geschah sowohl vor der unterrichtlichen Bearbeitung der Unterrichtsthematik in Form einer Erhebung erster Fragen, wie auch im Nachgang des Unterrichts, verstanden als zweite Fragen, in denen sich eine veränderte oder erweiterte Perspektive auf den Gegenstand erkennen lässt. Ausgangspunkt ist hierin die Annahme, dass die Fragen der Schülerinnen und Schüler als diagnostisch-didaktische Prädiktoren für die unterschiedlichen Perspektiven sowie das Gegenstandsverständnis gleichsam als eine „Brücke“ zwischen Kind und Sache im Sachunterricht fungieren können. Um dies zu konkretisieren, wurde weiterhin danach gefragt, welche vielfältigen Sichtweisen auf den gemeinsamen Gegenstand „Brücken“ sich in den ersten

Fragen der Kinder erkennen lassen, wie sich diese durch die unterrichtliche Auseinandersetzung im Sinne zweiter Fragen verändern und ob sich hierin aufgrund differenter Ausgangsbedingungen und Fragekulturen Unterschiede zwischen den Klassen erkennen lassen. Die weitere Forschungsfrage zum Verhältnis von Vorwissen und Entwicklung des Gegenstandsverständnisses zu den Fragen der Schülerinnen und Schülern, ist hingegen nicht Inhalt dieses Beitrages, und soll an anderer Stelle publiziert werden. Der Schwerpunkt liegt im Folgenden demnach wesentlich auf der Quantität und Qualität der Kinderfragen.

2.3 Forschungssetting

Das Forschungsprojekt gliederte sich in vier Phasen. Zunächst fand ein Workshop mit Grundschullehrkräften mit dem Ziel statt, fachliche, fachdidaktische und methodische Kompetenzen zum Thema „Brücken – und was sie stabil macht" sowie einer Orientierung an Schülerfragen zu vermitteln. Weiterhin wurde das Ziel verfolgt, Lehrkräfte für die Teilnahme am Projekt zu gewinnen. Letztendlich nahmen drei dritte Grundschulklassen aus dem Bielefelder Stadtgebiet teil. Alle Grundschulen sind dabei Schulen des Gemeinsamen Lernens, unterscheiden sich aber sozialräumlich deutlich, sodass Grundschule A eine hohe soziale Belastung aufweist, wohingegen bei Grundschule B diese gering ausgeprägt ist. Grundschule C verortet sich hier in der Mitte (vgl. Lernreport Bielefeld 2014). In der Vorerhebung (n = 61), wurden die Kinder mittels leitfaden- und materialgestützter Interviews (vgl. z.B. Heinzel 2013) durch spezifisch geschulte studentische Hilfskräfte in Tandems befragt. (Lag keine gerade Kinderanzahl vor, wurden einzelne Dreiergruppen gebildet). Um das domänenspezifische Vorwissen abzubilden, wurden diagnostische Aufgabenformate (vgl. Möller u.a. 2008, Kullmann et al. 2011) eingesetzt. Mittels narrativer Impulse in Form von eigenen Zeichnungen und Fotos sollten die kindlichen Perspektiven und Vorerfahrungen erfasst werden (vgl. Heinzel 2013, Vogl 2015), und es erfolgte eine Sammlung erster Fragen zum Rahmenthema. Die Interviews wurden audio- und videografiert, die erstellten Produkte der Kinder (Brückenkonstruktion, Brückenzeichnung) wurden fotografisch dokumentiert. Im Anschluss an die Vorerhebung erfolgte die Durchführung einer Unterrichtseinheit zum Rahmenthema „Brücken – und was sie stabil macht" durch die drei Klassenlehrerinnen, die dabei durch zuvor geschulte studentische Hilfskräfte unterstützt wurden. Für den Unterricht wurden den Lehrkräften umfängliche Materialien (Forscherkisten, Sachmedien, Alltagsmaterialien zum freien Konstruieren etc.) zur Verfügung gestellt. Gemäß der vorherigen Fortbildung sollte sich der Unterricht demnach weitgehend an den Fragen der Schülerinnen und Schüler ori-

entieren. Um den tatsächlich durchgeführten Unterricht bei der Interpretation der Befunde einbeziehen zu können, also vor allem inwiefern eine Fragenorientierung realisiert wurde, wurden die einzelnen Stunden durch die studentischen Hilfskräfte entlang eines Beobachtungsrasters in ihrer Makrostruktur dokumentiert. Im Nachgang der Unterrichtseinheit erfolgte die Nacherhebung erneut in Form leitfaden- und materialgestützter Interviews (n = 58), wobei – sofern möglich – die gleichen Tandems wie zu Beginn der Untersuchung gebildet wurden. Die Struktur der Nacherhebung orientierte sich dabei im Wesentlichen am Ablauf der Vorerhebung, um Vergleichbarkeit zu generieren. Abweichend wurden lediglich die Impulse zur Erfassung der Vorerfahrungen weggelassen und es wurde intensiver nach den zweiten Fragen der Schülerinnen und Schüler gefragt.
Zur Auswertung des Interviewmaterials wurden zunächst Transkripte angefertigt und diese mittels einer computergestützten qualitativen Inhaltsanalyse (vgl. Kuckartz 2014) mit dem Ziel der Kategorienbildung analysiert. Innerhalb des induktiv-deduktiven Vorgehens wurden die Hauptkategorien „Stabilität", Funktionalität", „Vorerfahrungen aus der Lebenswelt", „historisch-kulturelle Perspektive",. „emotionale Aspekte" und „ästhetische Perspektive" herausgearbeitet. Dies geschah auch spezifisch für die Fragen der Kinder hinsichtlich der Perspektiven, die auf die Thematik eingenommen werden und inwiefern ein domänenspezifisches (Vor-)Wissen in die Formulierung der Fragen einfließt. Weiterhin erfolgte eine vertiefende Analyse der angefertigten Brückenzeichnungen der Kinder mittels phänomenografischer Kategorienbildung (vgl. z.B. Miller/ Brinkmann 2011, Gläser 2008) mit dem Ziel, darin Hinweise auf kindliche Erklärungs- und Deutungsmuster (vgl. Kaiser 1997, Schönknecht 2011) zu finden. Diese gilt es dann mit den Erklärungen aus den Interviewsequenzen zu triangulieren. Die Befunde, deren Auswertung sowohl durch Einzelfallvergleiche wie auch auf Ebene der Gesamtstichprobe erfolgt, sind vor dem Hintergrund der angefertigten Beobachtungsprotokolle zum Unterricht kritisch zu reflektieren. So werden zunächst Ergebnisse zu den einzelnen Klassen sowie zum übergreifenden Vergleich vorgestellt, um diese dann innerhalb eines Fallvergleichs zweier Tandems beispielhaft auszuschärfen und zu konkretisieren.

2.4 Ergebnisse

Bereits auf einer rein deskriptiven Ebene zeigen sich Unterschiede zwischen den verschiedenen Grundschulklassen. So konnten in Grundschule A (n_{Tandem} = 11) 32 erste Fragen gesammelt werden, was durchschnittlich 2,9 Fragen pro Tandem entspricht, wohingegen in Grundschule C (n_{Tandem} = 10) 85 erste Fragen gestellt wurden, was im Mittel 8,5 Fragen pro Tandem sind. Grund-

schule B ($n_{Tandem} = 8$) verortet sich hier mit insgesamt 46 Fragen insgesamt, also einem Durchschnitt von 5,7 Fragen pro Tandem, dazwischen. Hinsichtlich der zweiten Fragen gleichen sich diese Unterschiede etwas an. So können die Kinder aus Grundschule A 44 Fragen entwickeln, sodass nun im Mittel 4,0 Fragen auf jedes Tandem entfallen. Die Kinder der Grundschule B und C nennen im Durchschnitt jetzt ca. sechs Fragen pro Tandem, was jeweils 48 bzw. 61 zweiten Fragen insgesamt entspricht. Diese Unterschiede in den zweiten Fragen korrespondieren dabei auch mit Variationen im Unterricht der Klassen. So erfolgte in Grundschule A eine starke Fokussierung auf die Arbeit mit den Forscherkisten sowie den Gebrauch der korrekten Fachbegriffe in einem von Plenumsphasen gerahmten Unterricht ohne Differenzierung. Nur zum Ende erfolgte ein Rückblick auf die Fragen der Kinder. In Grundschule C fand eine vorbereitende Hausaufgabe sowie eine gemeinsame Fragensammlung und Thematisierung statt, wobei von der Lehrkraft ausgewählte Fragen zu Beginn der Stunden als Impulse genutzt wurden. Eine Differenzierung gab es auch hier nicht, aber es wurde ein Forscherheft zur Dokumentation genutzt, und Konstruktionsaufgaben wechselten sich mit Phasen der Textarbeit ab.
Die reine Quantifizierung der Fragen sagt dabei noch nichts über die Qualität der entsprechenden Fragen aus bzw. ob sich hier eine Veränderung zwischen Vor- und Nacherhebung abzeichnet. Entlang der gebildeten Kategorien dominieren in der Vorerhebung Fragen zur *Stabilität* (45), wobei sich diese auf Fragen mit einem *weiten Fokus* (26), die darin wenig Vorwissen voraussetzen (z.B. „Wie können die Brücken nicht einstürzen?“, GS_A_C11O) und solchen mit *engerem Fokus* (21) und darin erkennbaren Vorerfahrungen zum Gegenstandsbereich (z.B. „Welcher der Brückentypen (Balken-, Bogen-, Hängebrücke) ist am stabilsten?“, GS_B_C6F) verteilen. Daneben finden sich auch vergleichsweise häufig sogenannte *Quartettfragen* (19; „Wie lang ist die längste Brücke?“, GS_C_C7O) sowie solche zur „Funktionalität“ (15; „Wozu braucht man überhaupt Brücken?“), *Bauweise* (17; „Wie werden Brücken hergestellt?“, GS_B_C6D) sowie zum *Material* (15; „Gibt es eine Brücke aus Glas?“, GS_B_C2). Fragen jenseits einer physikalischen-technischen Perspektive treten hingegen seltener auf, diese weisen dann etwa einen *geschichtlichen Bezug* (10) auf oder betreffen sichtbare *Gestaltungselemente* (5) oder auch das eigene emotionale *Erleben* (3) im Zusammenhang mit Brücken. Im Nachgang des Unterrichts verändert sich der Fragenschwerpunkt im Sinne zweiter Fragen. So finden sich nun mehr Fragen zu spezifischen Aspekten zur *Stabilität* (18) gegenüber eher allgemeineren (10), und es tauchen einzelne *technische Spezialfragen* (5; „Gibt es ein Signal bei der Klappbrücke?“, GS_A_C2M) auf. Auch Fragen zu „Funktionalität“ (13; „Warum gibt es Brücken, die nur für

Fahrradfahrer sind?", GS_B_C7D), „Bauweise" (15, „Wie werden Drehbrücken gebaut?", GS_A_C10T) und „Material" (9; „Gibt es Brücken, die nur aus Holz gebaut wurden?", GS_B_C8B) werden spezifischer und greifen demnach vermutlich auf unterrichtlich erworbenes Wissens zurück. Zusätzlich treten verstärkt Fragen zu nicht-physikalisch-technischen Aspekten auf, etwa mit *geschichtlichem Bezug* (18), zur *Geografie* (8) oder auch zu *ökonomischen Aspekten* (2; „Wie teuer ist das Eisen?", GS_A_C9N) oder zur *Begriffssemantik* (4; „Warum heißen Brücken ‚Brücken'?", GS_C_C4F). Der Ausdifferenzierung der Perspektivität in den Fragen bei einem Teil der Kinder steht jedoch auch die deutliche Zunahme von reinen „Quartettfragen" (48) entgegen.

2.5 Fallvergleich zweier Tandems

Die zuvor dargestellten allgemeinen Befunde zu den Fragen und der Fragenentwicklung der Kinder sollen nun anhand eines Fallvergleichs zweier Tandems konkretisiert werden. Diese wurden vor dem Hintergrund einer maximalen Kontrastierung ausgewählt, da dies als besonders aufschlussreich hinsichtlich der Fragestellung angesehen werden kann. Beide Tandems stammen aus der Grundschule C (GS_C), haben also am gleichen Unterrichtsangebot teilgenommen, unterscheiden sich aber hinsichtlich ihrer Vorerfahrungen zum Themenbereich deutlich. Bei dem Tandem L. und B. handelt es sich um zwei Jungen, wobei B. über einen türkischen Migrationshintergrund verfügt. Im Interview der Vorerhebung berichten die beiden Kinder nur wenig über lebensweltliche Vorerfahrungen zum Thema „Brücken" (9 Codings). So benennen sie hier die *Familie*, *Medien* (*Bücher*, *Internet*) sowie ihnen *bekannte Orte,* aus denen Erfahrungen resultieren; *konkrete Erlebnisse* werden hingegen keine berichtet. Das zweite Tandem A. und S., zwei Mädchen ohne Migrationshintergrund, beschreiben hingegen umfänglich lebensweltliche Vorerfahrungen (23 Codings), die neben den Erfahrungsfeldern *Familie* und *Medien* (*Fernsehen*, *Bücher*) sehr wohl auch *konkrete Erlebnisse* beinhalten. Diese Differenz in der Beschreibung von Vorerfahrungen korrespondiert mit einem deutlichen Unterschied in der Entwicklung erster und zweiter Fragen. So formulieren L. und B. im ersten Tandem in der Vorerhebung drei Fragen, dabei entfallen zwei Fragen auf die *Bauweise* („Wie baut man Brücken?"; „Wie bekommt man die Betonpfeiler ins Wasser?"), eine lässt sich als *Katastrophenfrage* kategorisieren („Wieso gehen Brücken nicht kaputt, wenn ein Sturm kommt?"). Die beiden Mädchen des zweiten Tandems sammeln in der Vorerhebung insgesamt 14 Fragen, die darin ein weiteres Fragenspektrum abbilden. Neben *Quartettfragen* (z.B. „Wie viele Brücken gibt es?"), finden sich hier Fragen zu *Stabilität mit weitem* („Wie lang kann eine Brücke eigentlich werden?") und *engem Fokus* („Warum hören bei manchen Brücken die

Stützen plötzlich auf?"), zur *Begriffssemantik* (Warum heißen Brücken eigentlich Brücken?"), dem *geschichtlichen Bezug* („Was war die erste Brücke auf der Welt?"), der *Bauweise* („Warum ist die Bogenbrücke so schmal?"), zum *Material* („Wieso ist die Bogenbrücke aus Sandstein?") oder zu *Gestaltungselementen* („Warum hat die Bogenbrücke so viele Bögen?"). Diese Kontrastierung zwischen den beiden Tandems wird mit Blick auf die zweiten Fragen, die im Rahmen der Nacherhebung gesammelt wurden, noch deutlicher. Hier formulieren L. und B. jeweils eine Quartettfrage („Wie viele Brücken gibt es auf der Welt?") und erneut eine Katastrophenfrage („Wie halten Brücken Bäume aus?"). Die beiden Mädchen A. und S. des zweiten Tandems stellen hingegen 19 Fragen, die ein breites Spektrum unterschiedlicher Fragentypen abbilden. Neben zahlreichen Quartettfragen (z.B. „Was hält eine Fachwerkbrücke aus?" – 10 Fragen), werden auch Fragen zu *Begriffen*, mit *geschichtlichem Bezug*, zum *Material*, zur *Stabilität mit weitem Fokus* und zur *Bauweise* gestellt. In der Formulierung der Fragen nutzen die beiden Mädchen zuvor erarbeitete Fachbegriffe, wie Hänge-, Balken- oder Fachwerkbrücke.

3 Fazit

Entlang der referierten Befunde, aber auch mit Blick auf den Gesamtkontext der Untersuchung, können vorsichtig erste Ableitungen vorgenommen werden. So zeigt sich im konkreten Fallvergleich, dass Schülerinnen und Schüler, die über ein größeres Maß domänenspezifischer Vorerfahrungen verfügen auch mehr und vielfältigere erste Fragen entwickeln können. Der unterrichtliche Fokus auf den Aspekt „Stabilität" führt jedoch zu einer frühzeitigen Verengung der potentiellen Perspektivität in den Schülerfragen, sodass dadurch möglicherweise Chancen im Sinne der Vielperspektivität für eine vielfältigere gemeinsame Konstituierung der Sache vergeben werden. Gleichwohl wird sowohl hinsichtlich der Anzahl wie auch der Art der Schülerfragen die große Heterogenität innerhalb der einzelnen Lerngruppen erkennbar. Im Vergleich der einzelnen Grundschulklassen kann sowohl die Bedeutung eines fragenförderlichen Unterrichtseinstieges (vgl. Miller/ Brinkmann 2013) wie auch des Einflusses des sozialen Umfeldes (vgl. Lernreport Bielefeld 2014) auf die Anzahl und Vielfalt der Fragen herausgestellt werden. So benötigen einzelne Kinder offenbar verstärkter Anregung und Unterstützung, um für sich individuell bedeutsame Fragen entwickeln zu können. Darüber hinaus ist kritisch zu reflektieren, dass gemäß der Unterrichtsbeobachtung in keiner der drei Klassen die mit der Fortbildung intendierte konsequente Orientierung an den Fragen der Kinder erfolgt ist. Hier bedarf es sehr wahrscheinlich intensiverer Fortbildungsbemühungen, um unterrichtliche Praktiken nachhaltig zu verändern.

Literatur

Giest, H.; Köhler, E.; Selbitz, C. (2009): Lernumwelt Technik im öffentlichen Raum. In: Giest, H.: Zur Didaktik des Sachunterrichts. Potsdam, S. 97-105.

Gläser, E. (2008): Kinderfragen als Ausgangspunkt des Unterrichts. In: Gläser, E.; Jäkel, L.; Weidmann, H. (Hrsg.): Sachunterricht planen und reflektieren. Ein Studienbuch zur Analyse unterrichtlichen Handelns. Baltmannsweiler, S. 109-115.

Heinzel, F. (2013): Methoden der Kindheitsforschung. In: Friebertshäuser, B.; Langer, A.; Prengel, A. (Hrsg.): Handbuch Qualitative Forschungsmethoden in der Erziehungswissenschaft. 4. Aufl. Weinheim; Basel, S. 707-721.

Kaiser, A. (1997): Forschung über Lernvoraussetzungen zu didaktischen Schlüsselproblemen des Sachunterrichts. In: Marquardt-Mau, B.; Köhnlein; W.; Lauterbach, R. (Hrsg.): Forschung zum Sachunterricht. Bad Heilbrunn, S. 190-207.

Köhnlein, W. (2012): Sachunterricht und Bildung. Bad Heilbrunn.

Kuckartz, U. (2014): Qualitative Inhaltsanalyse. Methoden, Praxis, Computerunterstützung. 2. Aufl. Weinheim; Basel.

Kullmann, H.; Ziegler, F.; Grygier, P.; Hartinger, A. (2011): Das Modellprojekt GribS – Grundschulen zur individuellen Förderung bayerischer Schülerinnen und Schüler. In: Giest, H.; Kaiser, A.; Schomaker, C. (Hrsg.): Sachunterricht – auf dem Weg zur Inklusion. Bad Heilbrunn, S. 97-106.

Lernreport Bielefeld (2014): Kommunaler Lernreport der Stadt Bielefeld 2014. URL: http://www.bielefeld.de/ftp/dokumente/Lernreport2014.pdf [03.10.2016].

Miller, S.; Brinkmann, V. (2011): Von Schülerfragen ausgehen und mit heterogenen Lernvoraussetzungen umgehen in einem Sachunterricht für alle Kinder. In: Giest, H.; Kaiser, A.; Schomaker, C. (Hrsg.): Sachunterricht – auf dem Weg zur Inklusion. Bad Heilbrunn, S. 67-78.

Miller, S.; Brinkmann, V. (2013): SchülerInnenfragen im Mittelpunkt des Sachunterrichts. In: Gläser, E.; Schönknecht, G. (Hrsg.): Sachunterricht in der Grundschule entwickeln – gestalten – reflektieren. Frankfurt am Main, S. 226-241.

Miller, S.; Schroeder, R. (2016): Sachunterrichtsdidaktik und Inklusion. In: Hellmich, F.; Blumberg, E. (Hrsg.): Inklusiver Unterricht in der Grundschule. Stuttgart.

Möller, K.; Lemmen, K.; Zolg, M. (2008): Die KiNT-Boxen – Kinder lernen Naturwissenschaft und Technik. Klassenkisten für den Sachunterricht. Paket 4: Brücken – und was sie stabil macht. Braunschweig.

Ritz-Fröhlich, G. (1992): Kinderfragen im Unterricht. Bad Heilbrunn.

Schönknecht, G. (2011): Zeitgemäßer Sachunterricht. In: Schönknecht, G. (Hrsg.): Lernen fördern. Deutsch, Mathematik, Englisch, Sachunterricht. Seelze, S. 209-254.

Schroeder, R. (2016): Diagnostik im inklusiven Sachunterricht – Zwischen Fachbezug und Lebenswelt. In: Giest, H.; Goll, T.; Hartinger, A. (Hrsg.): Sachunterricht – zwischen Kompetenzorientierung, Persönlichkeitsentwicklung, Lebenswelt und Fachbezug. Bad Heilbrunn, S. 75-83.

Vogl, S. (2015): Interviews mit Kindern führen. Eine praxisorientierte Einführung. Weinheim; Basel.

André Dorn und Martin Gröger

Bildung für nachhaltige Entwicklung als fakultative Vertiefungsmöglichkeit im Sachunterrichtsstudium – Erste Ergebnisse einer Begleituntersuchung zu einem perspektivvernetzenden Vertiefungsmodul

Teacher training plays a crucial role for "Education for Sustainable Development" (ESD). However, only little attention is payed to the implementation of ESD during teacher training currently. In our study, we examine the attitude change of future primary school teachers of general studies during a facultative course of studies, which focuses on ESD. The study follows the Stages-of-Concern-Model of Hall/ Hord (2011). Current results indicate that the facultative course of studies influences the attitudes of university student of General Studies in a positive way and helps to develop desirable profile types.

1 Einleitung

In der Lehramtsausbildung nehmen Studienangebote zur Bildung für nachhaltige Entwicklung (BNE) insgesamt noch eher eine marginale Rolle ein. Sie beruhen zumeist auf dem Engagement einzelner Akteure oder Institutionen (Adomßent/ Henze 2006, Hellberg-Rode/ Schrüfer 2016). Wissenschaftliche Untersuchungen dazu bleiben ein Desiderat nicht nur im Rahmen sachunterrichtsdidaktischer Forschung.
An der Universität Siegen besteht seit der letzten Lehramtsausbildungsreform für Sachunterrichtsstudierende im Bachelorstudium die Möglichkeit, fakultativ ein viersemestriges Vertiefungsmodul mit 12 KP zu besuchen. Es beinhaltet vier Veranstaltungen (Abb. 1), in denen schwerpunktmäßig Aspekte einer nachhaltigen Entwicklung und einer Bildung für nachhaltige Entwicklung thematisiert werden. Die Studierenden lernen hier in besonderer Weise einerseits den integrativen Ansatz des Sachunterrichts und andererseits das vernetzte und komplexe Denken einer Bildung für nachhaltige Entwicklung kennen.

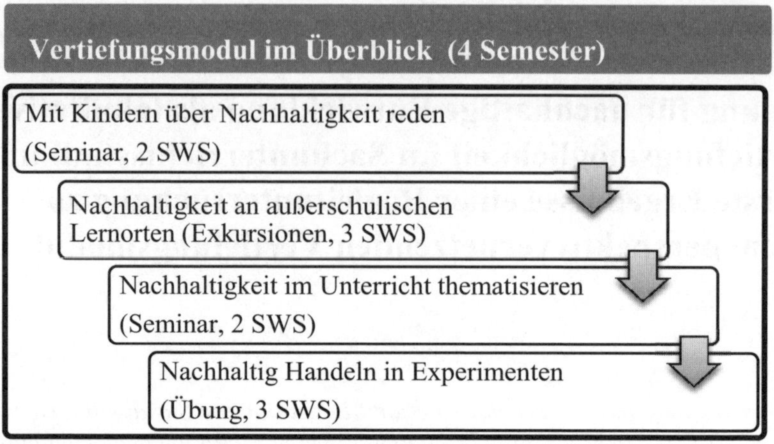

Abbildung 1: Veranstaltungsübersicht des Vertiefungsmoduls

Da der Lehrer/innenbildung eine entscheidende Rolle für die Umsetzung von Bildung für nachhaltige Entwicklung im schulischen Kontext zugeschrieben wird (Hellberg-Rode/ Schrüfer 2016) und dabei Einstellungen zur Entwicklung von Innovationen für die Implementation in Schulen zentral sind (Schneider/ Bolte 2013), werden diese Einstellungen und ihre Änderung im Rahmen der Begleitforschung zum Vertiefungsmodul bei den angehenden Grundschullehrer/innen untersucht.

2 Theoretische Grundlagen

Theoretischer Rahmen unserer Untersuchung stellt das Stages-of-Concern-Modell von Hall/ Hord (2011) dar. Mit Hilfe dieses Ansatzes versuchen wir, die mit dem Absolvieren des beschriebenen Moduls verbundenen berufsbezogenen Einstellungsveränderungen zur Implementierung von BNE in der Unterrichtspraxis zu rekonstruieren. Wir möchten herausfinden, wie angehende Lehrkräfte mit dem neuen Leitbild BNE umgehen und welche Gedanken, Emotionen und Bedenken (Concerns) durch die Beschäftigung mit BNE im genannten Modul evoziert werden. Bereits Schneider/ Bolte (2013) konnten zeigen, dass das SoC-Modell auch mit angehenden Lehrer/innen umzusetzen ist.
Nach Hall/ Hord (2011) durchlaufen Lehrer/innen während einer unterrichtsbezogenen Innovation sieben verschiedene „Stages of Concern" (SoC). Auf der ersten Stufe (SoC-0: „Keine Auseinandersetzung") haben Lehrpersonen

wenig bis gar keinen Kontakt mit der Innovation und sind kaum motiviert, sich damit zu beschäftigen. Es folgt eine Stufe (SoC-1: „Informationsbedürfnis“), in der das Interesse nach grundlegenden Informationen besteht. Auf der nächsten Stufe (SoC-2: „persönliche Betroffenheit“) geht es um die möglichen schulischen und persönlichen Konsequenzen, die sich mit der Neuerung ergeben bzw. die eigene Rolle als Lehrende/r verändern könnten. Es schließt sich eine weitere Stufe an (SoC-3: „Aufgabenbewältigung“), in der organisatorische Aufgaben und Anforderungen im Vordergrund stehen wie z.B. die Veränderung der Unterrichtsvorbereitung durch die Neuerung. Auf der nachfolgenden Stufe (SoC-4: „Auswirkungen auf Lernende“) liegt der Fokus auf positiven bzw. negativen Wirkungen auf Schüler/innen und wie diese darüber denken, gefolgt von einer Stufe (SoC-5: „Kooperationsbereitschaft“), bei der der Schwerpunkt auf dem Wunsch nach Zusammenarbeit der Teilnehmerinnen und Teilnehmer liegt. Die letzte Stufe (SoC-6: „Optimierung“) bezieht sich auf die Weiterentwicklung und das Optimieren der Innovation.
Außerdem können mit Hilfe des SoC-Modells weitere charakteristische Einstellungsprofile identifiziert werden, wie sie auch bei Bitan-Friedlander/ Dreyus/ Milgrom (2004) beschrieben sind. Sie lassen erkennen, wo gerade der Schwerpunkt der Auseinandersetzung der Lehrerinnen und Lehrer mit der Innovation liegt, welche Bedürfnisse die Lehrkräfte haben und wie sie am besten unterstützt werden können (Oerke 2012).

3 Untersuchungsdesign

In der Begleituntersuchung zum Modul werden die berufsbezogenen Einstellungen und Erwartungen der angehenden Sachunterrichtslehrer/innen in Bezug auf BNE in den Blick genommen, wobei folgende Fragestellungen von zentraler Bedeutung sind:

a. Welche berufsbezogenen Einstellungen zeigen Sachunterrichtsstudierende zu Beginn des „Vertieften Studiums“ gegenüber BNE?
b. Wie verändern sich diese berufsbezogenen Einstellungen im Verlauf des Studiums?
c. Zeichnen sich charakteristische Profile innerhalb der Studierendengruppen ab?

Die Begleitstudie folgt einem Interventions- und Kontrollgruppendesign. Die Studierenden wurden zu Beginn und zum Ende des Vertiefungsstudiums Sachunterricht zu zwei Testzeitpunkten innerhalb des viersemestrigen Studiums im Pre-Post-Design mit einem aus dem SoC-Modell abgeleiteten und modifizierten deutschsprachigen Fragebogen (Pant/ Pöhlmann 2008) befragt. Als Kontrollgruppe dienten alle Sachunterrichtsstudierenden der gleichen

Semester, die ein Vertiefungsmodul in anderen Lernbereichen bzw. Fächern außerhalb des Sachunterrichtsstudiums gewählt hatten. Die Studie wurde bisher mit zwei Kohorten (Kohorte 1: Wintersemester 2012/2013 bis Sommersemester 2014; Kohorte 2: Wintersemester 2013/2014 bis Sommersemester 2015) durchgeführt.
Auf Basis aller teilnehmenden Studierenden der beiden Kohorten (N = 96) ergab die Reliabilitätsanalyse für die einzelnen SoC-Skalen Werte, die sich mit internationalen Studien vergleichen lassen (vgl. Tabelle 1), sodass wir weitere Analysen durchführen konnten. Aufgrund fehlender Zuordnung der Fragebögen konnten von der Gesamtzahl nur noch 68 Studierende miteinander verglichen und zur genauen Untersuchung herangezogen werden.

Tabelle 1: Reliabilitäten der Stages-of-Concern-Skalen im Vergleich

		Stages-of-Concern-Subskalen						
Studien	**N**	**0**	**1**	**2**	**3**	**4**	**5**	**6**
Hall et al. 1979	830	0,64	0,78	0,83	0,75	0,76	0,82	0,71
Martin 1989	388	0,78	0,78	0,73	0,65	0,78	0,83	0,76
Bailey/ Palsha 1992	142	0,42	0,67	0,77	0,64	0,79	0,77	0,61
Cheung et al. 2001	1622	0,67	0,70	0,71	0,77	0,72	0,77	0,76
Pant et al. 2008	496	0,74	0,61	0,77	0,66	0,82	0,83	0,66
Groß/ Schanze 2010	80	0,79	0,75	0,77	0,78	0,79	0,80	0,77
Schneider/ Bolte 2013	146	0,74	0,79	0,79	0,78	0,75	0,75	0,79
Eigene Untersuchung	96	0,47	0,82	0,73	0,66	0,80	0,75	0,60

3 Erste Ergebnisse

Die vergleichende Analyse der Befragung der Studierenden im (N = 29) und außerhalb des Vertiefungsmoduls (N = 39) zeigt, dass sich die Ergebnisse und die Stages-of-Concern-Profile beider Gruppen zu Beginn nicht signifikant unterscheiden (Abb. 2). Nach Abschluss des vertieften Studiums weisen die Ergebnisse jedoch klar aus, dass die berufsbezogenen Einstellungen der „Vertiefer" im Hinblick auf das Leitbild BNE positiv beeinflusst werden konnten, wohingegen bei der Kontrollgruppe keine signifikanten Unterschiede zu beobachten sind (Abb. 2).

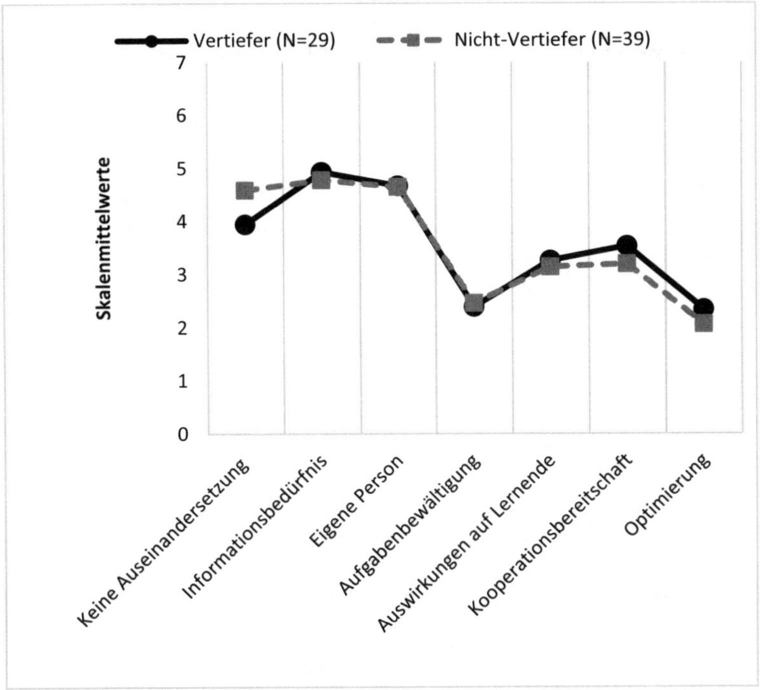

Abbildung 2: Skalenmittelwerte und SoC-Profile beider Gruppen vor dem Vertiefungsmodul

Die Studierenden des Vertiefungsmoduls zeigen nach Absolvieren des Moduls in ihren berufsbezogenen Einstellungen eine deutlich höhere Auseinandersetzung mit BNE und ein gesteigertes Informationsbedürfnis. Sie beschäftigen sich mehr mit Aufgaben, die es in der Schule mit der Umsetzung von BNE zu bewältigen gilt, und damit, wie sie dies mit anderen schaffen können. Ebenso möchten sie mehr darüber erfahren, welche Auswirkungen BNE auf Schüler/innen hat (Abb. 3).

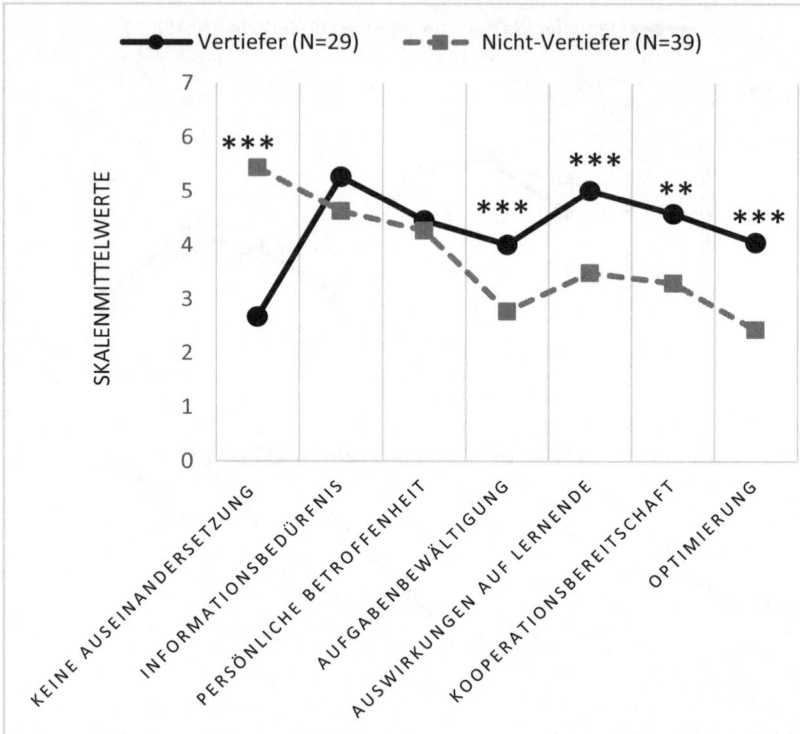

Abbildung 3: Skalenmittelwerte und SoC-Profile beider Gruppen nach dem Vertiefungsmodul (*** p < .001; ** p < .01)

Die weitere Analyse der SoC-Profile ergibt, dass die grafische Darstellung der Ergebnisse der „Vertiefer-Gruppe“ einem „M-Profil“ ähnelt (Abb. 3). Dieses Profil kennzeichnet in anderen Studien den Typ des „Kooperierers“ (hohe Werte bei Informationsbedürfnis, Auswirkungen auf Lernende und Kooperationsbereitschaft), der der Innovation gegenüber offen eingestellt ist und sich noch nicht ausreichend informiert fühlt. Zudem besteht für diesen Profiltyp der Wunsch nach aktiver Zusammenarbeit mit anderen und nach Teilhabe am Wissen der anderen (Abb. 3). Die Ergebnisse der Kontrollgruppe ähneln demgegenüber einem Profil, das dem Typ des „Nicht-Anwenders“ entspricht (George/ Hall 2006, Pant/ Pöhlmann 2008).

4 Zusammenfassung und Ausblick

Zusammenfassend lässt sich festhalten, dass es mit dem beschriebenen Vertiefungsmodul offenbar gelungen ist, die berufsbezogenen Einstellungen der angehenden Sachunterrichtslehrer/innen gegenüber einer Bildung für nachhaltige Entwicklung positiv zu beeinflussen. Das Modul bietet damit Anregungen, wie Bildung für nachhaltige Entwicklung in der Struktur des Bildungssystems an der Hochschule verankert und mit dem Studium des Sachunterricht verknüpft werden kann.

Wird das Durchschnittsprofil der Studierenden im Vertiefungsmodul BNE in den Blick genommen, so kann angenommen werden, dass die Studierenden viel offener und informierter mit Anforderungen und Aufgaben im Kontext der Bildung für nachhaltige Entwicklung umgehen werden. Bei ihnen besteht – im Gegensatz zu ihren Kommiliton/innen ein grundlegender Wunsch nach gemeinsamer Umsetzung und kooperativem Austausch bezüglich BNE. Diese Bereitschaft ist ein entscheidender Faktor, wenn es darum geht, BNE in der Schule zu implementieren.

Das Profil der Studierenden der „Nicht-Vertiefer-Gruppe“ zeigt klassisch ein Ergebnis, welches als „Nicht-Anwender“ beschrieben wird. Dies ist erwartbar, wenn Teilnehmer/innen sich nicht mit einer Innovation auseinandergesetzt haben und diese unter den bisherigen Voraussetzungen nicht anwenden werden. Daran wird deutlich: Wenn Lehrer/innen eine Schlüsselrolle in der Umsetzung von Bildung für nachhaltige Entwicklung zukommen soll, dann muss Bildung für eine nachhaltige Entwicklung in der Struktur der Lehrer/innenbildung verankert werden, damit Bildungsprozesse und -institutionen zukunftsfähig mit- und umgestaltet werden können.

Die bisherige Untersuchung berücksichtigt zwei Jahrgangskohorten. Um die Stichprobengröße noch zu erhöhen, wird die Datenerhebung um eine dritte Studierendenkohorte ergänzt. Zudem bedarf es weiterer Untersuchungen, um festzustellen, inwieweit diese Einstellungsveränderungen auf die Wirkungen des vertieften Studiums zurückzuführen sind. Hierzu werden noch Einzelinterviews im Verlauf der Begleituntersuchung durchgeführt.

Inwieweit die gemessenen Einstellungsveränderungen zukünftige Verhaltensweisen beeinflussen, und ob bzw. wie Bildung für nachhaltige Entwicklung konkret im späteren Sachunterricht der zukünftigen Lehrer/innen umgesetzt wird, ist in weiteren Studien zu untersuchen.

Literatur

Adomßent, M.; Henze, C. (2006): Ein optimales Zeitfenster für den Fortschritt? In: Ökologisch Wirtschaften, 21, 3, S. 18-19.

Bitan-Friedlander, N.; Dreyfus, A.; Milgrom, Z. (2004): Types of "Teachers in Training": the Reactions of Primary School Science Teachers when Confronted with the Task of Implementing an Innovation. In: Teaching and Teacher Education, 20, 6, pp. 607-619.

George, A.A.; Hall, G.E.; Stiegelbauer, S.M. (2006): Measuring Implementation in Schools. The Stages of Concern Questionnaire. Austin, TX.

Hall, G.E.; Hord, S.M. (2011): Implementing Change. Patterns, Principles, and Potholes. (3rd Ed.). Boston.

Hellberg-Rode, G.; Schrüfer, G. (2016): Welche spezifischen professionellen Handlungskompetenzen benötigen Lehrkräfte für die Umsetzung von Bildung für nachhaltige Entwicklung (BNE)? In: Biologie Lehren und Lernen – Zeitschrift für die Didaktik der Biologie, 20, S. 1-29.

Oerke, B. (2012): Auseinandersetzung der Lehrpersonen mit der Einführung des Zentralabiturs: Stages of Concern. In: Maag Merki, K. (Hrsg.): Zentralabitur. Die längsschnittliche Analyse der Wirkungen der Einführung zentraler Abiturprüfungen in Deutschland. Wiesbaden, S. 203-232.

Pant, H.A.; Vock, M.; Pöhlmann, C.; Köller, O. (2008): Offenheit für Innovationen. Befunde aus einer Studie zur Rezeption der Bildungsstandards bei Lehrkräften und Zusammenhänge mit Schülerleistungen. In: Zeitschrift für Pädagogik 54, 6, S. 827-845.

Schneider, V.; Bolte, C. (2013): Stages of Concern angehender Chemielehrer/innen hinsichtlich IBSE. In: Bernholt, S. (Hrsg.): Inquiry-based Learning – Forschendes Lernen. Gesellschaft für die Didaktik der Chemie und Physik. Kiel, S. 197-199.

Anja Göhring

Naturwissenschaftlich integrierte Lehrerbildung an der Universität – Modellversuch Naturwissenschaft und Technik (NWT)

This paper reports on a pilot project NWT (science and technology – starting in 2009) that aims at improving pre-service teacher education at the University of Regensburg by doing integrated science.
NWT students are similarly trained in all three natural sciences. The courses are designed and run collaboratively from both a scientific perspective as well as a subject didactics perspective. Interdisciplinary topics and applied contents are essential. In addition the future teachers consider students' experience in everyday-life and their everyday concepts. Therefore empirical studies are conducted and classes come to the laboratories at university to carry out experiments and to be individually promoted by NWT students.
From the very beginning research was focused on the assessment of the program and the characterization of the NWT students and their development, for example their personal technical focus and need of support, their self-concept skills concerning biology, chemistry and physics, and their self-efficacy in teaching biology, chemistry and physics. Data collected several times during the education and longitudinal analyses show that the NWT-studies seem to have positive effects on the above mentioned issues. The characteristics of the NWT concept as well as qualitative and quantitative findings from the research accompanying the pilot project in pre-service teacher education will be presented in this paper.

1 Einleitung und theoretischer Hintergrund

„Es gibt kaum 'Naturwissenschaftslehrer', keine 'Naturwissenschaftsdidaktiker', und ohne Ausbildungsorte und Ausgebildete ist es auch schwierig, einem solchen Anspruch der Integration ernsthaft zur Konkretisierung zu verhelfen" (Häußler/ Lauterbach 1976, S. 21). Mit dem Modellversuch Naturwissenschaft und Technik (NWT) wurde an der Universität Regensburg im Jahr 2009 deutschlandweit erstmals ein naturwissenschaftlich integriertes

Ausbildungsangebot für das Lehramt an Grundschulen und das Lehramt an Haupt-/Mittelschulen geschaffen, das von den Studierenden stark nachgefragt wird und im Jahr 2012 erfolgreich extern begutachtet wurde. Die dauerhafte Etablierung von NWT ist beim Staatsministerium beantragt, darüber hinaus wurde NWT mit dem Bayerischen Pädagogikpreis 2014 ausgezeichnet.

Gründe für ein naturwissenschaftlich integriertes Schul- und Studienfach lassen sich aus mehreren Perspektiven heraus erschließen:

- *Perspektive der Schülerinnen und Schüler*

Kinder/Jugendliche nehmen ihre Umwelt ganzheitlich und nicht in die Einzeldisziplinen Biologie, Chemie, Physik und Technik gegliedert wahr. Eine naturwissenschaftlich integrierte Sichtweise erleichtert das Wahrnehmen von Zusammenhängen, vernetztes Denken und Handeln sowie die Auseinandersetzung mit Fragestellungen aus Alltag, Umwelt und Gesellschaft (Rehm/ Bünder/ Haas/ Buck/ Labudde/ Brovelli/ Östergaard/ Rittersbacher/ Wilhelm/ Genseberger/ Svoboda 2008). Darüber hinaus verbessert ein integrativer Ansatz die Einstellung von Jugendlichen zum naturwissenschaftlichen Unterricht und reduziert diesbezüglich Genderdifferenzen (Bennett/ Lubben/ Hogarth 2007).

- *Perspektive der (angehenden) Lehrerinnen und Lehrer*

International betrachtet ist der naturwissenschaftliche Unterricht häufig in einem Fächerverbund organisiert statt in Einzeldisziplinen, z.B. in Kanada, Australien, den USA, Großbritannien, den Niederlanden, der Schweiz, Norwegen usw. (Möller 2007, Rehm u. a. 2008). In Deutschland sind inzwischen in zahlreichen Bundesländern und Schularten ebenfalls naturwissenschaftliche Fächerverbünde in den Bildungsplänen verankert, im Primarbereich durchgängig. Lehrerausbildung an Hochschulen und Universitäten sollte auf die veränderten Anforderungen im Berufsfeld reagieren und Kompetenzen auf Seiten der Studierenden für einen naturwissenschaftlich integrierten Unterricht aufbauen.

- *Perspektive der Bildungspolitik*

Naturwissenschaftlich-technische Bildung und Entwicklung sind für unsere Gesellschaft von großer Bedeutung, wobei ein Mangel an entsprechenden Fachkräften beklagt wird. Bildungspolitisch ist ein stärkeres Profil der Schulen in den Naturwissenschaften gewollt. Hierfür werden einerseits mehr, andererseits aber auch besser ausgebildete Lehrerinnen und Lehrer in den naturwissenschaftlich-technischen Fächerverbünden benötigt, die das Interesse und die Kompetenzen der Schülerinnen und Schüler optimal fördern.

Das NWT-Konzept integriert sowohl die naturwissenschaftlichen Teildisziplinen als auch Fachwissenschaft und Fachdidaktik. Fächerübergreifende

Themen und anwendungsbezogene Inhalte sind wesentliche Elemente der Ausbildung. Hierbei stellt der Handlungsbezug eine zentrale didaktische Grundlage dar (Durchführung und Auswertung unterrichtsrelevanter Versuche in möglichst allen Veranstaltungen). Die NWT-Seminare sind deshalb ausschließlich als Theorie-Praxis-Seminare mit maximal 20 Teilnehmenden konzipiert und finden in eigens hierfür eingerichteten naturwissenschaftlichen Lernlaboren statt. Um förderdiagnostische Kompetenzen aufbauen zu können, arbeiten Studierende empirisch und erproben bei Schulklassenbesuchen in den NWT-Lernlaboren individuelle Lernarrangements. So können mehr als 130 Kooperationslehrerinnen und -lehrer von den Angeboten des Modellversuchs NWT profitieren. Die Labore dienen zudem als Anschauungsobjekt für Bildungseinrichtungen, die im Primar- und Sekundarstufenbereich naturwissenschaftliche Fachräume einrichten möchten, und werden von NWT für vielfältige Lehrerfortbildungen in Zusammenarbeit mit verschiedenen Ebenen der Schulverwaltung genutzt.

2 Fragestellung und Methode

Der Modellversuch NWT wurde von Beginn an wissenschaftlich begleitet, um insbesondere einschätzen zu können, inwieweit die intendierten Zielsetzungen erreicht werden konnten. Einige ausgewählte Fragestellungen waren:

- Gelingt es durch den Modellversuch NWT, mehr Lehrerinnen und Lehrer (Lehramt Grundschule und Lehramt Haupt-/Mittelschule) naturwissenschaftlich auszubilden als bisher?
- Wie lassen sich NWT-Studierende zu Beginn ihres Studiums charakterisieren? (Persönlicher fachlicher Schwerpunkt und Förderbedarf, Gründe für die Studienfachwahl usw.)
- Können das Fähigkeitsselbstkonzept und die Selbstwirksamkeitserwartung der NWT-Studierenden bzgl. Biologie(unterricht), Chemie(unterricht) und Physik(unterricht) positiv entwickelt werden?
- Würden Studierende NWT auch als Unterrichtsfach (Hauptfach) studieren? (Dies ist aktuell noch nicht möglich.)

Zur Evaluation wurde unter anderem ein Fragebogen eingesetzt, der von den Studierenden zu drei Messzeitpunkten bearbeitet wurde: zu Beginn des NWT-Studiums (t1), nach Abschluss des ersten Studienabschnitts (t2) und nach Abschluss des zweiten Studienabschnitts (t3). Der erste Studienabschnitt (Dauer: 2-3 Semester) beinhaltet hierbei Basis- und Aufbaukurse in Biologie(didaktik), Chemie(didaktik) und Physik(didaktik) sowie eine fächerübergreifende Einführung in die Fachdidaktik. Der zweite Studienabschnitt (Dauer: 2-3 Semester) ist interdisziplinär ausgerichtet und bietet eine

Vielzahl von themenbezogenen fächerübergreifenden Wahlpflichtseminaren an wie beispielsweise Wetter-Klima-Umwelt oder Bionik. Im zweiten Studienabschnitt ist zudem die Arbeit mit Schulklassen im NWT-Lernlabor zum Erwerb förderdiagnostischer Kompetenzen verortet.
Für den ersten Messzeitpunkt liegen 550 Datensätze vor. Die Skalenreliabilitäten (Cronbachs Alpha) sind gut bis sehr gut. Die Daten aus der Fragebogenerhebung wurden einerseits statistisch analysiert und andererseits bei offenem Antwortformat mit dem Verfahren der Qualitativen Inhaltsanalyse (Mayring 2010, Mayring/ Gläser-Zikuda 2008) ausgewertet (siehe 3.2 und 3.4). Hierbei wurden induktiv am Material Kategorien gewonnen, Ankerbeispiele und Kodierregeln festgelegt.
Die Konstrukte Fähigkeitsselbstkonzept ($.84 \leq \alpha(t1) \leq .87$) und unterrichtsbezogene Selbstwirksamkeitserwartung ($.82 \leq \alpha(t1) \leq .87$) wurden in Anlehnung an Kleickmann (2008) anhand von jeweils vier Items für die Bereiche Biologie, Chemie und Physik erhoben (fünfstufiges Antwortformat). Die vorangestellte Instruktion zur Erfassung des Fähigkeitsselbstkonzepts lautete: „Wie schätzen Sie Ihre jetzigen Fähigkeiten in Biologie, Chemie und Physik ein?“ Beispiel für ein (anschließend recodiertes) Item bezüglich des Fähigkeitsselbstkonzepts in Biologie ist: „Mir fehlen einfach die Grundlagen, um mich mit biologischen Themen auseinander zu setzen.“
„Wie schätzen Sie Ihre Kompetenz ein, biologische, chemische und physikalische Themen im Unterricht zu behandeln?“ Dies war die vorangestellte Instruktion, um die Selbstwirksamkeitserwartung der Studierenden hinsichtlich des naturwissenschaftlichen Unterrichts zu erheben. Je Fachbereich bestand die Skala aus vier Items wie: „Ich traue mir zu, Unterricht zu machen, in dem die Schüler physikalische Inhalte verstehen können.“
Bezüglich der Längsschnittuntersuchungen über alle drei Messzeitpunkte hinweg liegen 159 Datensätze vor.

3 Ausgewählte Ergebnisse

3.1 Studierendenzahlen, fachlicher Schwerpunkt und Förderbedarf

Durch den Modellversuch konnten deutlich mehr Studierende für die Naturwissenschaften gewonnen werden: NWT belegen 90-100 Studierende jährlich (davon ca. 63% LA GS und ca. 37% LA HS/MS), im Vergleich dazu belegten frühere Einzeldisziplinen jährlich: Biologiedidaktik: 54, Chemiedidaktik: 3, Physikdidaktik: 7. Zu Beginn des NWT-Studiums (t1) bekunden 386 von N = 574 Studierenden klar ihren fachlichen Schwerpunkt in Biologie, während 293 Personen am meisten Förderbedarf in Physik oder Chemie (238) sehen (jeweils nur Einfachnennung möglich).

3.2 Gründe für ein NWT-Studium

Die Studierenden wurden nach Gründen gefragt, weshalb sie sich für das Didaktikfach (Nebenfach) NWT entschieden haben. Die Qualitative Inhaltsanalyse ergab 37 Kategorien. Bei den 550 Datensätzen zum Messzeitpunkt t1 spielte für etwa 200 Studierende das Interesse an der Fachwissenschaft (z.B. Biologie) bei der Studienfachwahl eine Rolle, gefolgt von der Orientierung am späteren Berufsfeld (integrierter naturwissenschaftlicher Unterricht) mit über 90 Nennungen, wie beispielsweise „...mich alle Naturwissenschaften gleichermaßen interessieren und weil ich sie gleichermaßen unterrichten muss. Ich will nicht ein Spezialgebiet haben, sondern die Anforderungen des Schulalltags erfüllen und den Schülern ein breites Allgemeinwissen bieten."

3.3 Entwicklung des Fähigkeitsselbstkonzepts und der unterrichtsbezogenen Selbstwirksamkeitserwartung

Betrachtet man die beiden Konstrukte Fähigkeitsselbstkonzept und unterrichtsbezogene Selbstwirksamkeitserwartung, so ist die Merkmalsausprägung jeweils bezüglich Biologie am höchsten, gefolgt von Chemie und Physik (vgl. Abb. 1a, b).

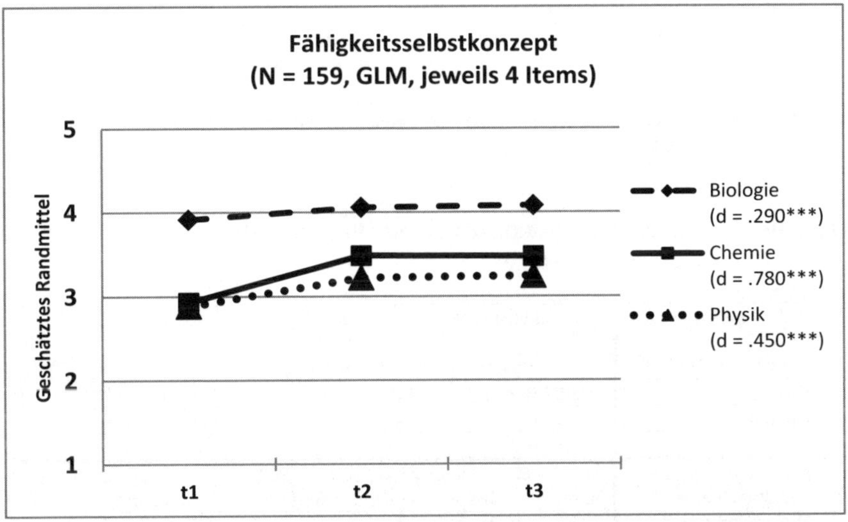

Abbildung 1a: Entwicklung des Fähigkeitsselbstkonzepts über das NWT-Studium hinweg

Längsschnittauswertungen über alle drei Messzeitpunkte hinweg mit dem Allgemeinen Linearen Modell (GLM, N = 159) lassen erkennen, dass das

Fähigkeitsselbstkonzept sowie die unterrichtsbezogene Selbstwirksamkeitserwartung der NWT-Studierenden insbesondere bezüglich Chemie/Chemieunterricht und Physik/Physikunterricht über das Studium hinweg positiv entwickelt werden konnten (vgl. Tabelle 1).

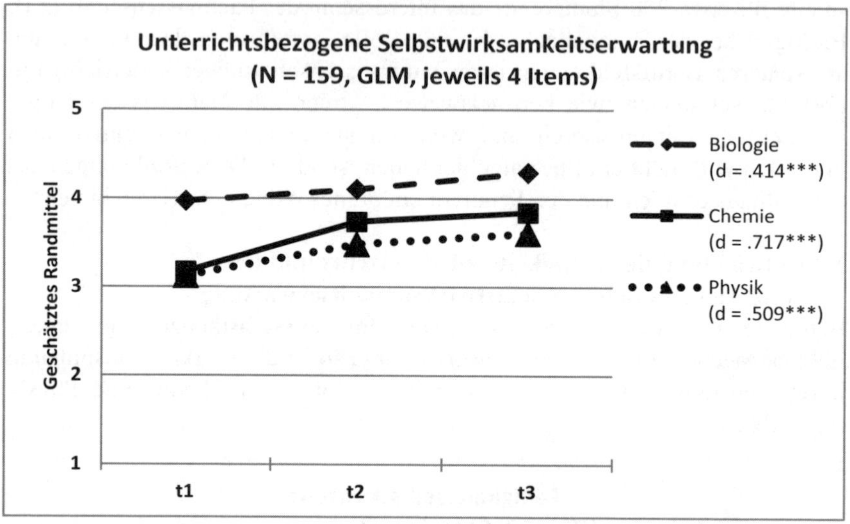

Abbildung 1b: Entwicklung der unterrichtsbezogenen Selbstwirksamkeitserwartung über das NWT-Studium hinweg

Tabelle 1: Fähigkeitsselbstkonzept und unterrichtsbezogene Selbstwirksamkeitserwartung

Fähigkeits-selbstkonzept (GLM, N = 159)	Wie schätzen Sie Ihre jetzigen Fähigkeiten in Biologie, Chemie und Physik ein?		
	t1 – M (SD)	t3 – M (SD)	Effekt t1 – t3
Biologie	3,92 (0,67)	4,08 (0,54)	Cohens d = .290***
Chemie	2,93 (0,88)	3,48 (0,75)	Cohens d = .780***
Physik	2,88 (0,91)	3,24 (0,89)	Cohens d = .450***
Unterrichtsbez. Selbstwirksamkeitserwartung (GLM, N = 159)	Wie schätzen Sie Ihre Kompetenz ein, biologische, chemische und physikalische Themen im Unterricht zu behandeln?		
	t1 – M (SD)	t3 – M (SD)	Effekt t1 – t3
Biologie	3,97 (0,73)	4,29 (0,54)	Cohens d = .414***
Chemie	3,17 (0,95)	3,84 (0,68)	Cohens d = .717***
Physik	3,12 (0,84)	3,60 (0,70)	Cohens d = .509***

3.4 NWT als Unterrichtsfach (Hauptfach) studieren?

NWT konnte im Rahmen des Modellversuchs als Didaktikfach (Nebenfach) studiert werden. Lediglich 10% der NWT-Studierenden belegten eine einzelne Naturwissenschaft als Hauptfach, davon die meisten im Rahmen des Grundschullehramts das Fach Biologie. Zu allen drei Messzeitpunkten wurden die NWT-Studierenden befragt, ob sie NWT als Unterrichtsfach (Hauptfach) studieren würden, sofern dies möglich wäre. Mit Beginn des Studiums bejahten dies knapp 40% der Befragten (226 von 572 Studierenden), nach Abschluss des ersten Studienabschnitts ca. 51% und nach Abschluss des zweiten Studienabschnitts mit 144 von 286 Personen ebenfalls etwa die Hälfte. Es ist sehr erfreulich, dass ein NWT-Studium die angehenden Lehrerinnen und Lehrer wohl zu einer noch intensiveren Schwerpunktsetzung zugunsten der Naturwissenschaften zu bewegen scheint, anstatt sie davor „abzuschrecken“.

Die inhaltsanalytische Auswertung ergab zum ersten Messzeitpunkt (t1) 20 Kategorien mit Ankerbeispielen und Kodierregeln für „ja, NWT als Unterrichtsfach studieren“ und 10 Kategorien für „nein, NWT nicht als Unterrichtsfach studieren“. Die Hauptgründe für ein NWT-Hauptfachstudium sind der Kategorie „Orientierung am späteren Berufsfeld“ zuzuordnen. Viele Lehramtsstudierende hatten von Beginn ihrer Ausbildung an die spätere Unterrichtswirklichkeit mit der Arbeit im naturwissenschaftlichen Fächerverbund im Blick. Die Hauptgründe gegen ein NWT-Hauptfachstudium lagen außerhalb von NWT in der Wahl eines anderen Unterrichtsfachs begründet, z.B. weil „Sport mein Leben ist“ oder „mich Mathe so begeistert, dass ich auf jeden Fall wieder Mathe wählen würde“. Erst mit sehr deutlichem Abstand wurde mit eigenen Stärken oder Schwächen argumentiert.

4 Externe Evaluierung

Der Modellversuch Naturwissenschaft und Technik (NWT) an der Universität Regensburg verfolgte das Ziel, durch eine integrierte Ausbildung in den Naturwissenschaften Physik, Chemie und Biologie sowie der entsprechenden Didaktik einen deutlichen Beitrag für eine zukunftsfähige und an der Praxis orientierte Lehrerbildung zu leisten. Anfang des Jahres 2012 stellte der Bericht der externen Gutachtergruppe (Evalag 2012) fest, dass „der Modellversuch innovativ, deutschlandweit einmalig und daher unbedingt förderwürdig“ (S. 29) sei. Positiv hervorgehoben wurde der hohe Anteil von Experimenten in den Lehrveranstaltungen. Aus Sicht der Gutachter handelt es sich „um ein erfolgreich angelegtes Pilotprojekt von gesamtgesellschaftlicher Bedeutung“

(S. 29), wobei trotz großer Herausforderungen eine integrierte Herangehensweise das bisherige „Schubladendenken der Schulfächer“ ersetzen konnte.
Der Modellversuch „wird der Relevanz der Naturwissenschaften durch die Ausbildung von Lehrenden für den integrierten, von vornherein interdisziplinär angelegten naturwissenschaftlichen Unterricht für die Altersgruppen der Lernenden in Grund-, Mittel- und Hauptschulen gerecht. Dies umso mehr, als Lehrerinnen und Lehrer für die naturwissenschaftlichen Fächer und Fächerverbünde deutschlandweit sehr gesucht sind“ (S. 29).
Darüber hinaus bestätigte die Gutachtergruppe, dass die gestellten Ziele bislang konsequent verfolgt wurden. „Es kann davon ausgegangen werden, dass das Modellprojekt NWT bereits jetzt dazu beiträgt, mehr und besser ausgebildete Lehrkräfte der Schulpraxis zur Verfügung zu stellen. Dies belegen die steigenden Studierendenzahlen für diesen Bereich eindrücklich. Daher sollte der Modellversuch NWT bis zum Sommer 2012 weiter fortgeführt und NWT danach nicht nur als Didaktikfach, sondern längerfristig auch als Unterrichtsfach etabliert werden“ (S. 31).

Literatur

Bennett, J.; Lubben, F.; Hogarth, S. (2007): Bringing Science to Life: A Synthesis of the Research Evidence on the Effects of Context-Based and STS Approaches to Science Teaching. Science Education, 91, pp. 347-370.

Evaluationsagentur Baden-Württemberg (Evalag) (2012): Modellversuch Naturwissenschaft und Technik (NWT). Didaktikfach für das Lehramt an Grund- und Hauptschulen an der Universität Regensburg. Evaluationsbericht. Mannheim.

Häußler, P.; Lauterbach, R. (1976): Ziele naturwissenschaftlichen Unterrichts. Zur Begründung inhaltlicher Entscheidungen. Weinheim.

Kleickmann, T. (2008): Zusammenhänge fachspezifischer Vorstellungen von Grundschullehrkräften zum Lehren und Lernen mit Fortschritten von Schülerinnen und Schülern im konzeptuellen naturwissenschaftlichen Verständnis. Münster: Inaugural-Dissertation.

Mayring, Ph. (2010): Qualitative Inhaltsanalyse: Grundlagen und Techniken. Weinheim, Basel.

Mayring, Ph.; Gläser-Zikuda, M. (Hrsg.) (2008): Praxis der Qualitativen Inhaltsanalyse. Weinheim, Basel.

Möller, K. (2007): „Primary Science“ – ein internationaler Überblick. In: Höttecke, D. (Hrsg.): Naturwissenschaftlicher Unterricht im internationalen Vergleich. Münster, S. 98-121.

Rehm, M.; Bünder, W.; Haas, T.; Buck, P.; Labudde, P.; Brovelli, D.; Östergaard, E.; Rittersbacher, C.; Wilhelm, M.; Genseberger, R.; Svoboda, G. (2008): Legitimierungen und Fundamente eines integrierten Unterrichtsfachs „Science“. In: Zeitschrift für Didaktik der Naturwissenschaften, 14, S. 99-124.

Janina Pawelzik, Maria Todorova, Miriam Leuchter und Kornelia Möller

Entwicklung von Lehr-Lern-Überzeugungen zum naturwissenschaftlichen Sachunterricht im Verlauf des Bachelorstudiums

Teacher beliefs are considered relatively stable. Nevertheless studies suggest that they could possibly change in the course of teacher training or through additional training. The present study examines the development of preservice primary teachers' beliefs regarding primary science teaching and learning in the context of different formats of support during practical learning opportunities. 46 preservice teachers were questioned at three measurement points. The results show changes in preservice teachers' beliefs regarding primary science teaching during the course of study. In addition, interactions between the time and the different formats of support are recognized.

1. Lehr-Lern-Überzeugungen von Lehrpersonen

Überzeugungen von Lehrpersonen sind definiert als subjektive Annahmen und Wertvorstellungen, die persönlich für wahr gehalten werden (z.B. Kunter/ Pohlmann 2015, Richardson 1996). Bei Lehr-Lern-Überzeugungen beziehen sich diese Annahmen speziell auf schul- und unterrichtsbezogene Prozesse zum Lehren und Lernen; sie können fachspezifisch oder fächerübergreifend auf Lernprozesse im Allgemeinen ausgerichtet sein (z.B. Reusser/ Pauli 2014). Untersuchungen zur Entwicklung von Lehr-Lern-Überzeugungen fokussieren häufig auf konstruktivistische und transmissive lerntheoretische Überzeugungen von Lehrpersonen (Reusser/ Pauli a.a.O.).
Überzeugungen zum Lehren und Lernen sind eine wichtige Facette der professionellen Kompetenz von Lehrpersonen (z.B. Kunter/ Pohlmann a.a.O., Kleickmann 2015). Sie können das Lehrerhandeln beeinflussen (z.B. Staub/ Stern 2002, Reusser/ Pauli 2014) und sind ebenso bedeutsam für den Lernerfolg von Schülerinnen und Schülern (z.B. Kleickmann 2008). Aus diesem Grund scheint es sinnvoll, bereits im Studium im Rahmen der Förderung der

professionellen Kompetenzen von Studierenden angemessene Überzeugungen herauszubilden und zu stärken (Biedermann et al. 2012a).

2 Entwicklung und Veränderung von Lehr-Lern-Überzeugungen

Es gibt Evidenz dafür, dass Überzeugungen nur schwer veränderbar sind (Lortie 1975), da sie sich über einen langen Zeitraum entwickeln und z.B. durch die eigene Schulbiografie, die formale Lehrerausbildung und persönliche Erfahrungen beeinflusst werden können (Richardson 1996). Dennoch lassen Ergebnisse verschiedener Studien annehmen, dass Überzeugungen während des Studiums und im Berufseinstieg veränderbar sind; z.B. weisen Studierende zu Beginn ihres Studiums transmissive Überzeugungen auf, während bei Studierenden am Ende des Studiums ausgeprägtere konstruktivistische Überzeugungen vorliegen (Schlichter 2012). Dagegen liegen bei Berufseinsteigenden verstärkt transmissive Überzeugungen vor (Richter et al. 2013). Dies deutet daraufhin, dass Überzeugungen veränderbar sind, wobei diese Veränderungen auch von den jeweiligen Lerngelegenheiten abhängig zu sein scheinen (Biedermann et al. 2012a). So ermöglichen z.B. problemorientierte und authentische Lerngelegenheiten im Studium (Biedermann et al. 2012b) sowie konstruktivistisch orientierte Aus- und Weiterbildungen (Kleickmann et al. 2016) die Veränderung von Überzeugungen in Richtung konstruktivistischer Überzeugungen. Auch spielen die Überzeugungen der Lehrerausbildenden eine Rolle für die Ausprägung der Überzeugungen von Studierenden (Steinmann/ Oser 2012).

In der vorliegenden Studie werden mögliche Veränderungen der Lehr-Lern-Überzeugungen von Studierenden im naturwissenschaftlichen Sachunterricht im Zusammenhang mit problemorientierten und authentischen Lerngelegenheiten im Bachelor-Studium in einem Längsschnittdesign untersucht. Fokussiert werden praxisorientierte Lerngelegenheiten, in denen die Studierenden von Lehrpersonen aus der Praxis begleitet und betreut werden; ein Teil dieser betreuenden Lehrpersonen nahm vorher im Rahmen des sogenannten ITPP-Projektes (Integration von Theorie und Praxis – Partnerschulen) an Fortbildungen zum naturwissenschaftlichen Sachunterricht und zur Betreuung von Studierenden teil.

Im Folgenden werden die praxisorientierten Lerngelegenheiten im Rahmen des ITPP-Projekts der Universität Münster beschrieben.

3 Praxisbezogene Lerngelegenheiten im naturwissenschaftlichen Sachunterricht – das ITPP-Projekt

Im ITPP-Projekt an der Universität Münster werden zuvor weitergebildete Lehrpersonen zur Unterstützung von Studierenden in Praxisphasen eingesetzt, um qualifiziert betreute problemorientierte, authentische und praxisbezogene Lerngelegenheiten für Studierende zu schaffen. Aktuell nehmen 20 Lehrpersonen aus dem Regierungsbezirk Münster am Projekt teil (Möller 2012). Sie werden an der Universität Münster über mehrere Jahre kontinuierlich für den naturwissenschaftlichen Sachunterricht (weiter)qualifiziert und besuchen dazu regelmäßig Fortbildungsveranstaltungen und Workshops zu naturwissenschaftlichen Themen. Zudem nehmen sie gemeinsam mit den Studierenden an regulären Veranstaltungen des Studiums im Sachunterricht teil. Dort arbeiten sie mit den Studierenden zusammen, betreuen deren Unterrichtsvorhaben und reflektieren diese nach der Durchführung mit den Studierenden. Darüber hinaus werden die ITPP-Lehrpersonen (ITPP-LP) auch zur Betreuung von Sachunterrichtsstudierenden in deren universitären Praxisphasen eingesetzt. In vorangegangenen Analysen hat sich gezeigt, dass die weitergebildeten ITPP-LP im Vergleich zu Nicht-ITPP-LP vermehrt an fachdidaktischen Fortbildungen zum naturwissenschaftlichen Sachunterricht teilnehmen, stärkere konstruktivistische Überzeugungen aufweisen, sich aber nicht in ihren transmissiven Überzeugungen unterscheiden (Pawelzik in Vorb.). Vor-liegende Befunde (Steinmann/ Oser 2012) geben Anlass zu der Annahme, dass die weitergebildeten ITPP-LP mit ihren stärker ausgeprägten konstruktivistischen Überzeugungen einen Einfluss auf entsprechende Lehr-Lern-Überzeugungen der Studierenden haben könnten. Mit der Einbindung von ITPP-LP in das reguläre Studium könnten daher besondere praxisbezogene Lerngelegenheiten für Studierende geschaffen werden, durch die u.a. eine positive Veränderung von Lehr-Lern-Überzeugungen zum naturwissenschaftlichen Sachunterricht begünstigt werden könnte.

4 Fragestellungen und Hypothesen

In der vorliegenden Studie wird zunächst untersucht, wie sich die Überzeugungen von Studierenden zum Lehren und Lernen im naturwissenschaftlichen Sachunterricht im Verlauf des Bachelorstudiums entwickeln (Fragestellung 1). Vor dem Hintergrund des Forschungsstandes wird die Hypothese formuliert, dass sich die naturwissenschaftlichen Lehr-Lern-Überzeugungen der Studierenden im Verlauf des Bachelorstudiums verändern, da sich die

Studierenden in ihrem Studium mit dem Lehren und Lernen im naturwissenschaftlichen Sachunterricht auseinandersetzen. Konkret wird vermutet, dass die konstruktivistischen Überzeugungen ansteigen, während die transmissiven Überzeugungen zurückgehen (z.B. Richter et al. 2013, Schlichter 2012). Darüber hinaus stehen die möglichen Zusammenhänge zwischen der Entwicklung der naturwissenschaftlichen Lehr-Lern-Überzeugungen von Sachunterrichtsstudierenden im Verlauf des Bachelorstudiums und der Teilnahme an verschiedenen praxisbezogenen Lerngelegenheiten im Fokus (Fragestellung 2). Dabei wird vermutet, dass sich die naturwissenschaftlichen Lehr-Lern-Überzeugungen der Studierenden unter Berücksichtigung der verschiedenen praxisbezogenen Lerngelegenheiten unterschiedlich entwickeln: Bei Studierenden, die an praxisbezogenen Lerngelegenheiten teilgenommen haben, die von zuvor weitergebildeten ITPP-LP betreut wurden, steigen die konstruktivistischen Überzeugungen stärker an und die transmissiven Überzeugungen sinken stärker als bei Studierenden, die an praxisbezogenen Lerngelegenheiten mit anderweitiger Betreuung teilgenommen haben. Dies kann damit begründet werden, dass die betreuenden ITPP-LP stärkere konstruktivistische Überzeugungen haben sollten als Lehrpersonen, die nicht am ITPP-Projekt teilgenommen haben (vgl. Pawelzik in Vorb.). Ebenso könnten die praxisbezogenen Lerngelegenheiten von den zuvor fachdidaktisch weitergebildeten ITPP-LP möglicherweise mit einem stärkeren fachdidaktischen Fokus gestaltet sein und dadurch zu einer stärkeren Ausprägung der konstruktivistischen und einer geringeren Ausprägung der transmissiven Überzeugungen führen, wie es für den Bereich der Mathematik gezeigt werden konnte (vgl. Biedermann et al. 2012a).

5 Methode

Die Stichprobe besteht aus insgesamt 46 Sachunterrichtsstudierenden der Universität Münster, die im Mittel 24 Jahre alt und zu 92% weiblich waren. 27 Studierende haben in ihrem Bachelor-Studium an praxisorientierten Lerngelegenheiten teilgenommen, in denen sie von zuvor weitergebildeten ITPP-LP betreut wurden (ITPP-Studierende), und 19 Studierende haben an regulären praxisorientierten Lerngelegenheiten teilgenommen, in denen sie von anderen LP betreut wurden (Nicht-ITPP-Studierende).

ITPP- und Nicht-ITPP-Studierende unterschieden sich nicht in Bezug auf Alter, Geschlecht und Abiturnote voneinander. Zudem zeigten sich zwischen den beiden Gruppen keine Unterschiede in den konstruktivistischen, wohl aber in den transmissiven Überzeugungen ($p < 0{,}05$) zu Beginn des Studium;

dies wird im Rahmen der statistischen Auswertungen zu berücksichtigen sein (ITPP < Nicht-ITPP).
Die vorliegende Längsschnittuntersuchung umfasste insgesamt drei Messzeitpunkte (MZP) innerhalb des Bachelor-Studiums (zu Beginn des Studiums MZP 1, in der Mitte des Studiums MZP 2, am Ende des Studiums MZP 3). Zwischen MZP 1 und 2 absolvierten ITPP- und Nicht-ITPP-Studierende ein vierwöchiges Praktikum; die ITPP-Studierenden wurden dabei von ITPP-LP und die Nicht-ITPP-Studierenden von Lehrpersonen betreut, die nicht an diesem Programm teilnahmen. Anschließend nahmen die Studierenden an zwei jeweils einsemestrigen Veranstaltungen mit Unterrichtsversuchen in der Praxis (zwischen MZP 2 und 3) teil, wobei die ITPP-Studierenden in den Seminaren und in der Praxis erneut von ITPP-LP begleitet und betreut wurden. Zu allen drei MZP wurden jeweils die transmissiven und konstruktivistischen Überzeugungen der Studierenden zum naturwissenschaftlichen Lehren und Lernen mittels eines Fragebogens (in Anlehnung an Kauertz et al. 2011 auf Grundlage von Kleickmann 2008) erhoben. Auf einer fünfstufigen Ratingskala (0 = „stimmt gar nicht" bis 4 = „stimmt völlig") gaben die Studierenden an, welche Überzeugungen sie zum Lehren und Lernen im naturwissenschaftlichen Sachunterricht haben. Die Skala zu transmissiven Lehr-Lern-Überzeugungen besteht aus sieben Items, welche das direkt instruktive Lehrverhalten einer Lehrperson beschreiben (z.B. *„Schwächeren Schülern müssen Naturphänomene erklärt werden."*). Die neun Items zu den konstruktivistischen Lehr-Lern-Überzeugungen umfassen Aussagen zu Conceptual Change im Sinne einer Umstrukturierung von Wissen (z.B. *„Naturwissenschaftliches Lernen bedeutet oft, dass sich neue Vorstellungen bei den Kindern erst auf lange Sicht gegen alte Erklärungsmuster durchsetzen."*) sowie Aussagen, die das Anknüpfen an vorhandene Schülervorstellungen (z.B. *„Grundschulkinder können zu Naturphänomenen bereits hartnäckige Vorstellungen haben, die den Lernprozess erschweren."*) thematisieren. Die Reliabilitäten der beiden Skalen sind zu allen drei Messzeitpunkten in einem zufriedenstellenden Bereich ($\alpha = 0{,}70 – 0{,}78$).
Zur Auswertung wurden univariate Varianzanalysen mit Messwiederholung sowie wiederholte Kontraste zum Vergleich aufeinanderfolgender Messzeitpunkte gerechnet. Aufgrund der Unterschiede zwischen den Gruppen (ITPP- und Nicht-ITPP-Studierende) in den transmissiven Lehr-Lern-Überzeugungen zu Beginn des Studiums (MZP 1) wurde zudem eine Kovarianzanalyse (ANCOVA) mit den transmissiven Überzeugungen zum ersten Messzeitpunkt als Kovariate durchgeführt.

6 Ergebnisse

Die Analysen[1] zur Entwicklung der Lehr-Lern-Überzeugungen von Sachunterrichtsstudierenden im Verlauf des Bachelor-Studiums haben gezeigt, dass die konstruktivistischen Überzeugungen der Studierenden im Studienverlauf in beiden Gruppen (ITPP und Nicht-ITPP) ansteigen, wobei durch die gerechneten Kontraste erkennbar ist, dass die signifikante Veränderung erst zwischen der Mitte und dem Ende des Studiums stattfindet (Haupteffekt Zeit; MZP 2 bis MZP 3: $p < 0{,}001$). Hypothesenkonform ist die Interaktion zwischen der Veränderung über die Zeit und der Betreuung durch ITPP-LP von Studienmitte bis Studienende signifikant: So steigen die konstruktivistischen Überzeugungen bei den ITPP-Studierenden stärker an als bei den Nicht-ITPP-Studierenden ($p < 0{,}05$).

Die transmissiven Überzeugungen sinken in beiden Gruppen signifikant im Verlauf des Studiums ($p < 0{,}001$). Zudem gibt es signifikante Unterschiede zwischen ITPP- und Nicht-ITPP-Studierenden (Haupteffekt Gruppe: $p < 0{,}01$). Die Interaktion zwischen der Veränderung über die Zeit und der Betreuung durch ITPP-LP ist nicht signifikant. Da sich die ITPP-Studierenden bereits zu Beginn des Studiums von den Nicht-ITPP-Studierenden unterschieden (MZP 1, $p < 0{,}05$), wurde in einem weiteren Schritt eine ANCOVA mit Messwiederholung gerechnet, wobei die Unterschiede zu MZP 1 als Kovariate berücksichtigt wurden. Die Ergebnisse der ANCOVA zeigen, dass unter Kontrolle dieser Überzeugungen zum 1. MZP die transmissiven Überzeugungen bei den ITPP-Studierenden von MZP 2 zu MZP 3 stärker sinken als bei den Nicht-ITPP-Studierenden (Interaktion: $p < 0{,}05$).

7 Diskussion und Ausblick

Die beschriebenen Ergebnisse können in Bezug auf die erste Hypothese als Hinweis darauf gedeutet werden, dass das Bachelor-Studium möglicherweise eine Zunahme der konstruktivistischen und eine Abnahme der transmissiven Lehr-Lern-Überzeugungen im naturwissenschaftlichen Sachunterricht begünstigt, was mit den Ergebnissen anderer Studien übereinstimmt (z.B. Schlichter 2012). Interessant ist, dass sich die konstruktivistischen Überzeugungen erst ab der Mitte des Studiums verändern; dies könnte mit dem Be-

[1] Sowohl die Methode als auch die einzelnen Ergebnisse werden detaillierter beschrieben in: Pawelzik, J. (in Vorb.): Zusammenhänge zwischen Überzeugungen von Studierenden zum naturwissenschaftlichen Sachunterricht und praxisbezogenen Lerngelegenheiten. Eine Studie im Rahmen des Projektes „Integration von Theorie und Praxis – Partnerschulen (ITPP)“. Inaugural-Dissertation. Universität Münster.

such der sachunterrichtsdidaktischen Seminare mit praxisbezogenen Lerngelegenheiten nach diesem Zeitpunkt zusammenhängen. Damit liefert diese Studie erste Hinweise zu Zusammenhängen zwischen praxisbezogenen Lerngelegenheiten und der Veränderung von Überzeugungen im naturwissenschaftlichen Sachunterricht. Allerdings bedarf es weiterer Studien, die die einzelnen praxisbezogenen Lerngelegenheiten zu den verschiedenen Zeitpunkten im Studium in Zusammenhang mit der Veränderung der Überzeugungen untersuchen.
Zudem bestätigen die Ergebnisse die in der zweiten Hypothese angenommenen unterschiedlichen Entwicklungen der Lehr-Lern-Überzeugungen von ITPP- und Nicht-ITPP-Studierenden. So scheint die Zusammenarbeit der Studierenden mit ITPP-LP mit einer stärkeren Zunahme der konstruktivistischen und einem stärkeren Rückgang der transmissiven Überzeugungen (unter Kontrolle des 1. MZP) einherzugehen. Daher wird angenommen, dass die Begleitung von Studierenden im Rahmen praxisbezogener Lerngelegenheiten durch zuvor im naturwissenschaftlichen Sachunterricht weitergebildete ITPP-LP die Zunahme konstruktivistischer und die Abnahme transmissiver Überzeugungen begünstigen kann.
Limitierend ist anzumerken, dass keine 1:1-Zuordnung zwischen Studierenden und Lehrpersonen hergestellt werden konnte, sodass die erkennbaren Veränderungen nur auf Gruppenebene beschrieben werden konnten. Dadurch bleibt die Frage offen, inwiefern die unterschiedlichen Lehr-Lern-Überzeugungen der betreuenden Lehrpersonen mit den Lehr-Lern-Überzeugungen der Studierenden zusammenhängen bzw. deren Entwicklung beeinflussen können. Zugleich basieren die vorgestellten Ergebnisse auf der Untersuchung einer relativ kleinen Stichprobe. Um die angedeuteten Unterschiede besser beschreiben zu können und die Ergebnisse zu überprüfen, sind daher die Schaffung einer Zuordnung zwischen den Lehr-Lern-Überzeugungen der betreuenden Lehrpersonen und denen der Studierenden sowie eine Erweiterung der Stichprobe sinnvoll.

Literatur

Biedermann, H.; Brühwiler, C.; Krattenmacher, S. (2012a): Lernangebote in der Lehrerausbildung und Überzeugungen zum Lehren und Lernen. Beziehungsanalysen bei angehenden Lehrpersonen. In: Zeitschrift für Pädagogik, 58, 4, S. 460-475.

Biedermann, H.; Brühwiler, C.; Steinmann, S. (2012b): Making the Impossible Possible? Establishing Beliefs about Teaching and Learning during Teacher Training Courses. In: König, J. (Hrsg.): Teachers' Pedagogical Beliefs. Definition and Operationalisation – Connections to Knowledge and Performance – Development and Change. Münster, S. 37-52.

Kauertz, A.; Kleickmann, T.; Ewerhardy, A.; Fricke, K.; Lange, K.; Ohle, A. et al. (2011): Dokumentation der Erhebungsinstrumente im Projekt PLUS, Forschergruppe und Graduiertenkolleg nwu-essen. Essen.

Kleickmann, T. (2008): Zusammenhänge fachspezifischer Vorstellungen von Grundschullehrkräften zum Lehren und Lernen mit Fortschritten von Schülerinnen und Schülern im konzeptuellen naturwissenschaftlichen Verständnis. Inaugural-Dissertation. Universität Münster.

Kleickmann, T. (2015): Professionelle Kompetenz von Primarschullehrkräften im Bereich des naturwissenschaftlichen Sachunterrichts. In: Zeitschrift für Grundschulforschung. Bildung im Elementar- und Primarbereich, 8, 1, S. 7-22.

Kleickmann, T.; Tröbst, S.; Jonen, A.; Vehmeyer, J.; Möller, K. (2016): The effects of Expert Scaffolding in Elementary Science Professional Development on Teachers‘ Beliefs and Motivations, Instructional Practices, and Student Achievement. In: Journal of Educational Psychology, 108, 1, pp. 21-42.

Kunter, M.; Pohlmann, B. (2015): Lehrer. In: Wild, E.; Möller, J. (Hrsg.): Pädagogische Psychologie. (2., vollst. überarb. u. aktual. Aufl.). Berlin und Heidelberg, S. 261-281.

Lortie, D.C. (1975): School Teacher: A Sociological Inquiry. Chicago.

Möller, K. (2012): Fachdidaktische Professionalisierung an der Universität und in Schulen – ein Modell für die Kooperation von Universität und Schulen im Rahmen schulpraktischer Studien. Beiträge zur Lehrerbildung. In: Zeitschrift zu Theorie und Praxis der Aus- und Weiterbildung von Lehrerinnen und Lehrern, 30, 2, S. 209-224.

Pawelzik, J. (in Vorb.): Zusammenhänge zwischen Überzeugungen von Studierenden zum naturwissenschaftlichen Sachunterricht und praxisbezogenen Lerngelegenheiten. Eine Studie im Rahmen des Projektes „Integration von Theorie und Praxis – Partnerschulen (ITPP)“. Inaugural-Dissertation. Universität Münster.

Reusser, K.; Pauli, C. (2014): Berufsbezogene Überzeugungen von Lehrerinnen und Lehrern. In: Terhart, E.; Bennewitz, H.; Rothland, M. (Hrsg.): Handbuch der Forschung zum Lehrerberuf (2. überarb. u. erweit. Aufl.). Münster, S. 642-661.

Richter, D.; Kunter, M.; Lüdtke, O.; Klusmann, U.; Anders, Y.; Baumert, J. (2013): How Different Mentoring Approaches Affect Beginning Teachers’ Development in the First Years of Practice. In: Teaching and Teacher Education, 36, pp. 166-177.

Richardson, V. (1996): The Role of Attitudes and Beliefs in Learning to Teach. In: Handbook of Research on Teacher Education, 2, pp. 102-119.

Schlichter, N. (2012): Lehrerüberzeugungen zum Lehren und Lernen. Dissertation zur Erlangung des Doktorgrades der Sozialwissenschaftlichen Fakultät der Georg-August-Universität Göttingen.

Staub, F.C.; Stern, E. (2002): The Nature of Teachers’ Pedagogical Content Beliefs Matters for Students’ Achievement Gains: Quasi-experimental Evidence from Elementary Mathematics. In: Journal of Educational Psychology, 94, 2, pp. 344-355.

Steinmann, S.; Oser, F. (2012): Prägen Lehrerausbildende die Beliefs der angehenden Primarlehrpersonen? Shared Beliefs als Wirkungsgrößen in der Lehrerausbildung. In: Zeitschrift für Pädagogik, 58, 4, S. 441-459.

Barbara Reichhart

Motivationale Orientierungen von Grundschullehramtsstudierenden im Bereich der politischen Bildung

University teacher-training in General Studies is aimed on developing professional competences enabling teachers to act professionally in all General studies' content perspectives. Although there are some studies that concern professional competences of primary teachers, most of them relate to the perspective of natural sciences. Empirical results for political education are scarce, particularly for teachers at the primary school level. Regarding teacher-training the questions arise, how high the interest and self-efficacy in the field of political education of budding primary teachers are and if it is possible to change these motivational constructs. In this article I report on the results of a quasi-experimental trial with primary school teachers in training (N = 145). Results indicate that their self-efficacy in political education is low compared to the other perspectives of General Studies and that it is not possible to change their interest, though it is possible to influence their self-efficacy.

1 Motivationale Orientierungen als Teil der Lehrerprofessionalität

Nach dem Modell professioneller Handlungskompetenz (Baumert/ Kunter 2006) gelten motivationale Orientierungen neben Professionswissen, selbstregulativen Fähigkeiten sowie Überzeugungen als zentrale Komponente von Lehrerprofessionalität. Als Bestandteile motivationaler Orientierungen weist das Modell Selbstwirksamkeitsüberzeugungen und Interesse aus (a.a.O.). Dabei wird unter Lehrerselbstwirksamkeit die Überzeugung einer Lehrkraft darüber verstanden, wie gut es ihr selbst gelingen kann, das Lernen und Verhalten ihrer Schüler/innen zu unterstützen, auch wenn die Schüler/innen, Inhalte oder andere Aspekte des Unterrichtens sie selbst vor eine Herausforderung stellen (vgl. Schwarzer/ Jerusalem 2002). Lehrerinteresse beschreibt

hierbei ein relativ stabiles, inhaltsspezifisches Konstrukt, welches mit positiven Emotionen, einem verbesserten Bezugswert und einer epistemischen bzw. erkenntnistheoretischen Orientierung zusammenhängt (vgl. Schiefele 1974). In nationalen und internationalen Studien hat sich gezeigt, dass sich Selbstwirksamkeitsüberzeugungen und Interesse von Lehrkräften – vermittelt über deren Performanz – auf die Schüler/innen auswirken. So konnten bei Schüler/innen, die von Lehrkräften mit positiven Selbstwirksamkeitsüberzeugungen und hohem Interesse am Fach unterrichtet wurden, bessere Leistungen in verschiedenen Fächern sowie Auswirkungen auf deren motivationale Orientierungen festgestellt werden (z.B. Long/ Woolfolk Hoy 2006, Kunter 2011).
Während in der Forschungslandschaft über die Veränderbarkeit von Lehrerselbstwirksamkeit durch Interventionsmaßnahmen Konsens herrscht, sind die Befunde zur Beeinflussung von Lehrerinteresse inkonsistent (z.B. Martschinke/ Kopp 2010, Wudy/ Jerusalem 2011). Aufgrund des Gegenstands- und Kontextbezugs beider Konstrukte ist es notwendig, diese domänenspezifisch zu erfassen (vgl. Schiefele 1974, Schwarzer/ Jerusalem 2002). Dabei gehören laut Blömeke unter anderem Untersuchungen zur Entwicklung solcher Kompetenzen sowie zu institutionellen Lerngelegenheiten in der Lehrerbildung zu den wichtigsten Themenfeldern in der Forschung zur Lehrerbildung (vgl. 2007). Untersuchungen zur Lehrerprofessionalität von Grundschullehrkräften finden sich im Sachunterricht dabei vor allem im naturwissenschaftlichen Bereich (z.B. Lange 2010, Kleickmann 2008). Zu Professionsmerkmalen in der sozialwissenschaftlichen Perspektive, zu der auch die politische Bildung gehört, gibt es bisher nur wenige empirisch gesicherte Erkenntnisse.

2 Motivationale Orientierungen von Lehrkräften in der politischen Bildung

Im Bereich der politischen Bildung konzentrieren sich die Untersuchungen zu motivationalen Orientierungen bisher hauptsächlich auf Lehrkräfte der Sekundarstufe. Hervorzuheben ist hierbei die PKP-Studie, in deren Rahmen die Forschergruppe um Oberle feststellen konnte, dass Politikstudierende geringeres Fachinteresse haben als Referendar/innen sowie Politiklehrkräfte und weibliche Befragte geringeres Interesse haben als ihre männlichen Kollegen (Oberle/ Weschenfelder/ Weißeno 2013). Näther und Merkens, die in ihrer Studie das Interesse von 769 Grundschullehrkräften aus sechs verschiedenen Bundesländern untersuchten, konstatieren, dass lediglich 7% der befragten Grundschullehrkräfte angaben, Interesse an einer fachwissenschaftlichen oder fachdidaktischen Weiterbildung in Gesellschaftswissenschaften zu haben (vgl. Näther/ Merkens 2012, S. 50). Dabei ist jedoch zu berücksichtigen, dass hierbei lediglich ein Aspekt des Interesses am Unterrichten, die erkenntnistheoretische Perspektive, untersucht wurde und deswegen nicht grundsätzlich von Interesse gesprochen werden kann, da positive Emotionen und ein verbesserter Bezugswert ausgespart wurden. In Bezug auf die Selbstwirksamkeitsüberzeugungen als Teil motivationaler Orientierungen ermittelte Manzel positive Selbstwirksamkeitsüberzeugungen, die die Berufswahl der Lehramtsstudierenden beeinflussten (Manzel 2013). Ähnliche Ergebnisse liegen aus der Studie Oberles, Weschenfelders und Weißenos vor. Diese konnten herausfinden, dass die Selbstwirksamkeitsüberzeugungen bei allen Politiklehramtsstudierenden eher positiv sind (Oberle/ Weschenfelder/ Weißeno 2013). Hierbei ist zu berücksichtigen, dass lediglich ein Teil der befragten Lehrkräfte Grundschullehrkräfte waren, welche des Weiteren nicht gesondert erfasst wurden, wodurch keine grundschulspezifischen Aussagen getroffen werden können. Zudem studierten die befragten Grundschullehrkräfte explizit das Fach Politik. Hinweise, dass Grundschullehramtsstudierende ihr Wissen im Themenbereich Demokratie, Macht und politische Prozesse eher gering einschätzen, bietet die Schweizer Forschergruppe um Kalcsics (2015). Hierbei handelt es sich allerdings nicht um Lehrerselbstwirksamkeitsüberzeugungen, sondern um Einschätzungen des eigenen Wissens, welche Überschneidungen mit dem Konstrukt der Selbstwirksamkeitsüberzeugungen aufweisen.

3 Schlussfolgerungen, Forschungsfragen und Untersuchungsdesign

Zusammenfassend zeigen die Befunde, dass motivationale Orientierungen im Rahmen der Lehrerprofessionalität eine bedeutende Rolle einnehmen. Es existieren bereits Erkenntnisse über motivationale Orientierungen im Bereich der politischen Bildung. Diese beziehen sich allerdings in der Regel nicht auf Grundschullehrkräfte oder fokussieren andere motivationale Konstrukte. Annahmen, dass Grundschullehramtsstudierende über ein geringes Interesse oder negative Selbstwirksamkeitsüberzeugungen verfügen, wurden in der politischen Bildung bisher empirisch nicht bestätigt. An diesem Forschungsdesiderat schließt die nachfolgend beschriebene Studie mit folgenden Forschungsfragen an.

1. Wie unterscheiden sich die Selbstwirksamkeitsüberzeugungen der Grundschullehramtsstudierenden bezüglich politischer Themen im Vergleich zu den Themen der anderen Perspektiven des Sachunterrichts?

2. Wie hoch ist das Interesse der Studierenden am Unterrichten politischer Inhalte sowie am Fach Politik?
3. Lassen sich die Selbstwirksamkeitsüberzeugungen der Grundschullehramtsstudierenden durch eine Interventionsmaßnahme in Form eines einsemestrigen wöchentlichen Seminars verändern?

Insgesamt nahmen 145 Studierende des Lehramts an Grundschulen an der Universität Augsburg, davon 76 Studierende der Experimentalgruppe und 69 Studierende der Kontrollgruppe, an der Befragung im Prä-Post-Design teil. Die Studierenden der Experimentalgruppe besuchten Seminare zum politischen Lernen im Sachunterricht, während die Studierenden der Kontrollgruppe ebenfalls Seminare im Bereich der Grundschulpädagogik besuchten, deren Schwerpunkt allerdings nicht auf politischen Inhalten lag. Die Daten wurden zu Beginn (Prätest) und am Ende des Semesters (Posttest) mittels eines Fragebogens erhoben. Die Studierenden waren im Durchschnitt 23 Jahre alt (M = 22,96; SD = 1,96) und besuchten das 5. Semester (M = 4,97; SD = 1,72).

Grundsätzlich haben die Grundschullehramtsstudierenden an der Universität Augsburg drei Möglichkeiten, mit politischen Inhalten im Studium in Berührung zu kommen. Im Rahmen eines fachbezogenen Studiengangs ist es möglich, Sozialkunde als Unterrichtsfach (69 ECTS-Punkte) oder als Didaktikfach zu studieren (11 ECTS-Punkte). Der Großteil der Studierenden in der vorliegenden Stichprobe (88,33%) kommt mit der sozialwissenschaftlichen Perspektive allerdings lediglich im Rahmen des integrativen Sachunterrichtsstudium (11 ECTS-Punkte) in Berührung.

Zur Beantwortung der ersten Forschungsfrage wurde eine Skala mit Items zur subjektiven Einschätzung der eigenen Selbstwirksamkeitsüberzeugungen im Bereich der politischen Bildung in Anlehnung an den Fragebogen zur Lehrerselbstwirksamkeit von Schwarzer/ Schmitz (1999) entwickelt. Um die Selbstwirksamkeitsüberzeugungen der Studierenden in den einzelnen Perspektiven des Sachunterrichts vergleichen zu können, wurden die Studierenden zu den einzelnen Themen des Sachunterrichts – auf Grundlage der fünf Perspektiven des Sachunterrichts – befragt. Dabei erwiesen sich die Skalen zu den Selbstwirksamkeitsüberzeugungen in einzelnen Themenbereichen mit einer internen Konsistenz von r = 0,62 bis r = 0,71 sowohl im Prä- als auch im Posttest als zufriedenstellend. Die zweite Forschungsfrage umfasst die Einschätzungen der Studierenden zum Interesse an politischen Inhalten. Grundlage für die Konstruktion der Items bilden dabei die Fragebögen von Franz (2008), Kleickmann (2008) und Krapp et al. (1993). Die zunächst forcierte Gliederung in die Skalen „Interesse am Unterrichten“ und „Sachinteresse“ konnte durch die explorative Faktorenanalyse nicht bestätigt werden.

Die Reliabilitätskoeffizienten für die Skala „Interesse" sind mit > 0,90 als hoch einzustufen ($r_{Prätest}$ = 0,95; $r_{Posttest}$ = 0,94). Das Antwortformat der Skalen beider Konstrukte ist 4-stufig (0 = „trifft nicht zu" bis 3 = „trifft zu"). Um die Selbstwirksamkeitsüberzeugungen der Studierenden im Sachunterricht vergleichen zu können, wurde ein Einstichproben-t-Test mit dem Statistikprogramm SPSS 23 gerechnet.
Die Gestaltung des Seminars, welches die Studierenden der Experimentalgruppe als Interventionsmaßnahme besuchten, gründet auf Erkenntnissen zum reflexiven (z.B. Lerntagebücher) und forschenden Lernen (z.B. Befragung von Schüler/innen), da hierbei bereits in anderen Domänen gezeigt werden konnte, dass Veränderungen motivationaler Orientierungen möglich sind (z.B. Martschinke/ Kopp 2010). Die Veränderungen vom Prä- zum Posttest wurden aufgrund der nicht unerheblichen Intraklassenkorrelationskoeffizienten (bis zu 0,16) mittels einer Mehrebenenregressionsanalyse mit dem Statistikanalyseprogramm Mplus 5,21 berechnet.

4 Ergebnisse

Die Auswertung der Fragebögen zu den Selbstwirksamkeitsüberzeugungen zeigt, dass die Studierenden in politischen Themenbereichen (*M* = 0,60, *SD* = 0,17) durchschnittlich geringere Selbstwirksamkeitsüberzeugungen aufweisen als in allen anderen Themenbereichen des Sachunterrichts (*M* = 0,71, *SD* = 0,14). Dieser Unterschied, 0,11, BCa 95% CI [0,09, 0,13], ist signifikant t(144) = 9,109, p < 0,001 und repräsentiert mit einem korrigierten Cohen's d mit d = 0,58 einen mittleren Effekt (vgl. Abb. 1). Die Studierenden schätzen ihr Interesse im Mittel mit dem Wert 0,43 (*SD* = 0,22) ein. Da der maximale Wert für Interesse 1 ist, gibt dieser Mittelwert Hinweise darauf, dass das Interesse der Studierenden am Unterrichten politischer Inhalte sowie am Fach selbst eher gering ist.
Hinsichtlich der dritten Forschungsfrage konnte festgestellt werden, dass die Studierenden der Experimentalgruppe von MZP 1 zu MZP 2 bei konkreten politischen Inhalten unmittelbar nach der Interventionsmaßnahme signifikant höhere Selbstwirksamkeitsüberzeugungen aufweisen als beim ersten Messzeitpunkt. Der Regressionskoeffizient ($\beta_{politischeInhalte}$ = 0,39) ist signifikant (vgl. Tabelle 1). Berücksichtigt man bei den Selbstwirksamkeitsüberzeugungen zum politikbezogenen Sachunterricht Messzeitpunkt 1 und die Zugehörigkeit zur Experimentalgruppe (Modell 2), lässt sich durch diese beiden Prädiktoren 32% der Varianz der Selbstwirksamkeitsüberzeugungen der Studierenden bezüglich des Unterrichtens politikbezogenen Sachunterrichts zum zweiten Messzeitpunkt erklären. Da 28% der Varianz durch die Anga-

ben zum ersten Erhebungszeitpunkt erklärt werden können (Modell 1), wird deutlich, dass 4% der Varianz der Selbstwirksamkeitsüberzeugungen zum zweiten Erhebungszeitpunkt durch die Zugehörigkeit zur Experimentalgruppe und damit durch das Treatment erklärt werden können.

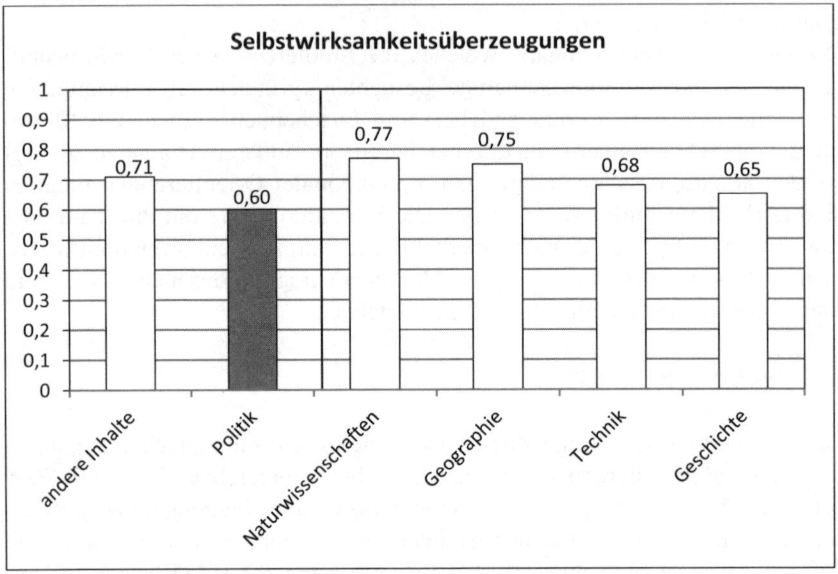

Abbildung 1: Selbstwirksamkeitsüberzeugungen der Studierenden in allen Perspektiven des SU; andere Inhalte = Mittelwert aus Geographie, Naturwissenschaften, Technik und Geschichte

Tabelle 1: Veränderungen motivationaler Orientierungen (MZP 1 zu MZP 2)

	Selbstwirksamkeit politische Inhalte		**Interesse**	
	Modell 1	Modell 2	Modell 1	Modell 2
MZP 1	0,53***	0,53***	0,88***	0,85***
EG/KG		0,39**		0,18
R^2	0,28	0,32	0,77	0,78

Anmerkung: * p < 0,05; ** p < 0,01; *** p < 0,001; Cluster = Seminare (N = 6); Angegeben sind die standardisierten Beta-Koeffizienten.

Keine signifikanten Veränderungen zeigen sich beim Interesse. Tabelle 1 zeigt, dass die Annahme, wonach durch die Förderung situationalen Interesses längerfristig auch das individuelle Interesse geweckt werden kann, nicht bestätigt werden kann. Auch beim zweiten Messzeitpunkt weisen die Studierenden der Experimentalgruppe keine signifikanten Interessensveränderungen auf.

5 Diskussion

Die vorgestellten Ergebnisse sind Teil einer Dissertation, die methodischen Einschränkungen unterliegt (Gelegenheitsstichprobe, kleine Fallzahlen, Versuchsleitereffekt). Dennoch liefern die Daten Hinweise auf Interesse und Selbstwirksamkeit von Grundschullehramtsstudierenden im Bereich der politischen Bildung und deren Veränderbarkeit. Im Rahmen der vorliegenden Studie konnte gezeigt werden, dass die befragten Grundschullehramtsstudierenden an der Universität Augsburg davon überzeugt sind, dass sie in der Lage sind, alle anderen Inhaltsbereiche der Perspektiven des Sachunterrichts, also Inhalte der historischen, der naturwissenschaftlichen, der geographischen und der technischen Perspektive, besser zu unterrichten als politische Inhalte. Während das Interesse der Studierenden am Unterrichten dieses Bereichs sowie an Politik selbst nicht verändert werden konnte – was auf die Stabilität dieses Konstrukts schließen lässt –, zeigt sich, dass die Selbstwirksamkeitsüberzeugungen der Studierenden durch eine relativ kleine Interventionsmaßnahme, in Form eines einsemestrigen Seminars mit politischen Inhalten, verändert werden konnten. Lassen sich diese Ergebnisse – insbesondere mit größeren Stichproben und unter Berücksichtigung weiterer Merkmale professioneller Lehrerkompetenz – replizieren, können sie als erste Hinweise für Überlegungen zur Veränderung der Ausbildung von Grundschullehrkräften in Bayern herangezogen werden. Grundsätzlich wird den einzelnen Perspektiven des Sachunterrichts, hier insbesondere dem politischen Lernen, im Rahmen der Sachunterrichtsausbildung an der Universität Augsburg wenig Raum gegeben. Da aber gezeigt werden konnte, dass ein Beitrag zur Professionalisierung der Studierenden durch ein „Mehr an Zeit“ geleistet werden kann, ließe sich daraus für den Sachunterricht die Forderung schlussfolgern, den einzelnen Perspektiven dieses „Mehr an Zeit“ zuzugestehen.

Literatur

Baumert, J.; Kunter, M. (2006): Stichwort: Professionelle Kompetenz von Lehrkräften. Zeitschrift für Erziehungswissenschaft, 9, 4, S. 469-520.

Blömeke, S. (2007): Qualitativ – quantitativ, induktiv – deduktiv, Prozess – Produkt, national – international. Zur Notwendigkeit multikriterialer und multiperspektivischer Zugänge in der

Lehrerbildungsforschung. In: Lüders, M.; Wissinger, J. (Hrsg.): Forschung zur Lehrerbildung. Kompetenzentwicklung und Programmevaluation. Münster, New York, München, Berlin, S. 13-36.

Franz, U. (2008): Lehrer- und Unterrichtsvariablen im naturwissenschaftlichen Sachunterricht. Eine empirische Studie zum Wissenserwerb und zur Interessenentwicklung in der dritten Jahrgangsstufe. Bad Heilbrunn.

Kalcsics, K. (2015): Fachdidaktisches und fachliches Wissen: Voraussetzungen und Überzeugungen zu Beginn des Studiums im Fach Sachunterricht. (Unveröffentlichtes Manuskript).

Kleickmann, T. (2008): Zusammenhänge fachspezifischer Vorstellungen von Grundschullehrkräften zum Lehren und Lernen mit Fortschritten von Schülerinnen und Schülern im konzeptuellen naturwissenschaftlichen Verständnis. Dissertation. Münster.

Krapp, A.; Schiefele, U.; Wild, K.-P.; Winteler, A. (1993): Der Fragebogen zum Studieninteresse. In: Diagnostika, 39, 4, S. 335-351.

Kunter, M. (2011): Motivation als Teil der professionellen Kompetenz – Forschungsbefunde zum Enthusiasmus von Lehrkräften. In: Baumert, J.; Blum, W.; Kunter, M.; Neubrand, M. (Hrsg.): Professionelle Kompetenz von Lehrkräften. Ergebnisse des Forschungsprogramms COACTIV. Münster [u.a.], S. 259-275.

Lange, K. (2010): Zusammenhänge zwischen naturwissenschaftsbezogenem fachspezifisch-pädagogischem Wissen von Grundschullehrkräften und Fortschritten im Verständnis naturwissenschaftlicher Konzepte bei Grundschülerinnen und -schülern. Dissertation. Münster.

Long, J.F.; Woolfolk Hoy, A. (2006): Interested Instructors. A Composite Portrait of Individual Differences and Effectiveness. In: Teaching and Teacher Education, 22, pp. 303-314.

Manzel, S. (2013): Performanz im Politikunterricht – Theorieansätze und Entwicklungstrends zum professionellen Lehrer/innenwissen und Unterrichtshandeln. In: Hufer, K.-P.; Richter, D. (Hrsg.): Politische Bildung als Profession. Verständnisse und Forschungen: Perspektiven politischer Bildung. Bonn, S. 203-216.

Martschinke, S.; Kopp, B. (2010): Selbstreflexives und forschendes Lernen als Mittel zum Erwerb günstiger Orientierungen für den Umgang mit Heterogenität. Eine hochschuldidaktische Studie. In: Abel, J.; Faust, G. (Hrsg.): Wirkt Lehrerbildung? Antworten aus der empirischen Forschung. Münster, S. 291-299.

Näther, T.; Merkens, H. (2012). Auswertung der Befragung zu den Fortbildungspräferenzen von Grundschullehrenden. In: Merkens, H. (Hrsg.): Technikinteresse von Grundschullehrkräften. Berlin, S. 38-74.

Oberle, M.; Weschenfelder, E.; Weißeno, G. (2013): Motivationale Orientierungen angehender und praktizierender Politiklehrkräfte. In: Besand, A. (Hrsg.): Lehrer- und Schülerforschung in der politischen Bildung. Schwalbach/Ts., S. 55-67

Schiefele, H. (1974): Lernmotivation und Motivlernen, 2., durchges. Aufl. München.

Schwarzer, R.; Jerusalem, M. (2002): Das Konzept der Selbstwirksamkeit. Zeitschrift für Pädagogik, 44. Beiheft, S. 28-53.

Schwarzer, R.; Schmitz, G. (1999): Skala zur Lehrer-Selbstwirksamkeitserwartung (WIRK-LEHR). In: Schwarzer, R.; Jerusalem, M. (Hrsg.): Skalen zur Erfassung von Lehrer- und Schülermerkmalen. Dokumentation der psychometrischen Verfahren im Rahmen der wissenschaftlichen Begleitung des Modellversuchs Selbstwirksame Schulen. Berlin, S. 60-62.

Wudy, D.-T.; Jerusalem, M. (2011): Die Entwicklung von Selbstwirksamkeit und Belastungserleben bei Lehrkräften. Psychologie in Erziehung und Unterricht, 58, 4, S. 254-267.

Cornelia Sunder, Maria Todorova und Kornelia Möller

Wie entwickelt sich die professionelle Wahrnehmung von Sachunterrichtsstudierenden im Verlauf des Bachelorstudiums? – Zusammenhänge mit Veränderungen in den Lehr-Lern-Überzeugungen

In order to notice and interpret relevant classroom situations adequately, teachers seem to require a professional vision. As expert teachers have a better professional vision than novice teachers, this ability seems to develop over the time. Teachers' beliefs about teaching and learning may serve as a filter for what teachers notice and interpret. There are indications that teachers' beliefs may also develop over the time. The present study examines the relationship between the development of pre-service teachers' professional vision and their beliefs in a longitudinal study. We will present and discuss results and give an outlook for future investigations.

1 Einleitung

Von Lehrkräften wird erwartet, dass sie über ein breites Spektrum an Kompetenzen verfügen (Kunter/ Voss 2011), die sie im unterrichtlichen Handeln anwenden können. Beispielsweise müssen sie fachliches, fachdidaktisches und allgemeinpädagogisches Wissen (Shulman 1986) haben und dies angepasst an die jeweilige Unterrichtssituation einsetzen können. Als ein wichtiges Bindeglied zwischen den professionellen Kompetenzen einer Lehrkraft und ihrem professionellen Handeln im Unterricht kann die professionelle Unterrichtswahrnehmung (PW) angesehen werden; diese wird als Fähigkeit bezeichnet, lernrelevante Ereignisse im Unterricht zu erkennen und theoriegeleitet zu interpretieren (Seidel/ Blomberg/ Stürmer 2010, Sherin 2007). Im Sinne einer PW sollten Lehrkräfte das Unterrichtsgeschehen auf Basis ihres Wissens adäquat einschätzen können, um darauf basierend ihr Handeln an die

Gegebenheiten des Unterrichts adaptiv anpassen zu können. Die Relevanz der PW kann nicht nur theoretisch abgeleitet werden, sondern wird auch durch Hinweise aus empirischen Studien gestützt: So weisen Studien auf positive Zusammenhänge zwischen dem Lernen von Schülerinnen und Schülern und der PW der Lehrkraft hin (Kersting et al. 2010, Roth et al. 2011). Darüber hinaus lassen erste Studien positive Zusammenhänge zwischen dem Handeln der Lehrkraft und ihrer PW annehmen (z.B. Sun/ van Es 2015).
Nicht nur das Wissen kann einen Einfluss auf die PW haben; als eine weitere Komponente der professionellen Kompetenz einer Lehrkraft können auch ihre Lehr-Lern-Überzeugungen die PW bedingen (Cho/ Huang 2014). Dabei wird diesen Lehr-Lern-Überzeugungen eine Art Filterfunktion bei der PW zugeschrieben.
Dieser Zusammenhang zwischen der PW und den Lehr-Lern-Überzeugungen wird im vorliegenden Beitrag am Beispiel von Sachunterrichtsstudierenden untersucht.

2 Professionelle Unterrichtswahrnehmung und Überzeugungen zum Lehren und Lernen

2.1 Professionelle Unterrichtswahrnehmung

Die PW kann in zwei dynamische, sich gegenseitig bedingende Prozesse unterteilt werden. Der erste Prozess bezieht sich auf das Fokussieren lernrelevanter Unterrichtsereignisse bei gleichzeitigem Ausblenden von irrelevanten Ereignissen; er wird als *Selective Attention* bzw. *Noticing*[1] bezeichnet (Seidel et al. 2010, Sherin 2007). Der zweite Prozess, das *Knowledge-based Reasoning*, beinhaltet das theoriegeleitete Interpretieren des fokussierten Ereignisses (Sherin 2007, Seidel et al. 2010, Stürmer/ Könings/ Seidel 2013); bei diesem Prozess können die drei Subfacetten *Beschreiben, Erklären* und *Vorhersagen treffen* differenziert werden.
Studien konnten bereits zeigen, dass sich Experten (erfahrene Lehrkräfte) und Novizen (Studierende) in ihrer PW unterscheiden. Dabei nahmen Lehrkräfte Unterricht professioneller wahr als Studierende (Gold/ Hellermann/ Holodynski 2016, Sherin 2007). Im Kontext des naturwissenschaftlichen Sachunterrichts zeigte sich zudem, dass Masterstudierende über eine bessere PW verfügten als Bachelorstudierende (Meschede/ Steffensky/ Wolters/ Möller

[1] Das Herausfiltern von Informationen und das damit einhergehende Fokussieren auf bestimmte Ereignisse im Unterricht wird in der Literatur zum Teil als Selective Attention (z.B. Sherin 2007) und zum Teil als Noticing (z.B. Seidel et al. 2010) bezeichnet. Wegen dieser ähnlichen Begriffsverwendung wird im vorliegenden Beitrag von Selective Attention bzw. Noticing gesprochen.

2015). Zusammengenommen können diese Befunde als Indizien für eine Entwicklung der PW im Laufe der Zeit (bereits im Verlauf des Studiums) gesehen werden.

2.2 Überzeugungen zum Lehren und Lernen

Die subjektiven Annahmen und Vorstellungen über Lehr-Lern-Prozesse, über die Lehrende verfügen, werden als Lehr-Lern-Überzeugungen bezeichnet (Kunter/ Pohlmann 2015). Lehr-Lern-Überzeugungen können auf ein einzelnes Unterrichtsfach bezogen sein oder auf Lehr-Lern-Prozesse allgemein. Häufig werden Lehr-Lern-Überzeugungen von den Lehrenden für wahr gehalten; sie sind meist fest in den Vorstellungen der Lehrenden verankert und somit relativ stabil und zumindest kurzfristig schwer zu verändern (Lortie 1975, Richardson 1996).

Dennoch scheint eine Veränderung von Lehr-Lern-Überzeugungen im Rahmen der Ausbildung von Studierenden möglich: Schlichter (2012) konnte zeigen, dass Studierende zu Beginn eines Studiums vermehrt transmissive Überzeugungen, zum Ende vermehrt konstruktivistische Überzeugungen aufwiesen, was auf mögliche Entwicklungen der Lehr-Lern-Überzeugungen im Laufe des Studiums hindeutet. Zudem zeigte sich in der Studie von Kleickmann/ Gais/ Möller (2005), dass Studierende nach der Teilnahme an einem Lernforschungsmodul über stärker konstruktivistische Lehr-Lern-Überzeugungen verfügten.

Zusammenfassend kann angenommen werden, dass sich die PW und die Lehr-Lern-Überzeugungen im Laufe eines Studiums entwickeln bzw. verändern können. Zugleich können Zusammenhänge zwischen der PW und den Lehr-Lern-Überzeugungen angenommen werden (Cho/ Huang 2014); demnach fokussieren z.B. Personen, die ausgeprägte konstruktivistische Lehr-Lern-Überzeugungen aufweisen, auch eher Situationen in einem Unterricht, in denen Lernende Gelegenheit haben, ihr Wissen konstruktiv auf- bzw. umzubauen, als Personen, die über nur wenig ausgeprägte konstruktivistische Überzeugungen verfügen. Bisher fehlen Untersuchungen, die sich mit möglichen Zusammenhängen zwischen der Veränderung der PW und der Lehr-Lern-Überzeugungen über die Zeit befassen. Hier setzt das ViU-Projekt[2] an. Fokus der vorliegenden Studie ist die Entwicklung der PW bezüglich Lernunterstützung im naturwissenschaftlichen Grundschulunterricht bei Bachelorstudierenden. Lernunterstützung wird dabei vor dem Hintergrund eines konstruktivistisch orientierten Lernverständnisses (z.B. Reinmann/ Mandl 2006) in Anlehnung an das Konzept des Scaffolding (Wood/ Bruner/ Ross 1976) als

---

[2] Die Untersuchungen werden unter dem Kennzeichen „01JH1202A“ vom Bundesministerium für Bildung und Forschung gefördert.

Unterstützung konstruktiver Lernprozesse verstanden. Dabei wird der Fokus auf Maßnahmen der Lernunterstützung mit dem Potential der kognitiven Aktivierung und Maßnahmen der inhaltlichen Strukturierung (Kleickmann 2012) gelegt, wodurch zwei Basisdimensionen für Unterrichtsqualität (Kunter/ Voss 2011) Berücksichtigung finden.

3 Forschungsfragen und Hypothesen

In der vorliegenden Studie werden folgende Fragen fokussiert:

1. Wie entwickelt sich die PW von Studierenden im Verlauf des BA-Sachunterrichtsstudiums?
2. Bestehen Zusammenhänge zwischen der Veränderung der PW der Studierenden und der Veränderung ihrer transmissiven und konstruktivistischen Überzeugungen in Bezug auf das Lernen und Lehren von Naturwissenschaften in der Grundschule?

Zur ersten Frage wird vermutet, dass sich die PW der Studierenden im Laufe ihres BA-Studiums verbessert, da Studien (Gold et al. 2016, Meschede et al. 2015, Sherin 2007) auf die Entwicklung der PW hinweisen. Zur zweiten Frage wird angenommen: Da Überzeugungen als Filter der Wahrnehmung fungieren (Cho/ Huang 2014) und es Hinweise auf eine Abnahme transmissiver Überzeugungen bzw. auf einen Anstieg konstruktivistischer Überzeugungen im Studienverlauf gibt (Schlichter 2012), erwarten wir, dass es Zusammenhänge zwischen einer positiven Entwicklung der PW und einer Abnahme transmissiver Überzeugungen bzw. einem Anstieg konstruktivistischer Überzeugungen gibt.

4 Methode

Zur Beantwortung der Fragen wurden im Rahmen einer Längsschnittstudie bei 68 Sachunterrichtstudierenden des Bachelorstudiengangs die PW sowie die Lehr-Lern-Überzeugungen zu vier Messzeitpunkten (s. Tabelle 1) an der Universität Münster untersucht. Für die Berechnungen wurde auf Daten von Studierenden zurückgegriffen, für die mindestens drei vollständige Messungen vorlagen; dies traf auf 58 Studierende zu.

Tabelle 1: Angabe der Erhebungszeitpunkte im Verlauf des Bachelorstudiums sowie von Vorlesungen (V) und Seminaren (S) im Sachunterricht

Semester	1.	2.	3.	4.	5.	6.
Curriculum	V		V	S 1	S 2, S 3	S 4, S 5
Erhebungszeitpunkte	10/2011				10/2013 02/2014	07/2014

Die PW wurde online mit einem standardisierten Videotest (Meschede et al. 2015) erhoben, der je drei Szenen aus dem Sachunterricht zu den Themen „Schwimmen und Sinken" und „Aggregatzustände" beinhaltet. Insgesamt mussten die Studierenden 68 geschlossene Items auf einer vierstufigen Ratingskala beantworten. Für die Berechnung der PW wurde die Übereinstimmung der Studierendenantwort mit einem Expertenrating ermittelt. Die Reliabilitäten der Skalen sind zu allen vier Messzeitpunkten sehr gut ($\alpha_{t1\text{-}t4}$ = 0,95 – 0,98).
Die Messung der konstruktivistischen und transmissiven Überzeugungen (neun bzw. sieben Items) erfolgte in Anlehnung an die Skalen von Kauertz et al. (2011, auf Grundlage von Kleickmann 2008) auf einer fünfstufigen Ratingskala. Die konstruktivistischen Überzeugungen bestehen aus einer Skala, in der Items zu Schülervorstellungen und zu Conceptual Change enthalten sind; die transmissiven Überzeugungen beziehen sich auf ein direkt instruktives Lehrverhalten (Itembeispiele finden sich bei Pawelzik et al. in diesem Band). Die interne Konsistenz der Skalen liegt im zufriedenstellenden bis guten Bereich ($\alpha_{t1\text{-}t4}$ = 0,69 – 0,84).
Die Auswertung der Daten erfolgte für beide Fragestellungen mit Mehrebenenanalysen. Zur Untersuchung der ersten Fragestellung wurde zunächst die Entwicklung der PW über die Zeit modelliert. Die PW fungierte als abhängige Variable und die Zeit als unabhängige Variable auf der ersten Ebene. Für die Entwicklung der PW wurde ein linearer bzw. kurvilinearer Verlauf angenommen und überprüft. Als Variable auf der zweiten Ebene wurde die Person berücksichtigt. Um den Zusammenhang zwischen PW und den Lehr-Lernüberzeugungen im Längsschnitt festzustellen, wurden die konstruktivistischen und transmissiven Lehr-Lern-Überzeugungen z-standardisiert als zeitveränderbare Kovariaten miteinbezogen. Wegen der ungleichen Zeitintervalle bei der Erhebung (s. Tabelle 1) wurde die Zeit-Variable auf die Länge des Bachelor-Studiums normiert. Für die Bestimmung der Entwicklungsrate ging die Zeitvariable als linearer Trend (Modellierung einer kontinuierlichen Entwicklung) und quadriert (Modellierung einer Verlangsamung zu Studienende) in die Analyse ein.

5 Ergebnisse

Varianzanalytische Berechnungen zeigen, dass sich die PW und die Lehr-Lern-Überzeugungen über die Zeit von Studienbeginn bis Studienende mit einem großen Effekt signifikant verändern: Die Studierenden verbessern ihre PW ($p < 0{,}001$) und weisen zu Studienende stärker konstruktivistische ($p < 0{,}001$) sowie geringere transmissive Überzeugungen auf ($p < 0{,}001$).

In Bezug auf die erste Frage nach der Entwicklung der PW im Verlauf des Studiums zeigen die Ergebnisse der Mehrebenenanalyse, dass die Zeit-Variable im linearen Trend signifikant ist ($p < 0{,}01$); die Ergebnisse lassen eine kontinuierliche Veränderung der PW im Studium um ca. 20% annehmen. Der kurvilineare Zusammenhang ist nicht signifikant; dieses Ergebnis deutet darauf hin, dass sich die Entwicklung der PW zum Ende des Studiums nicht verlangsamt. Beim Hinzufügen der Person auf der zweiten Ebene zeigt sich, dass sich die Studierenden zu Beginn des Studiums in ihrer PW unterscheiden ($p < 0{,}01$), sich ihre PW aber nicht unterschiedlich über die Zeit verändert.

Für die Untersuchung der zweiten Fragestellung – Zusammenhänge zwischen der Veränderung der PW und der Lehr-Lern-Überzeugungen – wurden die Lehr-Lern-Überzeugungen mit in das Modell aufgenommen. Auch hier zeigt sich ein signifikanter linearer Zeiteffekt ($p < 0{,}05$); unter der Kontrolle der Lehr-Lern-Überzeugungen verbessert sich die PW im Durchschnitt um 15% von Studienbeginn bis Studienende. Zudem zeigt sich zwischen der Entwicklung der transmissiven Lehr-Lern-Überzeugungen und der Veränderung der PW über die Zeit ein signifikanter Zusammenhang ($p < 0{,}001$); gehen die transmissiven Lehr-Lern-Überzeugungen um eine Standardabweichung zurück, verbessert sich die PW durchschnittlich um 5%. Hinsichtlich der Veränderung der konstruktivistischen Lehr-Lern-Überzeugungen und der PW gibt es keine signifikanten Zusammenhänge.

6 Diskussion und Ausblick

Zusammenfassend lässt sich in Übereinstimmung mit der Hypothese zur ersten Frage sagen, dass die Studierenden ihre PW im Laufe des Bachelorstudiums verbesserten. In Bezug auf die Untersuchung der Zusammenhänge zwischen der Entwicklung der PW und der Lehr-Lern-Überzeugungen zeigte sich übereinstimmend mit der formulierten Hypothese ein Zusammenhang zwischen der Abnahme der transmissiven Lehr-Lern-Überzeugung und einem Anstieg der PW. Entgegen der Hypothese gab es keine Zusammenhänge

zwischen der Entwicklung der konstruktivistischen Lehr-Lern-Überzeugungen und der PW.
Der Befund, dass es eine positive Entwicklung der PW über die Zeit gibt, stimmt mit Studienergebnissen überein, die eine Entwicklung der PW annehmen lassen (Gold et al. 2016, Meschede et al. 2015, Sherin 2007). Unabhängig von den Ausgangswerten in der PW zu Studienbeginn scheint das Studium die PW der Studierenden gleich stark zu fördern, was möglicherweise auf das homogene Angebot und die starke Strukturierung des BA-Studiums in Münster zurückgeführt werden kann.
Die Befunde zur Entwicklung der Lehr-Lern-Überzeugungen über die Zeit bestätigen die Ergebnisse von Schlichter (2012). Mit Blick auf die Zusammenhänge zwischen der Entwicklung der Lehr-Lern-Überzeugungen und der PW deuten die Befunde darauf hin, dass die transmissiven Lehr-Lern-Überzeugungen möglicherweise stärker als Filter der PW fungieren als die konstruktivistischen. Eine alternative Erklärung für diesen Befund könnten bei der Skala zur konstruktivistischen Überzeugung sozial erwünschte Antworten sein. Als Hinweis hierauf kann der hohe Mittelwert der Antworten auf dieser Skala (M = 4,8, bei einem Maximum von 5) und die geringe Varianz (SD = 0,29 auf einer fünfstufigen Skala) gewertet werden, wodurch gegebenenfalls bestehende Zusammenhänge unentdeckt blieben.
Limitierend ist zudem anzumerken, dass die Befunde auf Basis einer kleinen Stichprobe nur einer Universität basieren. Zudem fehlt eine Kontrollgruppe, um mögliche Testwiederholungseffekte abschätzen zu können. Diesen Limitationen sollte durch das Anfüllen der Stichprobe begegnet werden. Darüber hinaus ist einschränkend zu erwähnen, dass die hier aufgeführten Zusammenhänge zwischen der PW und den transmissiven Überzeugungen im Längsschnitt nicht kausal interpretiert werden dürfen, da mögliche Einflüsse von Drittvariablen (z.B. das Wissen) die Ergebnisse beeinflussen könnten. Überdies erfordert das Ziehen kausaler Schlüsse, dass die Ursache zeitlich vor dem Effekt eintritt. Zur Prüfung dieser gerichteten Zusammenhänge ist zukünftig dic Durchführung von Cross-lagged-Analysen bei einer größeren Stichprobe angedacht.

Literatur

Cho, Y.; Huang, Y. (2014): Exploring the Links between Pre-service Teachers' Beliefs and Video-based Reflection in Wikis. In: Computers in Human Behavior, 35, pp. 39-53.

Gold, B.; Hellermann, C.; Holodynski, M. (2016): Professionelle Wahrnehmung von Klassenführung – Vergleich von zwei videobasierten Erfassungsmethoden. In: Prinz, D,; Schwippert, K. (Hrsg.): Der Forschung – Der Lehre – Der Bildung. Aktuelle Entwicklungen der Empirischen Bildungsforschung. (Tagungsband der AEPF 2014). Münster, S. 103-118.

Kauertz, A.; Kleickmann, T.; Ewerhardy, A.; Fricke, K.; Lange, K.; Ohle, A.; Pollmeier, K.; Tröbst, S.; Walper, L.; Fischer, H.; Möller, K. (2011): Dokumentation der Erhebungsinstrumente im Projekt PLUS. Essen.

Kersting, N.B.; Givvin, K.B.; Sotelo, F.L.; Stigler, J.W. (2010): Teachers' Analyses of Classroom Video Predict Student Learning of Mathematics: Further Explorations of a Novel Measure of Teacher Knowledge. In: Journal of Teacher Education, 61, 1-2, pp. 172-181.

Kleickmann, T.; Gais, B.; Möller, K. (2005): Lehrervorstellungen zum Lehren und Lernen im naturwissenschaftsbezogenen Sachunterricht – Gibt es einen Zusammenhang zwischen Vorstellungen und Lehrerausbildung? In: Cech, D.; Giest, H. (Hrsg.): Sachunterricht in Praxis und Forschung – Erwartungen an die Didaktik des Sachunterrichtes. Bad Heilbrunn, S. 167-176.

Kleickmann, T. (2012): Kognitiv aktivieren und inhaltlich strukturieren im naturwissenschaftlichen Sachunterricht. Kiel.

Kunter, M.; Pohlmann, B. (2015): Lehrer. In: Wild, E.; Möller, J. (Hrsg.): Pädagogische Psychologie (2. vollst. überarb., aktual. Aufl.). Berlin, Heidelberg, S. 261-281.

Kunter, M.; Voss, T. (2011): Das Modell der Unterrichtsqualität in COACTIV: Eine multikriteriale Analyse. In: Kunter, M.; Baumert, J.; Blum, W.; Klusmann, U.; Krauss, S.; Neubrand, M. (Hrsg.): Professionelle Kompetenz von Lehrkräften: Ergebnisse des Forschungsprogramms COACTIV. Münster, S. 85-113.

Lortie, D.C. (1975): School Teacher: A Sociological Inquiry. Chicago.

Meschede, N.; Steffensky, M.; Wolters, M.; Möller, K. (2015): Professionelle Wahrnehmung der Lernunterstützung im naturwissenschaftlichen Grundschulunterricht – Theoretische Beschreibung und empirische Erfassung. In: Unterrichtswissenschaft, 43, 4, S. 317-335.

Reinmann, G.; Mandl, H. (2006): Unterrichten und Lernumgebungen gestalten. In: Krapp, A.; Weidenmann, B. (Hrsg.): Pädagogische Psychologie. Ein Lehrbuch. Weinheim, S. 613-658.

Richardson, V. (1996): The Role of Attitudes and Beliefs in Learning to Teach. In: Handbook of Research on Teacher Education, 2, pp. 102-119.

Roth, K.J.; Garnier, H.E.; Chen, C.; Lemmens, M.; Schwille, K.; Wickler, N.I.Z. (2011): Videobased Lesson Analysis: Effective Science PD for Teacher and Student Learning. In: Journal of Research in Science Teaching, 48, 2, pp. 117-148.

Schlichter, N. (2012): Lehrerüberzeugungen zum Lehren und Lernen. Dissertation zur Erlangung des Doktorgrades der Sozialwissenschaftlichen Fakultät der Georg-August-Universität Göttingen.

Seidel, T.; Blomberg, G.; Stürmer, K. (2010): „Observer"-Validierung eines videobasierten Instruments zur Erfassung der professionellen Wahrnehmung von Unterricht. In: Zeitschrift für Pädagogik, 56, Beiheft, S. 296-306.

Sherin, M.G. (2007): The Development of Teachers' Professional Vision in Video Clubs. In: Goldman, R.; Pea, R.; Barron, B.; Derry, S. (Eds.): Video Research in the Learning Sciences. Hillsdale, NJ, pp. 383-395.

Shulman, L.S. (1986): Those Who Understand: Knowledge Growth in Teaching. In: Educational Researcher, 15, 2, pp. 4-14.

Stürmer, K.; Könings, K.D.; Seidel, T. (2013): Declarative Knowledge and Professional Vision in Teacher Education: Effect of Courses in Teaching and Learning. In: British Journal of Educational Psychology, 83, pp. 467-483.

Sun, J.; van Es, E. (2015): An Exploratory Study of the Influence that Analyzing Teaching Has on Preservice Teachers' Classroom Practice. In: Journal of Teacher Education, 66, 3, pp. 201-214.

Wood, D.; Bruner, J. S.; Ross, G. (1976): The Role of Tutoring in Problem Solving. In: Journal of Child Psychology and Psychiatry, 17, pp. 89-100.

Autorinnen und Autoren

Laura Abbas
Pädagogische Hochschule FHNW

Matthias Barth
Leuphana Universität Lüneburg

Esther Bäumler
Pädagogische Hochschule FHNW

Franziska Bertschy
Pädagogische Hochschule Bern

Bettina Blanck
Pädagogische Hochschule Ludwigsburg

Eva Blumberg
Universität Paderborn

Mareike Bohrmann
Westfälische Wilhelms-Universität Münster

Swaantje Brill
Universität Siegen

Kirsten Bruhn
Leuphana Universität Lüneburg

Marcel Bullinger
Pädagogische Hochschule Ludwigsburg

Lina Bürgener
Leuphana Universität Lüneburg

André Dorn
Universität Siegen

Ludwig Duncker
Justus-Liebig-Universität Gießen

Silke Edelhoff
Leuphana Universität Lüneburg

Karsten Elfering
Universität Leipzig

Pascal Favre
FH NW

Eva Freund
Leuphana Universität Lüneburg

Sarah Gogolin
Freie Universität Berlin

Anja Göhring
Universität Regensburg

Martin Gröger
Universität Siegen

Stefanie Gysin
Pädagogische Hochschule FHNW

Andreas Hartinger
Universität Augsburg

Christin Heidrich
Universität Leipzig

Thorsten Kosler
Universität Zürich

Moritz Krell
Freie Universität Berlin

Dirk Krüger
Freie Universität Berlin

Markus Kübler
Pädagogische Hochschule
Schaffhausen

Christine Künzli David
Pädagogische Hochschule FHNW

Kim Lange-Schubert
Universität Leipzig

Miriam Leuchter
Westfälische Wilhelms-Universität
Münster

Julia Lüpkes
Universität Oldenburg

Christian Mathis
Pädagogische Hochschule FHNW

Susanna May-Krämer
Universität Würzburg

Theresa Mester
Universität Paderborn

Susanne Miller
Universität Bielefeld

Kornelia Möller
Westfälische Wilhelms-Universität
Münster

Andreas Nießeler
Universität Würzburg

Ines Oldenburg
Universität Oldenburg

Angelika Pahl
Universität Bozen

Janina Pawelzik
Westfälische Wilhelms-Universität
Münster

Julia Peuke
Universität Osnabrück

Heike Rauhut
Universität Leipzig

Barbara Reichhart
Universität Augsburg

Sabine Richter
Leuphana Universität Lüneburg

René Schroeder
Universität Bielefeld

Toni Simon
Humboldt-Universität Berlin

Nina Skorsetz
Pädagogische Hochschule Heidelberg

Erich Starauschek
Pädagogische Hochschule Ludwigsburg

Cornelia Sunder
Westfälische Wilhelms-Universität Münster

Sebastian Tempelmann
Pädagogische Hochschule FHNW

Maria Todorova
Westfälische Wilhelms-Universität Münster

Annette Upmeier zu Belzen
Humboldt-Universität Berlin

Bernd Wagner
Universität Leipzig

Manuela Welzel-Breuer
Pädagogische Hochschule Heidelberg